Tanja Jadin, Ortrun Gröblinger, Gerhard Brandhofer & Michael Raunig (Hrsg.)

Künstliche Intelligenz in der forschungsgeleiteten Hochschullehre

Heft 2

Tanja Jadin, Ortrun Gröblinger, Gerhard Brandhofer & Michael Raunig (Hrsg.)

Künstliche Intelligenz in der forschungsgeleiteten Hochschullehre
Heft 2

Zeitschrift für Hochschulentwicklung
Jg. 20 / Sonderheft KI-2 (Februar 2025)

Impressum

Zeitschrift für Hochschulentwicklung

herausgegeben vom Verein Forum Neue Medien in der Lehre Austria

Jg. 20 / Sonderheft KI-2 (Februar 2025)
Tanja Jadin, Ortrun Gröblinger, Gerhard Brandhofer & Michael Raunig (Hrsg.).
Künstliche Intelligenz in der forschungsgeleiteten Hochschullehre. Heft 2.

ISBN: 978-3-7693-1609-4
DOI https://doi.org/10.21240/zfhe/SH-KI-2
ISSN 2219-6994

Verlag: BoD · Books on Demand GmbH, Überseering 33, 22297 Hamburg, bod@bod.de
Druck: Libri Plureos GmbH, Friedensallee 273, 22763 Hamburg

Vorwort

Als wissenschaftliches Publikationsorgan des Vereins Forum Neue Medien in der Lehre Austria kommt der Zeitschrift für Hochschulentwicklung besondere Bedeutung zu. Zum einen, weil sie aktuelle Themen der Hochschulentwicklung in den Bereichen Studien und Lehre aufgreift und somit als deutschsprachige, vor allem aber auch österreichische Plattform zum Austausch für Wissenschafter:innen, Praktiker:innen, Hochschulentwickler:innen und Hochschuldidaktiker:innen dient. Zum anderen, weil die ZFHE als Open-Access-Zeitschrift konzipiert und daher für alle Interessierten als elektronische Publikation frei und kostenlos verfügbar ist.

Ca. 3.000 Besucher:innen schauen sich im Monat die Inhalte der Zeitschrift an. Das zeigt die hohe Beliebtheit und Qualität der Zeitschrift sowie auch die große Reichweite im deutschsprachigen Raum. Gleichzeitig hat sich die Zeitschrift mittlerweile einen fixen Platz unter den gern gelesenen deutschsprachigen Wissenschaftspublikationen gesichert.

Dieser Erfolg ist einerseits dem international besetzten Editorial Board sowie den wechselnden Herausgeber:innen zu verdanken, die mit viel Engagement dafür sorgen, dass jährlich mindestens vier Ausgaben erscheinen. Andererseits gewährleistet das österreichische Bundesministerium für Wissenschaft, Forschung und Wirtschaft durch seine kontinuierliche Förderung das langfristige Bestehen der Zeitschrift. Im Wissen, dass es die Zeitschrift ohne diese finanzielle Unterstützung nicht gäbe, möchten wir uns dafür besonders herzlich bedanken.

Zur Ausgabe

Die vorliegende ZFHE-Sonderausgabe versammelt aktuelle Forschungsvorhaben und -perspektiven, die KI-induzierte Veränderungen der Hochschulbildung im breitesten Sinn ausloten und zugleich auch Reflexions- und Gestaltungsmöglichkeiten aufzeigen. Um das breite Spektrum an Themen, Methoden, Zugängen und Maßnahmen abzubilden, umfasst die Ausgabe zwei Hefte mit einer umfangreichen Auswahl an Beiträgen.

Seit der Ausgabe 9/3 ist die ZFHE auch in gedruckter Form erhältlich und beispielsweise über Amazon beziehbar. Als Verein Forum Neue Medien in der Lehre Austria freuen wir uns, das Thema „Hochschulentwicklung" durch diese gelungene Ergänzung zur elektronischen Publikation noch breiter in der wissenschaftlichen Community verankern zu können.

In diesem Sinn wünsche ich Ihnen viel Freude bei der Lektüre der vorliegenden Ausgabe!

Tanja Jadin
Vizepräsidentin des Vereins Forum Neue Medien in der Lehre Austria

Inhalt

Tanja Jadin[1], Ortrun Gröblinger[2], Gerhard Brandhofer[3] &
Michael Raunig[4]

Editorial: Künstliche Intelligenz in der forschungsgeleiteten Hochschullehre

Zu den Beiträgen – Heft 2

Der zweite Teil unserer Sonderausgabe[5] beinhaltet jene Artikel, die tendenziell der Meso- und Mikroebene der hochschulischen KI-Betrachtung zugeordnet werden können. Die Themen und Inhalte reichen von Methoden und Praxisüberlegungen bis hin zu konkreten Projekten im jeweiligen Fach. Sie finden hier spannende Beiträge zu fachdidaktischen Fragen, der Perspektive der Studierenden oder auch der Lehramtsausbildung.

Gabriella-Maria Lambrecht, Britta Lintfert, Regine Martschiske und *Daniela Wiehenbrauk* untersuchen in ihrem Beitrag, wie die Integration von KI-Kompetenzen in die Hochschullehre den Studienerfolg fördern kann. Basierend auf einer Umfrage an der DHBW Heilbronn und einem Praxisbeispiel aus einem betriebswirtschaftlichen Studiengang wird gezeigt, wie Lehrende und Studierende durch selbstgesteuertes Lernen und den reflektierten Umgang mit KI-Tools profitieren können.

---

1   FH OÖ; tanja.jadin@fh-hagenberg.at; ORCID 0009-0006-3961-2620
2   Universität Innsbruck; ortrun.groeblinger@uibk.ac.at; ORCID 0000-0003-2982-3206
3   Pädagogische Hochschule Niederösterreich, gerhard.brandhofer@ph-noe.ac.at; ORCID 0000-0002-7373-4107
4   Universität Graz; michael.raunig@uni-graz.at; ORCID 0000-0002-4077-2625
5   Zu den allgemeinen Vorbemerkungen s. Heft 1 der Sonderausgabe.

https://doi.org/10.21240/zfhe/SH-KI-2/01

Kritischer Umgang mit KI in der Hochschullehre ist das Thema des Beitrags von *Julius Voigt, Katrin Girgensohn, Jürgen Neyer, Bernd Fröhlich, Sassan Gholiagha, Dora Kiesel, Patrick Riehmann, Mitja Sienknecht, Benno Stein, Magdalena Anna Wolska, Irene López García* und *Matti Wiegmann*. Im Rahmen eines Forschungsvorhabens wurden studentische Reflexionsschreiben aus einem politikwissenschaftlichen Seminar, das nach der Methodik des Forschenden Lernens mit expliziter Nutzung von KI-Werkzeugen konzipiert wurde, mittels qualitativer Inhaltsanalyse ausgewertet. Die Ergebnisse der Analyse, aber auch die Schilderung des Seminarsettings geben Einblick, wie kritisches Denken und kritischer Umgang mit KI gefördert bzw. didaktisch umgesetzt werden können.

Christoph Horst, Joel Zimmermann, Matthias Breiling, Liam Wesemann, Miriam Barnat und *Jost Seibler* thematisieren in ihrer Arbeit den Einsatz von generativer Künstlicher Intelligenz (GenKI) in MINT-Praktika zur Unterstützung des forschenden Lernens. Sie entwickelten und evaluierten mehrere KI-basierte Chatbots, die Studierende in ihrem selbstgesteuerten Lernprozess unterstützen. Ein dreistufiger Prozess wird vorgeschlagen, um GenKI gezielt zur Vermittlung komplexer wissenschaftlicher Konzepte und zur Förderung von Selbstständigkeit einzusetzen.

Der Artikel von *Carina Roth, Annalena Kolb, Klaus Bredl* und *Eva Matthes* untersucht die Perspektive von Studierenden auf generative KI, insbesondere ChatGPT, im universitären Kontext. Mithilfe einer Umfrage unter 262 Studierenden werden Nutzungsmuster, Einstellungen und Ängstlichkeiten analysiert. Die Ergebnisse zeigen eine weit verbreitete Nutzung von ChatGPT und einen starken Wunsch nach klaren universitären Richtlinien auf, wobei Einstellungen und Ängstlichkeiten signifikant die Einsatzhäufigkeit beeinflussen.

Die Möglichkeiten von generativer KI bieten für das wissenschaftliche Arbeiten großes transformatives Potenzial, insbesondere für akademische Schreibprozesse. *Isabel Lausberg, Janina Tosic* und *Sina Feldermann* analysieren in ihrem Beitrag die Nutzung von KI-Schreibtools durch Studierende und zeichnen ein differenziertes Bild davon, wo diese – eine kompetente Nutzung vorausgesetzt – zielführend eingesetzt werden können. Die Autorinnen leiten zudem Schlussfolgerungen für die Gestaltung hochschulischer Rahmenbedingungen für den sinnvollen Einsatz von KI-Werkzeugen ab.

Der Beitrag von *Antje Rybrandt, Corinna Behrendt* und *Anja Christina Lepach-Engelhardt* untersucht, wie die Nutzung von ChatGPT die Lernmotivation und die Akzeptanz dieser Technologie bei Studierenden beeinflusst. Die Ergebnisse einer Vignettenstudie zeigen, dass ChatGPT die wahrgenommene Erfolgswahrscheinlichkeit erhöht und die Angst vor Misserfolg reduziert, was wiederum die Akzeptanz von ChatGPT im Studium positiv beeinflusst.

Der Artikel *„Von der Hochschule ins Klassenzimmer: Die Rolle der KI in der Lehrer:innenbildung"* von *Nora Cechovsky* und *Claudia Malli-Voglhuber* untersucht die Akzeptanz und Nutzung von Künstlicher Intelligenz in der Lehrer:innenbildung. Eine Fragebogenstudie mit 238 Studierenden zeigt, dass diese großes Interesse an KI haben, jedoch Unsicherheiten im Umgang damit bestehen. Lehrkräfte nutzen KI vorwiegend zur Unterrichtsvorbereitung und stehen ihr positiv gegenüber.

Vor dem Hintergrund der Lehrer:innenbildung behandelt *Miriam Clincy* die disruptiven Herausforderungen: Lehrende müssen Studierende auf einen Arbeitsmarkt vorbereiten, in dem KI unverzichtbar ist – ohne eigene Erfahrungen. Forschendes Lernen bietet Studierenden den Freiraum, Anwendungsgebiete in einem geschützten Rahmen zu erkunden. Ein Beispiel aus der Technikdidaktik beschreibt einen möglichen Weg, um mit der Situation umzugehen.

Der Artikel von *Claudia Schmidt, Teresa Sedlmeier, Katrin Bauer, Michael Canz, Daniela Schlemmer* und *Volker Sänger* beschreibt ein Modul, das Studierende durch die Entwicklung eigener Chatbots auf die Herausforderungen und Chancen von KI vorbereitet. Das didaktische Design kombiniert theoretische Wissensvermittlung mit einer praktischen Umsetzung basierend auf dem Making-Konzept. Die Studierenden erwerben KI-Kompetenzen in den Bereichen Wissen, Nutzung, Kritik und Entwicklung und profitieren von der engen Verzahnung zwischen Theorie und Praxis.

Der Beitrag von *Jörn Allmang* und *Ulf-Daniel Ehlers* widmet sich dem KI-Einsatz in Lehrformaten, die sich am Modell des Challenge-Based Learning (CBL) orientieren. Dabei werden nicht nur entsprechende Einsatzmöglichkeiten von KI systematisch erfasst und den Phasen und Prozessabläufen des CBL zugeordnet, sondern auch Erkenntnisse aus einer konkreten wirtschaftsinformatischen Lehrveranstaltung und das Konzept der „Shared and Distributed Cognition" herangezogen, um Vor- und Nachteile des KI-Einsatzes zu identifizieren und Potenziale der Weiterentwicklung von CBL aufzuzeigen.

R-Programmierung im Psychologiestudium bildet das Untersuchungsfeld der beiden abschließenden Beiträge. Der Beitrag von *Daniela Feistauer* und *Philip Kennedy* widmet sich zunächst der Auswirkung des KI-Einsatzes auf das Selbstwirksamkeitserleben von Studierenden beim Erlernen von R. Hierbei konnte (im Vergleich zu Seminarsitzungen ohne KI-Einsatz) kein signifikanter Anstieg festgestellt werden; anschließende explorative Analysen und Überlegungen zeigen allerdings auf, dass der zielführende KI-Einsatz von mehreren Faktoren (insbesondere studentischen Erwartungen) abhängt und weiterführende Forschung aufschlussreich wäre.

Jana von Dielingen, Tobias R. Rebholz und *Frank Papenmeier* untersuchten den Einfluss eines KI-basierten Tutors (GPT-4o mini) auf Lernergebnisse im R-Programmieren und subjektive Einschätzungen bei Psychologie-Studierenden der Universität Tübingen. Drei Gruppen (mit Unterstützung durch KI-Tutor, Video-Tutorial bzw. beides) zeigten keine signifikanten Unterschiede in Leistung und Einschätzungen; jedoch deuten die deskriptiven Ergebnisse auf verbesserte subjektive Einschätzungen der Lernumgebung durch den KI-Tutor hin.

Gabriella-Maria Lambrecht[1], Britta Lintfert[2], Regine Martschiske[3] & Daniela Wiehenbrauk[4]

KI meets Lehre – Die Notwendigkeit der curricularen Verankerung von KI-Kompetenzen

Zusammenfassung

Basierend auf einer im Sommer 2024 durchgeführten Umfrage an der DHBW Heilbronn über die Verbreitung und Verwendung von generativer KI bei Studierenden und Lehrenden wird aufgezeigt, wie Lernprozesse durch die Integration von KI in die Lehre neu gestaltet werden können. Wir zeigen anhand der Befragungsergebnisse, warum eine curriculare Verankerung von KI-Kompetenzen für den Studienerfolg förderlich wäre und welche Rolle Lehrende dabei spielen können. Anhand eines so an der DHBW Heilbronn durchgeführten Praxisbeispiels aus einem betriebswirtschaftlichen Studiengang wird hierbei verdeutlicht, wie mithilfe von Selbstlerneinheiten der Erwerb von KI-Kompetenzen, wie z. B. der reflektierte und kritische Umgang mit KI-Tools, in die eigene Lehre erfolgreich integriert werden kann.

Schlüsselwörter

KI-Kompetenzen, generative KI, curriculare Verankerung, selbstgesteuertes Lernen, Kreativität

---

1   DHBW Heilbronn; gabriella.lambrecht@heilbronn.dhbw.de
2   DHBW Heilbronn; britta.lintfert@heilbronn.dhbw.de; ORCID 0009-0001-6067-0108
3   DHBW Heilbronn; regine.martschiske@heilbronn.dhbw.de; ORCID 0009-0004-8055-7921
4   DHBW Heilbronn; daniela.wiehenbrauk@heilbronn.dhbw.de; ORCID 0009-0004-3584-1296

https://doi.org/10.21240/zfhe/SH-KI-2/02

Gabriella-Maria Lambrecht, Britta Lintfert, Regine Martschiske & Daniela Wiehenbrauk

AI meets teaching: The necessity of anchoring AI competences in the curriculum

Abstract

Based on a survey conducted at the Duale Hochschule Baden-Württemberg (DHBW) Heilbronn in summer 2024, which explored the dissemination and use of generative AI among students and teachers, this paper shows how learning processes can be reshaped by integrating AI into teaching. Based on the survey results, we show why anchoring AI competences in the curriculum would be beneficial for academic success and what role teachers can play in this process. Drawing on a practical example from a business administration degree programme at DHBW Heilbronn, we illustrate how the acquisition of AI skills (e.g., the reflective and critical use of AI tools) can be successfully integrated into teaching practices with the help of self-study units.

Keywords

AI competences, generative AI, curricular anchoring, self-directed learning, creativity

1 Einleitung

In den Lehr-Lern-Prozessen der Dualen Hochschule Baden-Württembergs ist der Einsatz von KI nicht mehr wegzudenken. Wenngleich die Unterscheidung von „Lernen mit Künstlicher Intelligenz" und „Lernen über Künstliche Intelligenz" absolut berechtigt ist (Mah et al., 2023), liegt der Schwerpunkt dieses Beitrags eben genau in diesem Spannungsfeld. Thematisiert wird das Lernen mit KI (als Lernunterstützung) und zugleich das Lernen über KI oder, um es genauer zu formulieren, das Eruieren und den Erwerb von Kompetenzen, die nötig sind, um KI-Systeme zu verstehen und zielgerecht anzuwenden. Hierbei legen wir in diesem Beitrag den Fokus auf die Rolle der Lehrenden. In der Lehre kann KI in Form von KI-gesteuerten Lernassistenzen, von Lernrobotern und in Blended-Learning-Szenarien eingesetzt werden (Mah et al., 2023, S. 99f.). Alle Optionen setzen neben entsprechender Zugänglichkeit von KI-Systemen voraus, dass auch die Lehrenden über entsprechende Kompetenz verfügen, um in diesen für alle neuen Szenarien sicher zu agieren (Gimpel et al., 2024).

Studierende im Jahr 2024 an deutschen Universitäten und Hochschulen verwenden sogenannte KI-Tools (meist generative KI) und KI-Recherchesysteme im Hochschulkontext und erwarten, dass deren Verwendung auch in der Lehre vermittelt wird (Gerstung-Jungherr & Deuer, 2024; Rampelt et al., 2024a; von Garrel et al., 2023). Dabei lässt sich feststellen, dass sich einerseits Studierende mittels KI Lerninhalte (Fachwissen) hoch volitional selbst erschließen, aber andererseits mediale Inhalte, wie zum Beispiele Texte, nicht mehr komplett selbst produzieren. Die Vermittlung von KI-Kompetenzen zum kritisch-reflektierten Umgang und zum Erwerb von prozessorientierten Lerntechniken mittels KI innerhalb der Lehre wird also dringend benötigt. Dem steht aber häufig ein strukturelles Defizit der Hochschulen gegenüber, die den Erwerb von KI-Kompetenzen der Lernenden und Lehrenden zwar theoretisch befürworten, aber noch nicht curricular eingebettet haben.

Damit Studierende zukünftig sinnvoll mit Künstlicher Intelligenz umgehen können, Resultate planen, generieren und auch reflektieren können, müssen sie geeignete Kompetenzen entwickeln. Bezüglich AI Literacy, also Kompetenzen im Umgang mit Künstlicher Intelligenz, gaben 66,8 Prozent der befragten Studierenden im neuen Monitor Digitalisierung (Budde & Friedrich, 2024) an, dass es dazu keine Angebote gäbe oder ihnen diese nicht bekannt seien. Somit stehen Hochschulen und Universitäten vor der Aufgabe, eben die dafür notwendigen Kompetenzen über Lehrende als Multiplikatoren zu vermitteln.

2 Integration von KI in die Hochschule

Schon kurz nach Aufkommen von ChatGPT nutzen rund die Hälfte der Studierenden KI-Chatbots zur Bearbeitung studienbezogener Aufgaben (Gerstung-Jungherr & Deuer, 2024). Gleichwohl stellt das Nutzungsverhalten von generativen KI-Tools der Studierenden an Dualen Hochschulen ein Spezifikum dar, da sie im Rahmen der engen Theorie-Praxis-Verzahnung zum einen generative KI, wie ChatGPT, während der Theorie-Lernphasen an der Hochschule nutzen, zum anderen aber simultan die Möglichkeit haben, generative KI in den Praxisphasen einzusetzen.

Aus hochschuldidaktischer Sicht besteht hier das Ansinnen, den Erwerb von Kompetenzen zum Umgang mit KI sogleich derart zu erlernen, dass KI zum einen den eigenen Studienzwecken nützt, zugleich aber deren Einsatz in der Praxis, im Berufsleben auch unabdingbar mitgedacht und integriert wird.

Daher wurde am DHBW-Standort Heilbronn im Frühjahr 2024 noch einmal spezifisch erhoben, welche Erfahrungen Lehrende und Studierende im Umgang mit generativer KI auch in den nicht-technischen Studiengängen mitbringen. Zudem wurde analysiert, inwiefern Lehr-Lernszenarien so umgestaltet werden müssen, dass Lernende im Rahmen einer gelingenden Theorie-Praxis-Verzahnung auf die digitale Transformation und den sinnvollen Einsatz von KI vorbereitet werden.

Die von uns durchgeführte Befragung von Studierenden und Lehrenden zeigt beliebte Einsatzszenarien, Risiken und Chancen für den Einsatz von generativer KI auf. Dabei sind zwei Punkte besonders auffallend und ggf. auch für andere Hochschulen von Bedeutung: Zum einen besteht eine deutliche Diskrepanz zwischen dem KI-Einsatz von Studierenden und Lehrenden, die potenziell Einfluss auf den Lernprozess der Studierenden hat. Zum anderen ist das Desiderat nach einer institutionellen Verankerung von KI-Tools hervorzuheben – sowohl in der technischen Infrastruktur (datenschutzkonforme Zugänglichkeit von KI-Tools) als auch in der Notwendigkeit einer curricularen Verankerung von KI-Kompetenzen in den Lehrmodulen.

2.1 Studiendesign

Bei einer aktuellen Onlinebefragung (Erhebungszeitraum Mai–Juli 2024) von Bachelorstudierenden an unserer Hochschule haben 108 Studierende und 55 Lehrende (104 weibliche, 56 männliche, 1 divers und 2 ohne Angabe nicht-technischer Studiengang) teilgenommen. In der empirischen Analyse dieses Beitrags differenzieren wir systematisch zwischen der Erwartung und Erfahrung der Studierenden und der der Lehrenden. Schwerpunkt der Befragung liegt dabei nicht unbedingt auf der Erwartungshaltung, ob generative KI in die Lehre integriert werden soll, da sich eine deutliche Mehrheit der befragten Studierenden (71,1 %) in der Studie von Gerstung-Jungherr & Deuer (2024) schon dafür ausgesprochen hatten und knapp 60 % der Befragten es wichtig fanden, entsprechende Kompetenzen im Umgang mit KI-Chatbots im Studium zu erlernen, um für das weitere Berufsleben gerüstet zu sein.

Ziel unserer Studie war daher herauszufinden, welche KI-Erfahrungen Studierende und Lehrende seit der Einführung von ChatGPT und Co. entwickelt und wie sich ihre Arbeitsweisen verändert haben. In diesem Artikel geben wir daraus entwickelte Empfehlungen ab, welche KI-Kompetenzen u. a. für einen kritisch-reflektierten Umgang mit diesen Tools innerhalb des Studiums erworben werden sollten und wie dies innerhalb eines bestehenden curricularen Rahmens umgesetzt werden kann.

2.1 Einsatz von generativer KI in Lehr- und Lernszenarien

Es zeigt sich, dass von den Befragten ein Großteil schon erste Erfahrungen mit generativer KI gemacht hat, die meisten bezeichnen sich trotzdem noch als Einsteiger in das Thema. Nur sehr wenige gaben an, KI zwar zu kennen, bisher aber noch nicht genutzt zu haben. Aufgrund der mittlerweile sehr leichten Zugänglichkeit der verschiedensten Tools von generativer KI wie ChatGPT, Perplexity, Elicit, Gemini u. a., haben sowohl Studierende wie Lehrende den ersten Schritt in den Einstieg in die Verwendung von generativer KI gemacht.

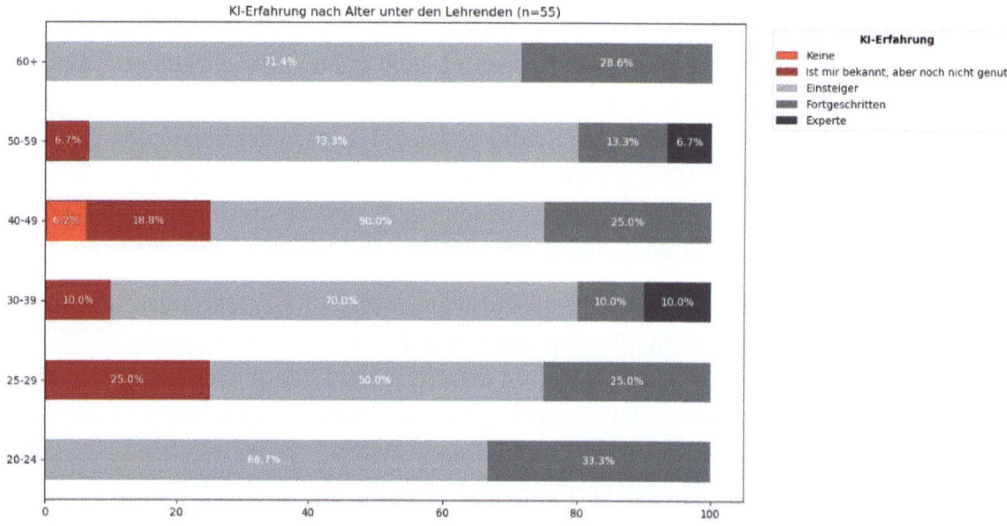

Abb. 1: Erfahrung mit KI in Abhängigkeit vom Alter unter allen Lehrenden (n = 55)

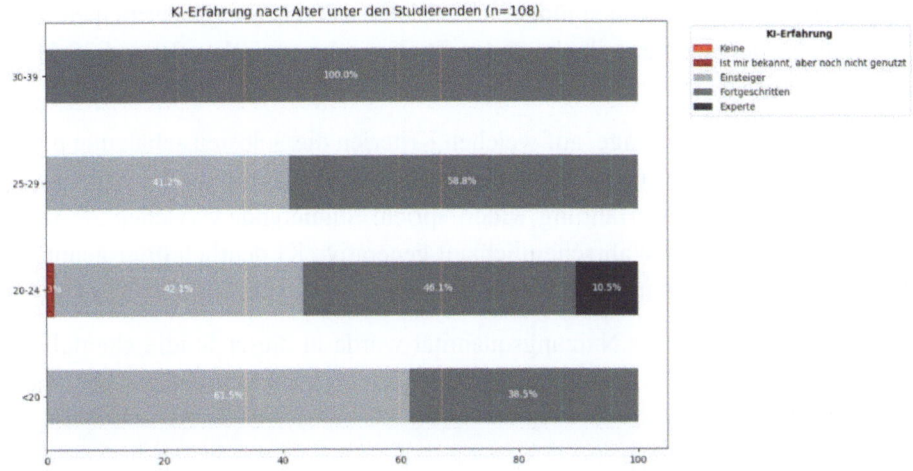

Abb. 2: Erfahrung mit KI in Abhängigkeit vom Alter unter allen Studierenden (n = 108)

Vergleicht man die Angaben der Studierenden und Lehrenden (Abb. 1 und Abb. 2), fällt sofort auf, dass deutlich mehr Lehrende als Studierende unabhängig von der Altersgruppe angaben, noch keine Erfahrungen mit KI gemacht zu haben, oder sich allenfalls als „Einsteiger" wahrnehmen. Bei den Studierenden bezeichnete sich auch eine Mehrheit der Befragten als „Fortgeschritten" in der Erfahrung mit KI, wie sich aus Abb. 2 ableiten lässt. Nur 3 % der Studierenden zwischen 20 und 24 Jahren gaben an, noch keine Erfahrungen mit KI gemacht zu haben (vgl. Abb. 2). Dagegen ist der Anteil der Dozierenden, die noch keine Erfahrungen mit KI gemacht haben, deutlich höher (vgl. Abb. 1): Selbst in der Altersgruppe der 25–29-Jährigen gaben 25 % der Dozierenden an, noch keine Erfahrungen mit KI gemacht zu haben. Die Diskrepanz scheint also kein Altersphänomen zu sein, zumal 100 % der Dozierenden in der Altersgruppe 60+ bereits Erfahrungen mit KI gesammelt hat, 28,6 % sich sogar als Fortgeschritten bezeichnen.

Bei den befragten Studierenden wiederum fällt auf, dass der Anteil derer, die sich als Fortgeschritten bezeichnen, korrelational zur Altersgruppe zunimmt: Während

„nur" 38,5 % der Studierenden jünger als 20 Jahre sich als Fortgeschritten einschätzen, schätzen sich alle der teilnehmenden Studierenden zwischen 30 und 39 Jahren als Fortgeschritten ein.

Offen bleibt hierbei die Frage, auf welchen Kriterien die Selbsteinschätzung beruht, dennoch spiegelt sie – wenn auch korrelational – das Verhältnis von KI-Nutzung und wahrgenommener Selbsterfahrung wider, sprich: Studierende zwischen 20 und 24 Jahren haben mit hoher Wahrscheinlichkeit generative KI deutlich öfter genutzt als ältere und Kommilitoninnen und Kommilitonen.

Neben der Frage nach der Nutzungsquantität wurde in dieser Studie ebenfalls der Nutzungszweck erfasst – sowohl bei Studierenden als auch Lehrenden (Abb. 3).

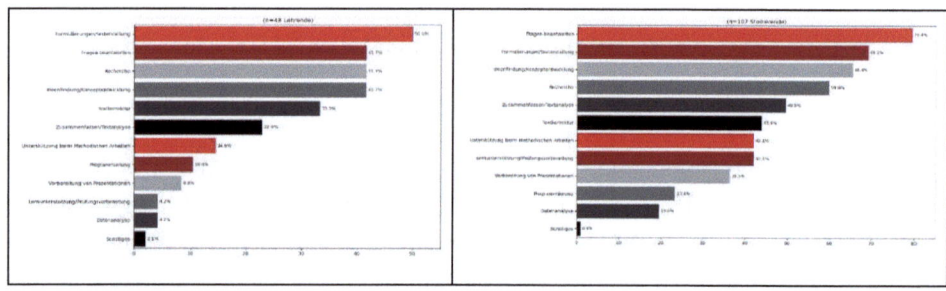

Abb. 3: Wofür generative KI am häufigsten genutzt wird (links Lehrende (n = 48), rechts Studierende (n = 107)

Beide befragten Gruppen, Studierende und Dozierende, gaben an, generative KI am häufigsten zur Beantwortung von Fragen zu verwenden sowie zur Texterstellung und als Formulierungshilfe, zur Ideenfindung und Konzeptentwicklung, zur Recherche und zum Erstellen von Zusammenfassungen.

Zur Unterstützung beim methodischen Arbeiten, zur Lernunterstützung, Prüfungsvorbereitung und Vorbereitung von Präsentationen sowie zur Programmierung und Datenanalyse sind es hauptsächlich die Studierenden, die entsprechende generative

KI-Tools verwenden, weniger die Lehrenden, wobei die Differenz in der User-Erfahrung hier natürlich wenig überrascht – insbesondere im Hinblick auf die Items „Lernunterstützung" und „Prüfungsvorbereitung". Interessant ist jedoch die Tatsache, dass generative KI im Vergleich zu Recherche-Tätigkeiten auch von den befragten Studierenden kaum zur Prüfungsvorbereitung genutzt wird, sondern eher „kreative" Tätigkeiten auf die generative KI übertragen wird (z. B. in Form von „Formulierungen/Texterstellung"), während Tätigkeiten, die vor allem an Fachkompetenzen geknüpft sind, weniger der generativen KI überlassen werden („Programmierung", „Datenanalyse" oder auch „Prüfungsvorbereitung").

Gerade im Falle der Prüfungsvorbereitung ließe sich sowohl ein Teil der kognitiven als auch metakognitiven Lernstrategien mittels Unterstützung von (generativer) KI durchaus effizient umsetzen. Exemplarisch sei hier der Planungsprozess der Lernphasen genannt, für den sich mittels einfacher Prompts Lernphasenpläne in Mikro- und Makrostruktur erstellen ließen. Ebenso denkbar wäre es, einen Chatbot so einzusetzen, dass der Lernfortschritt regulär überwacht und schließlich auch evaluiert werden kann. Dies würde jedoch zum einen Metakompetenzen der Studierenden zum selbstgesteuerten Lernen voraussetzen, wie auch die Kompetenz, mit generativer KI entsprechend planerisch vorzugehen.

Hier zeichnet sich bereits deutlich unser Desiderat ab, neben Kompetenzen zum selbstgesteuerten Lernen, die trotz Hochschulreife häufig erst an der Hochschule erworben werden, auch Kompetenzen zum Umgang mit (generativer) KI innerhalb des Studiums zu erwerben. Denn mit dem Einzug von Künstlicher Intelligenz in unsere Lebenswelt verändert sich selbstverständlich neben der Art zu studieren gleichwohl auch die Art der Arbeitsweise. Dies zeigt sich im Kontext des Dualen Studiums besonders deutlich, sowohl aufseiten der Studierenden als auch der hier befragten Dozierenden, die hauptberuflich in der freien Wirtschaft tätig sind.

2.2 Veränderung der Arbeitsweise: Zeitersparnis zulasten der Kreativität

Vor allem Tätigkeiten, die dem schöpferischen/kreativen Bereich zuzuordnen sind, werden von den Befragten an generative KI-Tools abgegeben (Abb. 4). Dabei äußert momentan die Mehrheit der Anwender, dass sich ihre Arbeitsweise durch KI positiv verändert hat. Als größten Vorteil bewerten die Befragten dabei die Zeitersparnis: 42 der 155 Befragten gaben an, dass sich der „benötigte Zeitaufwand" sogar „sehr verbessert" habe. Auffallend ist auch, dass die Befragten deutlich eine „Verbesserung" der „Qualität [ihrer] Arbeit" wahrzunehmen glauben. Zudem gibt ebenfalls eine überwältigende Mehrheit an, ihre „Fähigkeiten, neue Perspektiven zu finden" habe sich „verbessert" oder gar „sehr verbessert" (insgesamt 114 von 155 Befragten, entspricht 73,55 %). Generative KI wird also nicht nur als zeitsparend und schöpferischer als das eigene Selbst wahrgenommen, sondern die Befragten geben an, durch die Arbeit mit generativer KI bei sich selbst ein Reframing wahrzunehmen. Dies geht jedoch mit der Wahrnehmung einer Abnahme der eigenen Kreativität einher (Abb. 4), 25 von den 155 Antworten sehen sich in ihrer Kreativität verschlechtert. Es scheint, dass der Output einer generativen KI gerne ohne weitere schöpferische Eigenleistung direkt übernommen wird.

Daher ist es sinnvoll, mit Lernenden kompetenzbasiert den Umgang mit KI zu erarbeiten und dafür den entsprechenden institutionellen Rahmen zu schaffen.

Einen geeigneten Ansatz würde hier „AICOMP", das KI-Kompetenzmodell von Ehlers et al. (2023b), liefern, in welchem neben einer „kreativen Problemlösekompetenz" auch beispielhaft die „Aktivitäts- und Umsetzungskompetenz" genannt ist, um zukünftige Arbeitsprozesse mit KI vernünftig zu gestalten und die Herausforderungen im Umgang mit KI zu meistern. Ehlers et al. (2023b) definieren dabei für die diversen Kompetenzen sowohl einen „Wissen"-Aspekt als auch die entsprechende zu erwerbende „Fertigkeit" und „Haltung". Im Falle der „Aktivitäts- und Umsetzungskompetenz" ist es die „Haltung": „Ich suche aktiv nach Wegen, Künstliche

Intelligenz zu nutzen und setze Ideen konsequent um."[5], ein wesentlicher „Kreativität" verstärkender Aspekt.

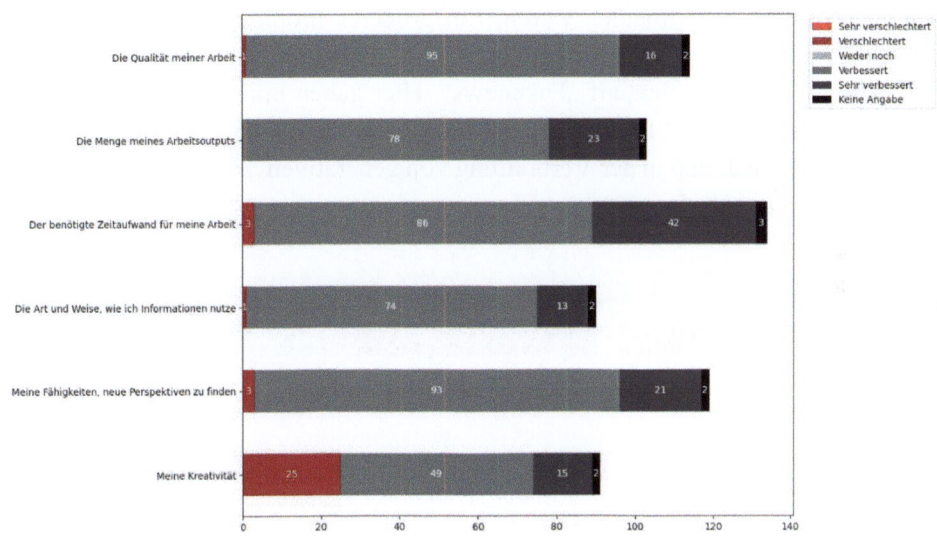

Abb. 4: Veränderung der Arbeitsweise durch den Einsatz von KI (n = 155)

Es zeigt sich, dass Hochschulen und Universitäten sich verstärkt um eine Erweiterung ihrer Kompetenzmodelle bemühen sollten, um KI-Kompetenzen in die Lehre und Curricula zu integrieren. Die Arbeit mit Kompetenzmodellen bietet Hochschulen und Universitäten die Möglichkeit, KI-Kompetenzen auch künftig in ihren Lehrplänen und Modulen zu integrieren, sofern man vermeiden möchte, dass Zeitersparnis zulasten der Kreativität progenerativ gefördert wird und Kreativität damit immer weniger Teil des Lernprozesses und Kompetenzerwerbs ist.

---

5   Ehlers et al. (2023b) (https://next-education.org/downloads/2024-03-20-21-AIComp-FutureSkills-Modell.pdf), Folie 10.

2.3 Probleme und Chancen bei der Verwendung von KI

Neben dem Verlust der Kreativität zeigten sich in der Befragung noch eine Reihe weiterer Probleme, die jedoch durch einen institutionalisierten Zugang und erlernten Umgang mit KI zu vermeiden wären. Ein größeres Problem, noch größer als die Bedenken im Hinblick auf „Datenschutz" und „Urheberrecht", sind die Bedenken der Befragten im Hinblick auf „Fakenews". Hier gaben immerhin 79 von 163 Befragten an „sehr starke" Probleme wahrzunehmen, nur 16 von 163 Befragten (entspricht 9,82 %) nahmen in der Verbreitung von generativen „Fakenews" keine Probleme wahr (vgl. Abb. 5).

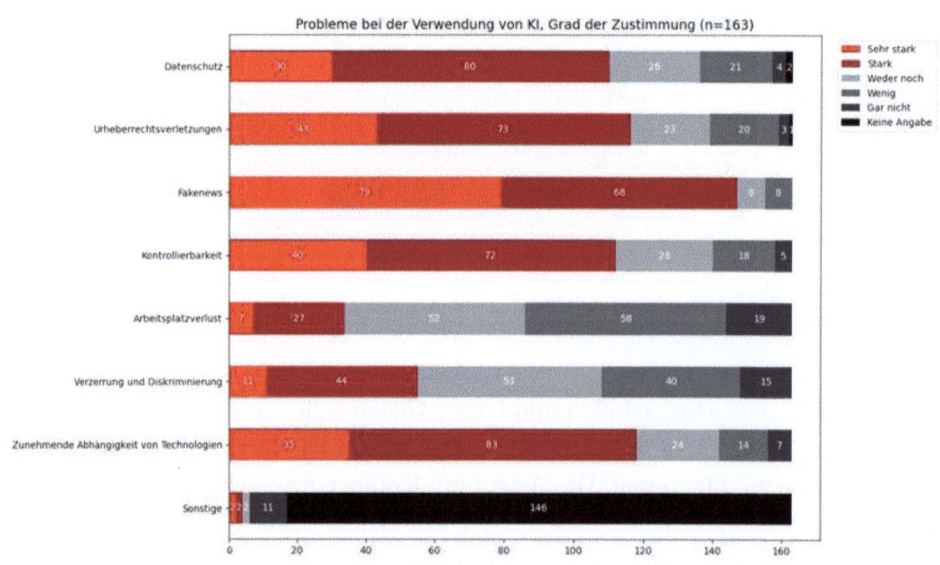

Abb. 5: Probleme bei der Verwendung von KI, Grad der Zustimmung (n = 163)

Wichtig ist hierbei, dass die Befragten „Fakenews" selbst als Problematik identifizieren, soll heißen, sie sind sich offensichtlich bewusst, dass falsche Nachrichten im Umlauf sind, diese aber nicht auf simple Weise als solche identifiziert werden könnten. Wäre dieser Prozess einfach, würde es nicht derart dominant eine Problematik für die Befragten darstellen. Auch hier ist zu betonen, dass generative KI zwingend mit entsprechenden Kompetenzrastern an Hochschulen zu verknüpfen ist, die auch eine gewisse „Data Literacy" vermitteln, mittels derer Wahrheit und Wahrheitsdiskurse eben als solche identifiziert werden können (vgl. Foucault, 1971, S. 72ff.).

3 Praxisbeispiel zur Integration von KI-Kompetenzen in die Lehre

3.1 Einleitung

Dieses Kapitel beschreibt die Integration von KI-Kompetenzen in die Hochschullehre anhand des Online-Kurses „KI im Handel" auf der Plattform ki-campus.org, der von einer der Autorinnen in Zusammenarbeit mit Kollegen an der DHBW Heilbronn für die Plattform entwickelt wurde. Der Kurs richtet sich nicht nur an Studierende, sondern steht auch interessierten Fachkräften aus der Wirtschaft offen, um KI-Kompetenzen praxisnah zu vermitteln. Mit einer Mischung aus Theorie und praktischen Übungen werden die Teilnehmer:innen befähigt, die Bedeutung von KI im Handel zu verstehen und erste KI-Anwendungen selbst zu entwickeln. Ziel ist es, aufzuzeigen, wie der gezielte Einsatz von Künstlicher Intelligenz in der Lehre wertvolle Erfahrungen für Studierende und Lehrende schaffen kann.

3.2 Kontext und Durchführung

Der Online-Kurs „KI im Handel" wurde im 4. Semester des Studiengangs BWL-Digital Commerce Management im Modul „Business Intelligence" integriert.

Der Handel wurde als Beispiel gewählt, da er den Studierenden durch ihre Praxiserfahrungen vertraut ist und somit einen guten Zugang zur Materie ermöglicht. Die Fallbeispiele und deren praktische Umsetzung halfen den Studierenden, die Zusammenhänge besser zu verstehen und die theoretischen Modelle gezielt anzuwenden.

Die Lehrveranstaltung folgte dem Konzept des „Flipped Classroom". Die Studierenden erarbeiteten sich die theoretischen Grundlagen eigenständig durch den Online-Kurs, bevor sie in den Präsenzphasen konkrete Anwendungsbeispiele untersuchten und eigene Konzepte entwickelten. In kleinen Teams von zwei bis drei Studierenden analysierten sie spezifische Anwendungsbereiche und entwickelten eigene KI-Produkte. Die Ergebnisse der Arbeitsschritte im CRISP-DM sowie das Endprodukt wurden am Ende der Vorlesung präsentiert und benotet.

Der Online-Kurs ist in vier Stufen aufgebaut:

1. **Grundlagen der Künstlichen Intelligenz und CRISP-DM**: In der ersten Stufe wurden die grundlegenden Konzepte der Künstlichen Intelligenz sowie der Ablauf zur Entwicklung eines KI-Produkts mithilfe des CRISP-DM-Frameworks (Wirth & Hipp, 2000) vermittelt. Diese theoretische Basis diente als Grundlage für den weiteren Kursverlauf.

2. **Use Cases aus Handelsunternehmen**: Die zweite Stufe konzentrierte sich auf anschauliche und praxisnahe Use Cases aus verschiedenen Handelsunternehmen. Diese Anwendungsfälle gaben den Studierenden Einblicke in die reale Nutzung von KI im Handel und erleichterten den Transfer theoretischer Inhalte in die Praxis.

3. **Theoretische Erläuterung der KI-Modelle**: In der dritten Stufe wurden die in den vier Use Cases verwendeten Modelle – Regression, Clustering, Klassifikation, Deep Learning und LLM – ausführlich theoretisch behandelt, um das Verständnis der zugrunde liegenden Mechanismen zu vertiefen.

4. **Anwendungsbezogene Programmierübungen in Python**: Abschließend bestand die vierte Stufe aus praktischen Programmierübungen, in denen die Studierenden die theoretisch erlernten Modelle selbst implementieren konnten. Sie entwickelten eigene KI-Produkte mithilfe des CRISP-DM-Frameworks und nutzten Datensätze von Dualen Partnern oder der Online-Plattform Kaggle.

Der Online-Selbstlernkurs basiert auf mehreren Durchführungen als Seminar an der DHBW Heilbronn. Dadurch konnten wichtige Anpassungen, wie die anschaulichen Praxisbeispiele, vorgenommen werden.

3.3 Erfahrungen und Erkenntnisse aus dem Praxisbeispiel

Zu Beginn der Veranstaltung äußerten einige Studierende Bedenken hinsichtlich der Komplexität der Aufgabe und waren zurückhaltend hinsichtlich eigener Programmierleistungen. Durch den Einsatz von ChatGPT wurde der Zugang zur Python-Programmierung jedoch erleichtert, da der Fokus auf der richtigen Eingabe der Prompts lag. Zusätzlich erhielten die Studierenden Unterstützung bei jedem Schritt während der Präsenzphase und es fand ein aktiver Austausch zwischen den Teams statt, wie beispielsweise die Datenbereinigung effizienter gestaltet werden konnte. Dies führte zu einer stetigen Steigerung des Selbstvertrauens der Studierenden. Das Leistungsmotiv wandelte sich deutlich hin zu einer von Hoffnung auf Erfolg dominierten Perspektive, die die Furcht vor Misserfolg überwog. Die subjektive Erfolgswahrscheinlichkeit war deutlich höher (vgl. Atkinson, 1957, S. 362ff.).

Die Studierenden nutzten die zur Verfügung gestellten Tools und erarbeiteten in Kleingruppen Lösungen, die regelmäßig in der gesamten Gruppe diskutiert wurden. Diese Diskussionen ermöglichten es den Studierenden, ihre Lösungen kritisch zu reflektieren und konstruktives Feedback sowohl von Kommilitonen als auch von

Lehrenden zu erhalten. Diese Form des Feedbacks trug wesentlich zur Weiterentwicklung ihrer Lösungsansätze bei. Zudem wurde die Auseinandersetzung mit ethischen Fragestellungen, insbesondere zu Datenschutz und Transparenz, als eine der wertvollsten Erfahrungen bezeichnet, da sie den Studierenden half, ein tieferes Verständnis für die gesellschaftlichen Implikationen von KI zu entwickeln.

Ein weiterer wichtiger Aspekt war der nachhaltige Einfluss des Kurses auf die weitere akademische Laufbahn der Studierenden. Ein Teil der Studierenden nutzte das CRISP-DM-Framework später in ihrer Bachelorarbeit erneut und entwickelte eigene KI-Produkte. Dies zeigt, dass die vermittelten Inhalte über die Lehrveranstaltung hinaus von Relevanz waren und nachhaltig angewendet wurden, sowie den hohen Erfolgsanreiz des Lehrkonzepts (vgl. Risiko-Wahl-Modell nach Atkinson, 1957).

Im Rahmen des Online-Kurses „KI im Handel" entwickelten die Studierenden Kompetenzen in verschiedenen Bereichen der Künstlichen Intelligenz (siehe Abb. 7). Sie lernten die Funktionsweise von KI durch den Online-Kurs und die aktive Nutzung von KI-Anwendungen durch Case Studies kennen. Ihre Datenkompetenz wurde durch die Aufbereitung und Interpretation von Datensätzen gestärkt, während sie durch die Anwendung des CRISP-DM-Frameworks eigene KI-Projekte entwickelten. Die Teamarbeit förderte die KI-Kommunikation und Kooperation, während ihre personale KI-Kompetenz und Selbstwirksamkeit durch die aktive Projektarbeit und den Einsatz von KI gestärkt wurden. Die Kompetenzbereiche Regelungen und Gesetze sowie KI-Ethik wurden nur am Rande behandelt und bieten Potenzial für eine vertiefte Bearbeitung in der Zukunft.

Eine zentrale Herausforderung bei der Umsetzung war die fehlende technische Infrastruktur. Besonders ein vereinfachter Zugang zu Jupyter-Notebooks für alle Studierenden, die sich in Programmierung und KI einarbeiten möchten, ist erforderlich, um gleiche Lernbedingungen zu schaffen. Dieses Desiderat betrifft den Zugang zu KI im Allgemeinen: Ein datenschutzkonformer Zugang zu LLMs sollte Studierenden aller Hochschulen und Universitäten flächendeckend ermöglicht werden, um gleiche Lernvoraussetzungen zu schaffen.

3.4 Schlussfolgerungen

Praxisorientiertes Lernen, d. h. Arbeiten an realen Fallbeispielen mit direktem Feedback ist eine effektive Möglichkeit, den Erwerb von KI-Kompetenzen bei Studierenden zu fördern (eine gute Übersicht möglicher Anwendungsfälle liefert Mah & Torner, 2022). Durch den Flipped-Classroom-Ansatz konnten die Studierenden theoretisches Wissen eigenständig erarbeiten und dieses anschließend in praktischen Anwendungen vertiefen. Die Kombination von Selbststudium und praxisorientierter Gruppenarbeit erwies sich als besonders förderlich für das Verständnis und die Anwendung von KI in realen Geschäftsprozessen (siehe auch Rampelt et al., in press).

Eine erfolgreiche Vermittlung von KI-Kompetenzen erfordert eine Mischung aus theoretischem Verständnis und praxisnaher Anwendung. Dieses Zusammenspiel bildet die Grundlage, um Studierende für die Herausforderungen der digitalen Transformation zu befähigen (Sereflioglu et al., 2024).

4 Ausblick: Für eine KI-kompetente Lehre

Abb. 6: Die acht in unserem Kompetenzaudit abgefragten Bereiche

Wie kaum eine Technologie zuvor zieht sich der Einsatz von KI quer durch alle Fachbereiche und sollte daher auch interdisziplinär betrachtet werden, eine reine Behandlung der technischen Aspekte in informatischen oder ingenieurswissenschaftlichen Studiengängen wird der Verzahnung nicht gerecht. Bei den Lehrenden im nicht-technischen Bereichen herrscht momentan noch eine große Unsicherheit bezüglich der Anwendung von generativen KI-Tools in der Lehre, sei es beim wissenschaftlichen Arbeiten oder bei Prüfungen. Unbestritten ist die Notwendigkeit, den Studierenden einen kritischen und reflektierten Umgang mit KI-Tools im Studium zu vermitteln. Viele Lehrende – vor allem in nicht-technischen Bereichen – stehen dieser Aufgabe noch zurückhaltend gegenüber. Oft fehlt es an eigener KI-Kompetenz und Unterstützung bei der Integration von KI in die Lehre. KI-Kompetenzen (im Englischen AI Literacy) sind aktuell Bestandteil zahlreicher Forschungsvorhaben. Bei der Beschreibung von AI Literacy greifen viele Publikationen auf die Definition von Long und Magerko (2020) zurück, nach der man darunter die Menge von Fähigkeiten versteht, die man benötigt, um KI-Technologien kritisch zu bewerten und effektiv zu nutzen. Auf dieser und ähnlichen Definitionen aufbauend, wurden KI-Kompetenzmodelle mit verschiedenen Schwerpunkten entwickelt. Die Bertelsmann-Stiftung hat ein umfangreiches Kompetenzraster für die öffentliche Verwaltung entwickelt (Catakli & Puntschuh, 2023). Das AIComp-Modell hingegen legt den Schwerpunkt auf Future Skills in einer KI-geprägten Lebenswelt (Ehlers et al., 2024a, aber auch Ehlers et al., 2024b mit einer kritischen Bestandsaufnahme dazu). Auch zur Messbarkeit von AI Literacy gibt es verschiedene Ansätze (Carolus et al., 2023; Knoth et al., 2024; Pinski & Benlian, 2023). Unabhängig von der momentan noch herrschenden Diskussion um die Notwendigkeit von Future Skills oder KI-Kompetenzen für eine erfolgreiche Umsetzung in die Lehre ist ein pragmatischer Kompromiss angebracht: Um den Lehrenden einen einfachen Einstieg in das Themenfeld KI und die dazu benötigten Kompetenzen zu geben, stellen wir diesen im Rahmen eines Forschungsprojekts an der DHBW Heilbronn ein Kompetenzaudit zur Verfügung. Sie erhalten somit ein Tool an die Hand, mit dessen Hilfe sie ihre eigenen KI-Kompetenzen überprüfen können und zusätzlich noch Ideen vorgestellt bekommen, wie sie ihr nötiges Wissen zu KI auf Basis von Selbstlernkursen erweitern können.

Das entwickelte Kompetenzmodell (siehe Abb. 6) umfasst acht für die Lehre und einen kritischen Umgang mit KI umfassenden Bereiche wie Datenkompetenz und KI-Ethik (Sereflioglu et al., 2024) und basiert sowohl auf dem AICOMP-Modell (Ehlers et al., 2023b) wie auch dem KI-Kompetenzmodell für die Verwaltung der Bertelsmann-Stiftung (Catakli & Puntschuh, 2024).

Der Nutzer erhält im Anschluss eine grafische Auswertung in Form einer Kompetenzspinne (Abb. 7) und ein detailliertes Feedback in Textform über die erreichten Kompetenzstufen. So können Lehrende (und Studierende) innerhalb des an der

DHBW Heilbronn durchgeführten Forschungsprojekts ein probates Instrument erhalten, die in ihrem Fachbereich nötigen KI-Kompetenzen zu evaluieren.

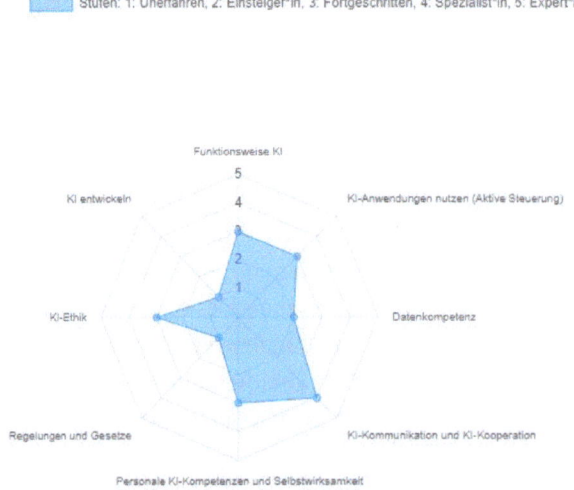

Abb. 7: KI-Kompetenzspinne als Ergebnis des Audits

Mithilfe von Beratung, Audit und passgenauer Bereitstellung von Lehrmaterialien können Berührungsängste bei den Lehrenden überwunden werden. Durch eine Vorauswahl der Kursmodule auf Basis des Audits können sich Lehrende auch passgenaue Kurse mit OER erstellen und in ihre Lehre integrieren (Rampelt et al., 2024b).

Wir sehen für die Vermittlung dieser Kompetenzen an Hochschulen und Universitäten neben der Volition und Motivation der Studierenden eben auch die Vermittler-Rolle der Lehrenden und deren Erfahrungen zum Umgang mit generativer KI als entscheidend für eine erfolgreiche Vermittlung an.

5 Fazit

In diesem Beitrag haben wir anhand von aktuellen Umfrageergebnissen unter Studierenden und Lehrenden und einem Praxisbeispiel aufgezeigt, dass für einen institutionalisierten Umgang mit generativer KI an den Hochschulen und Universitäten in Deutschland ein curricularer Rahmen und die damit nötige Infrastruktur geschaffen werden muss, um allen Studierenden den Erwerb von KI-Kompetenzen zu ermöglichen. Studierende wie Lehrende nutzen schon heute aktiv generative KI-Tools in ihrem Arbeitsalltag, insbesondere für kreative und schöpferische Tätigkeiten, da sie hier eine enorme Zeitersparnis sehen. Es zeigt sich aber auch, dass es weniger zu einer aktiven Auseinandersetzung darüber kommt, wie generative KI-Tools kritisch und selbstreflektiert eingesetzt werden können, um so den selbstgesteuerten Lernprozess aktiv zu gestalten. Daher sollte ein kritisch-reflektierter KI-bezogener Erwerb von Metakompetenzen zum Lernen mit KI Teil der Lehr- und Lernkultur an öffentlichen Hochschulen sein. Dabei sollte auch ein großes Augenmerk auf die Erkennbarkeit von „Fakenews" gelegt werden. KI-Kompetenzen werden in allen Fachbereichen in naher Zukunft nötig werden, daher sollte die Vermittlung von KI-Kompetenzen unabhängig vom Studienfach erfolgen. Ein KI-Kompetenzaudit kann sowohl Lehrenden wie auch Studierenden dabei hilfreich sein, auf der einen Seite die für das Studienfach nötigen Kompetenzen zu eruieren, auf der anderen Seite die eigenen KI-Kompetenzen zu überprüfen. Für die kritisch-reflektierte Anwendung von KI sind fundierte Programmierkenntnisse keine Voraussetzung. Um die Volition der Studierenden zu steigern, empfiehlt es sich, den Erwerb von KI-Kompetenzen zielgerichtet anhand von Praxisbeispielen in die Lehre zu integrieren und so besser den eigenen (künftigen) Berufsalltag der Studierenden mit einzubeziehen. Anhand der durchgeführten und hier vorgestellten Befragung und des präsentierten Praxisbeispiels lassen sich folgende Ableitungen und Empfehlungen zum institutionalisierten Umgang mit generativer KI durch Studierende aussprechen:

– Studierende und Lehrende nutzen generative KI-Tools bereits aktiv in ihrem Arbeitsalltag, insbesondere für kreative/schöpferische Tätigkeiten.

– Eine aktive Auseinandersetzung darüber, wie man generative KI-Tools aktiv einsetzen kann, um selbstgesteuerte Lernprozesse zu gestalten und Inhalte zu generieren, findet kaum statt. Teil der Lehr- und Lernkultur an öffentlichen Hochschulen sollte KI-bezogen auch der Erwerb von Metakompetenzen zum Lernen mit KI sein.

– Bisweilen überwiegt die Sorge der Lehrenden und Lernenden vor „Fakenews" bzw. der schweren Erkennbarkeit dieser. Dem ist durch die Ermittlung von KI-Kompetenzen zum kritisch-reflektierten Umgang entgegenzuwirken.

– Die Vermittlung von KI-Kompetenzen sollte unabhängig vom jeweiligen Studiengang oder Studienfach erfolgen: fundierte Programmierkenntnisse sind für die Nutzung von KI keine Voraussetzung.

– Der Erwerb von KI-Kompetenzen kann zielgerichtet anhand von Praxisbeispielen erfolgen, die den eigenen (künftigen) Berufsalltag der Studierenden betreffen und damit deren Volition steigern.

– (Duale) Hochschulen und Universitäten sollten einen curricularen Rahmen schaffen, um allen Studierenden den Erwerb von KI-Kompetenzen zu ermöglichen und damit die nötige Infrastruktur schaffen. Hierbei ist der Zugang zu den entsprechenden Ressourcen hervorzuheben.

Literaturverzeichnis

Atkinson, J. W. (1957). Motivational determinants of risk-taking behavior. *Psychological Review*, *64*(6), 359–372.

Budde, J., & Friedrich, J.-D. (2024). *Monitor Digitalisierung 360°*. Wo stehen die deutschen Hochschulen?: Arbeitspapier Nr. 83. Berlin: Hochschulforum Digitalisierung. https://hochschulforumdigitalisierung.de/wp-content/uploads/2024/10/251028_HFD_Monitor_Digitalisierung-360_2324_WEB_RZ.pdf

Carolus, A., Koch, M., Straka, S., Latoschik, M. E., & Wienrich, C. (2023). *MAILS – Meta AI Literacy Scale: Development and Testing of an AI Literacy Questionnaire Based on Well-Founded Competency Models and Psychological Change- and Meta-Competencies*. arXiv. https://doi.org/10.48550/ARXIV.2302.09319

Catakli, D., & Puntschuh, M. (2023*). Orientierung im Kompetenzdschungel*. Bertelsmann Stiftung. https://www.bertelsmann-stiftung.de/de/publikationen/publikation/did/orientierung-im-kompetenzdschungel

Ehlers, U.-D., Lindner, M., Sommer, S., & Rauch, E. (2023a). AICOMP – Future Skills in a World Increasingly Shaped By AI. *Ubiquity Proceedings*, *3*(1), 230–239. https://doi.org/10.5334/uproc.91

Ehlers, U.-D., Lindner, M., & Rauch, E. (2023b). AICOMP – Kompetenzmodell – Future Skills für eine durch KI geprägte Lebenswelt. Foliensatz. Karlsruhe. (https://next-education.org/downloads/2024-03-20-21-AIComp-FutureSkills-Modell.pdf)

Ehlers, U.-D., Geier, N., & Eigbrecht, L. (2024a). Curriculare Einbettung und didaktische Umsetzung von Future Skills in der Hochschullehre. *ZDRW Zeitschrift für Didaktik der Rechtswissenschaft*, *10*(4), 336–361.

Ehlers, U.-D., Eigbrecht, L., Horstmann, N., Matthes, W., Piesk, D., & Rampelt, F. (2024b). Future Skills für Hochschulen: Eine kritische Bestandsaufnahme. In H. Koch, C. Schneider & U. Wilke (Hrsg.), *Future Skills lehren und lernen. Schlaglichter aus Hochschule, Schule und Weiterbildung* (S. 348–374). Stifterverband für die Deutsche Wissenschaft e.V.

Foucault, Michel (1971). *Die Ordnung des Diskurses*. Fischer.

von Garrel, J., Mayer, J., & Mühlfeld, M. (2023). *Künstliche Intelligenz im Studium*. Eine quantitative Befragung von Studierenden zur Nutzung von ChatGPT & Co.

35

https://opus4.kobv.de/opus4-h-da/frontdoor/deliver/index/docId/395/file/befragung_ki-im-studium.pdf

Gerstung-Jungherr, V., & Deuer, E. (2024). Die studentische Perspektive auf KI-Chatbots wie ChatGPT. In E. Deuer & Th. Meyer (Hrsg.), *Vom Studienstart bis zum Berufseinstieg Motive, Herausforderungen und Zukunftsperspektiven im dualen Studium* (S. 121–150). wbv.

Gimpel, H., Gutheil, N., Mayer, V., Bandtel, M., Büttgen, M., Decker, S., Eymann, T., Feulner, S., Kaya, M. F., Kufner, M., Kühl, N., Lämmermann, L., Mädche, A., Ruiner, C., Schoop, M., & Urbach, N. (2024). (Generative) AI Competencies for Future-Proof Graduates: Inspiration for Higher Education Institutions. *Hohenheim Discussion Papers in Business, Economics and Social Sciences*.

„KI im Handel." https://ki-campus.org/index.php/courses/ki-im-Handel?locale=de

Knoth, N., Decker, M., Laupichler, M., Pinski, M., Buchholtz, N., Bata, K., & Schultz, B. (2024). Developing a Holistic AI Literacy Assessment Matrix – Bridging Generic, Domain-Specific, and Ethical Competencies. *Computers and Education Open, 6*, 100177. https://doi.org/10.1016/j.caeo.2024.100177

Long, D., & Magerko, B. (2020). What is AI Literacy? Competencies and Design Considerations. In *Proceedings of the 2020 CHI Conference on Human Factors in Computing Systems (CHI '20). Association for Computing Machinery*, New York, NY, USA, 1–16. https://doi.org/10.1145/3313831.3376727

Mah, D.-K., Hense, J., & Dufentester, C. (2023). Didaktische Impulse zum Lehren und Lernen mit und über Künstliche Intelligenz. In C. de Witt, C. Gloerfeld & S. E. Wrede (Hrsg.), *Künstliche Intelligenz in der Bildung* (S. 91–108). Springer Nature.

Mah, D.-K., & Torner, C. (Hrsg.) (2022). *Anwendungsorientierte Hochschullehre zu Künstlicher Intelligenz. Impulse aus dem Fellowship-Programm zur Integration von KI-Campus-Lernangeboten*. KI-Campus. https://doi.org/10.5281/zenodo.7319832

Pinski, M., & Benlian, A. (2023). *AI Literacy – Towards Measuring Human Competency in Artificial Intelligence*. https://hdl.handle.net/10125/102649

Rampelt, F., Ruppert, R., Bernd, M., & Chaikevitch, E. (2024a). KI-Campus: Kostenlose und offen lizenzierte Lernangebote in die Hochschule integrieren. In H. Koch, C. Schneider & U. Wilke (Hrsg.), *Future Skills lehren und lernen. Schlaglichter aus Hochschule, Schule und Weiterbildung* (S. 250–262). Stifterverband für die Deutsche Wissenschaft e.V.

Rampelt, F., Ruppert, R., Schleiss, J., Mah, D.-K., Bata, K., & Egloffstein, M. (2024b). How Do AI Educators Use Open Educational Resources? A Cross-Sectoral Case Study on OER for AI Education. *Open Praxis*, *X*(X), X, 1–18. https://doi.org/10.55982/ openpra-xis.X.X.766

Rampelt, F., Klier, J., Kirchherr, J., & Ruppert, R. (2025). *KI-Kompetenzen in deutschen Unternehmen. Schlüssel zu einer Jahrhundertchance für Deutschland.* https://doi.org/10.5281/zenodo.14637137

Sereflioglu, T., Taugerbeck, S., Bohn, N., Rostek, D., & Hesse, C. (2024). Empirische Studie zur KI-Kompetenzentwicklung – Analyse und Handlungsempfehlungen. In H. Koch, C. Schneider & U. Wilke, U. (Hrsg.), *Future Skills lehren und lernen. Schlaglichter aus Hochschule, Schule und Weiterbildung* (S. 138–161). Stifterverband für die Deutsche Wissenschaft e.V.

Wirth, R., & Hipp, J. (2000). CRISP-DM: Towards a standard process model for data mining. In *Proceedings of the 4th international conference on the practical applications of knowledge discovery and data mining.* Vol. 1, 29–39.

Julius Voigt[1], Katrin Girgensohn[2], Jürgen Neyer[3], Bernd Fröhlich[4], Sassan Gholiagha[5], Dora Kiesel[6], Patrick Riehmann[7], Mitja Sienknecht[8], Benno Stein[9], Magdalena Anna Wolska[10], Irene López García[11], Matti Wiegmann[12] & Christiane Cromm[13]

KI und Kritisches Denken beim Forschenden Lernen in Politikwissenschaften

Zusammenfassung

Dieser Beitrag fragt, was es bedeutet, kritisch mit KI umzugehen und wie kritisches Denken *und* ein kritischer Umgang mit KI in der Hochschullehre aussehen und gefördert werden können. Dazu gibt er Einblicke in Forschendes Lernen im Fach Politikwissenschaften, bei dem Studierende dabei begleitet wurden, KI-Tools für ihre Forschungs- und Schreibprozesse einzusetzen. Auf der Basis von studentischen Reflexionsschreiben, die im Rahmen des Seminars von den Studierenden wöchentlich

1   Corresponding author; Europa-Universität Viadrina, Frankfurt (Oder); jvoigt@europa-uni.de; ORCID 0009-0009-8533-4475

2   Europa-Universität Viadrina; girgensohn@europa-uni.de; ORCID 0000-0001-7174-3491

3   Europa-Universität Viadrina; neyer@europa-uni.de; ORCID 0000-0001-6788-5219

4   Bauhaus-Universität Weimar; bernd.froehlich@uni-weimar.de; ORCID 0000-0002-9439-1959

5   Europa-Universität Viadrina; Gholiagha@europa-uni.de; ORCID 0000-0001-6464-7557

6   Bauhaus-Universität Weimar; dora.kiesel@uni-weimar.de; ORCID 0000-0002-6283-2633

7   Bauhaus-Universität Weimar; patrick.riehmann@uni-weimar.de; ORCID 0000-0002-6956-466X

8   Europa-Universität Viadrina; Sienknecht@europa-uni.de; ORCID 0000-0001-5217-1432

9   Bauhaus-Universität Weimar; benno.stein@uni-weimar.de; ORCID 0000-0001-9033-2217

10   Bauhaus-Universität Weimar; magdalena.wolska@uni-weimar.de; ORCID 0009-0007-7841-937X

11   Bauhaus-Universität Weimar; irene.lopez.garcia@uni-weimar.de; ORCID 0009-0003-1237-6734

12   Bauhaus-Universität Weimar; matti.wiegmann@uni-weimar.de; ORCID 0000-0002-3911-0456

13   Europa-Universität Viadrina; cromm@europa-uni.de; ORCID 0009-0002-0759-4908

https://doi.org/10.21240/zfhe/SH-KI-2/03

verfasst wurden, wird der kritische Umgang mit KI durch eine qualitative Inhalts-analyse untersucht.

Schlüsselwörter

Forschendes Lernen, Künstliche Intelligenz, Politikwissenschaft, kritisches Denken, Schreibdidaktik

AI and research-based learning in political sciences – How to foster critical thinking

Abstract

This paper asks what it means to take a critical approach to AI and how critical thinking *and a* critical approach to AI can be incorporated into university teaching and then promoted. To this end, it provides insights into research-based learning in the field of political science, in which students were supported in their use of AI tools for research and writing processes. Based on weekly reflection papers written by students as part of a seminar, a qualitative content analysis is used to examine the critical use of AI.

Keywords

research-based learning, artificial intelligence, political science, critical thinking, writing pedagogy

1 Einleitung

Hochschullehre hat den Anspruch, Bildung durch Wissenschaft zu ermöglichen. Dazu gehört, dass Studierende nicht einfach feststehende Wissensbestände auswendig lernen oder Fertigkeiten trainieren sollen. Die Idee einer Bildung durch Wissenschaft bedeutet vielmehr, zu lernen, wie man Wissen kritisch hinterfragt, überprüft und anwendet. Aus diesem Grund lernen Studierende im Studium wissenschaftliches Arbeiten. Je nach Fach, Fachkultur und Curriculum geschieht dies in unterschiedlichem Ausmaß, in unterschiedlicher disziplinärer Ausprägung und mehr oder weniger explizit, doch es bleibt die Basis einer akademischen Ausbildung. Und da KI-Tools das wissenschaftliche Arbeiten stark verändern, ist es alternativlos, den Umgang mit KI in diese Bildung durch Wissenschaft zu integrieren.[14]

Folgerichtig wird auch für den Umgang mit KI in Studium und Lehre eingefordert, die Anwendung der Tools kritisch zu hinterfragen, denn Tools sind Werkzeuge und diese sind nicht neutral (Horst, 2023). Doch was bedeutet es eigentlich, ‚kritisch‘ mit KI umzugehen? Und wie kann ein kritischer Umgang mit KI in der Hochschullehre aussehen und gefördert werden? Diesen Fragen geht dieser Beitrag nach.

Den Rahmen dafür bietet das Verbundprojekt SKILL (Sozialwissenschaftliches KI-Labor für Forschendes Lernen) der Europa-Universität Viadrina und der Bauhaus-Universität Weimar, das KI-Forschung und -Entwicklung, Forschendes Lernen und politikwissenschaftliche Lehre miteinander verzahnt. Das Projekt versucht, ein KI-Tool zu entwickeln, das es ermöglicht, Argumente aus politikwissenschaftlichen Fachtexten zu extrahieren und zu visualisieren und das fachdidaktisch eingesetzt werden kann. Letzteres erfolgt in politikwissenschaftlichen Seminaren nach der Methodik des Forschenden Lernens (zur Konzeption des Verbundprojekts und insbesondere zur didaktischen Konzeption vgl. Girgensohn et al., 2023). In unserem Projekt haben die drei beteiligten Bereiche Informatik/Visualisierung (Entwicklung des KI-Tools), Politikwissenschaft (fachliche Grundlage) und Hochschul- bzw.

---

14 Wir beziehen uns hier auf textgenerierende und textrelevante Tools, die als Sprachmodelle auf maschinellem Lernen basieren, vgl. Brommer et al. (2023, S. 3).

Schreibdidaktik (Forschendes Lernen) gemeinsam folgende leitende Frage als besonders relevant identifiziert: Wie kann kritisches Denken in Politikwissenschaft, Informatik und Hochschuldidaktik gefördert werden, insbesondere in Bezug auf KI-Entwicklung, Annotationsverfahren und Forschendes Lernen? Das kritische Denken steht im Mittelpunkt, da es, wie vielseitig befürchtet wird, mit vermehrter KI-Nutzung abnehmen könne, weswegen es neben weiteren Risiken ein Punkt ist, der Aufmerksamkeit verdient (Darwin et al., 2024; Ivanov, 2023; Hendrycks et al., 2023).

Forschendes Lernen wurde als hochschuldidaktische Methode für eine Rahmung des Einsatzes von KI gewählt, weil wir, ähnlich wie Preiß und Watanabe (2024) und Wrede et al. (2023) davon ausgehen, dass Forschendes Lernen und KI-Einsatz in der Hochschullehre einander gut ergänzen können. So eröffnet Forschendes Lernen potenziell Möglichkeiten zur Reduktion von Risiken, die mit KI in der Hochschullehre verbunden sind. Darüber hinaus eröffnet der Einsatz von KI beim Forschenden Lernen Chancen, adäquater mit den Herausforderungen umzugehen, die das Format des Forschenden Lernens mit sich bringt.

Beispielsweise besteht in Bezug auf KI-Nutzung von Studierenden die Gefahr, dass sich die Leistungsunterschiede zwischen leistungsstarken und leistungsschwachen Studierenden noch weiter vergrößern werden. Erste Studien haben gezeigt, dass Studierende KI-Tools mehr nutzen als andere Teile der Bevölkerung (Garrel et al., 2023; Hoffmann & Schmidt, 2023). Dabei scheint es so zu sein, dass einige Studierende KI-Tools erproben, kritisch reflektieren und produktiv nutzen, während andere weniger damit experimentieren und sie womöglich in der Folge eher unkritisch nutzen (Hoffmann & Schmidt, 2023). Eine mögliche Konsequenz könnte sein, dass die Leistungen der einen Gruppe kontinuierlich verbessert werden, während die andere Gefahr läuft, abgehängt zu werden. Über die Methodik des Forschenden Lernens sind die jeweils individuellen Forschungs- und Schreibprozesse der Studierenden miteinander verbunden, sodass auch passivere oder weniger experimentierfreudige Studierende insgesamt und tendenziell besser integriert und aktiviert werden.

Auch problematische Punkte wie rechtliche und ethische Fragen der Nutzung von KI-Tools oder mangelnde Faktizität lassen sich im Setting des Forschenden Lernens thematisieren, da die Forschungsprozesse der Studierenden im Rahmen der Lehrveranstaltung stattfinden und nicht als der Lehre nachgeschaltete, autonom durchgeführte Prüfungsleistung.

Zugleich kann KI möglicherweise genutzt werden, um Forschendes Lernen besser zu unterstützen. So ist eine wesentliche Herausforderung dieses Lernformats der damit verbundene Betreuungsaufwand, da Forschendes Lernen auf intensives Mentoring angewiesen ist (vgl. Artmann, 2022; Hiß & Schulte, 2016; Stiller, 2015). KI könnte in Prozessen des Forschenden Lernens eingesetzt werden, um z. B. Reflexionspartner:in zu sein, Feedback zu geben und Forschungsfragen zu diskutieren. Damit könnte Entlastung der Lehrenden und letztlich mehr Forschendes Lernen ermöglicht werden. Erprobt haben solche Möglichkeiten beispielsweise Wrede et al. (2023). Eine ausführliche Gegenüberstellung der Potenziale und Herausforderungen beim Forschenden Lernen und beim Einsatz von KI in der Hochschullehre findet sich bei Preiß und Watanabe (2024).

Im Folgenden führen wir zunächst aus, wie Forschendes Lernen in einem Seminar umgesetzt wurde. Eine wesentliche Komponente ist dabei die strukturierte schriftliche Reflexion des Forschungsprozesses *und* der KI-Nutzung dabei. Daran anschließend stellen wir vor, wie wir kritisches Denken (anhand von einigen gängigen Definitionen) definieren, da sich daraus unser Kategoriensystem für die qualitative Inhaltsanalyse der studentischen Reflexionen ableitet. Erste Ergebnisse der qualitativen Inhaltsanalyse werden vorgestellt und im Fazit zusammengefasst.

2 Forschendes Lernen und KI im politikwissenschaftlichen Seminar

2.1 Seminarkonzept

Forschendes Lernen umfasst einen kompletten Forschungsprozess mit allen seinen Phasen, der während einer Lehrveranstaltung durchlaufen wird und auf die Gewinnung von auch für Dritte interessanten Ergebnissen gerichtet ist (Huber, 2009, S. 11). Forschendes Lernen kann folglich als eine Form des situierten Lernens (Brown et al., 1989) bezeichnet werden, in der das Lernen im Austausch mit anderen erfolgt und damit einem sozialkonstruktivistischen Verständnis von Lernen folgt.

Für das SKILL-Projekt haben wir ein Seminar nach der Methodik des Forschenden Lernens mit expliziter KI-Nutzung konzipiert. Die Studierenden entwickeln dabei in kleinen Gruppen (2–4 Personen) eine eigene Forschungsfrage, machen sich mit bestehender Forschung zu einem Thema vertraut, entwickeln ein eigenes Forschungsdesign, führen die Forschung durch, präsentieren und publizieren ihre Ergebnisse und reflektieren intensiv und während des gesamten Verlaufs ihren Forschungs- und Schreibprozess. Das Ganze ist ein intensiver sozialer und kollaborativer Aushandlungsprozess, der von Lehrenden in der Rolle von Mentor:innen und Facilitators begleitet wird.

Das Seminar ‚Unilateralismus in der Weltpolitik: vom Völkerbund bis heute‘ fand im Wintersemester 2023/24 an der Viadrina-Universität unter der Leitung von Prof. Jürgen Neyer und Julius Voigt statt. Da zum Durchführungszeitpunkt die im Projekt entwickelte KI noch nicht zur Verfügung stand, wurden mehr oder weniger frei zugängliche und ganz bewusst sehr verschiedene generative KI-Anwendungen wie ChatGPT, Elitcit, Perplexity, Research Rabbit und AskYourPDF vorgestellt und genutzt. Die Studierenden sollten diese KIs für ihren politikwissenschaftlichen Forschungsprozess z. T. angeleitet, z. T. selbstständig erkunden, nutzen und die KI-Erfahrungen dokumentieren. Mehr oder weniger eigenständig bedeutet, dass Angebote von den Lehrenden gemacht wurden, aber auch in Seminarsitzungen punktuell Themen wie gängige KI-Anwendungen und deren Funktion, Prompting, ethische Fragen und die Frage nach einem kritischen Umgang mit KI sowie Eindrücke aus der Forschung im Projekt geteilt und diskutiert wurden. Letztlich war den Studierenden aber neben diesem groben Gerüst der Freiraum gegeben, selbst zu erkunden, auszuwählen und in dem Maße mit KI zu arbeiten, wie es für sie nützlich schien. Dies führte bei einigen zu sehr reger Nutzung und Experimentierfreude, andere nutzten KIs seltener.

Gemeinsam erarbeitete und publizierte eine kleine Seminargruppe von zehn Bachelor- und Masterstudierenden so ein kollaboratives Paper, das zwei Fallstudien unter einer gemeinsamen Forschungsfrage zusammenführt (Alaraishi et al., 2024).

2.2 Begleitforschung

Forschendem Lernen wird ein großes Bildungspotenzial zugeschrieben. Es scheint dem Anspruch, Bildung durch Wissenschaft zu ermöglichen, in besonderem Maße gerecht zu werden (Preiß & Lübcke, 2020). Empirisch lassen sich diese Potenziale nicht leicht nachweisen, was Thiem und Gess (2020, S. 189) u. a. auf die breiten und differenzierten Wirkungserwartungen zurückführen, die die Operationalisierbarkeit erschweren. Der im SKILL-Projekt verfolgte Forschungsansatz lässt sich der von Thiem und Gess (2020) als Lern- und Entwicklungsparadigma bezeichneten Richtung zuordnen, da das Ziel in erster Linie eine formative Weiterentwicklung der Lehrveranstaltung bzw. des KI-Einsatzes beim Forschenden Lernen ist. Unsere Forschung fokussiert sich auf das kritische Denken der Studierenden und nutzt etwa 200 Seiten studentischer Reflexionen als Datenbasis.

Der Gruppen-, Recherche- und Schreibprozess mit und ohne KI wurde von den einzelnen Studierenden regelmäßig schriftlich reflektiert. Sie folgten dabei einem klaren Reflexions-Schema nach Bräuer (2016). Es umfasst fünf Phasen: Ziel des Seminars/der Lernaktivität festhalten, Beschreibung/Dokumentation der Arbeitsschritte, Analyse/Interpretation derselben, Auswertung/Bewertung und Planung der nächsten Schritte. Die Studierenden wurden ermutigt, die Reflexionen zeitnah und im besten Fall direkt im Anschluss an die Seminar- und Gruppentreffen zu verfassen. Als

Richtwert wurde ein Umfang von 1–2 Seiten empfohlen. Sie erhielten regelmäßig Feedback zu ihren Reflexionen von den Seminarleitern.

3 Kritisches Denken

Denken ist eingebettet in einen komplexen soziokulturellen Handlungszusammenhang, der Wahrnehmungsweisen, Praktiken, Aushandlungsprozesse u. v. m. umfasst. Um Denken, Bildung und Lernprozesse umfangreich zu behandeln und nicht auf mentale Operationen zu reduzieren, sprechen wir *auch* immer wieder von kritischem Umgang oder kritischer Haltung. Beides soll gefördert und untersucht werden, wobei das Denken nach wie vor die leitende Kategorie darstellt. Dementsprechend fällt unsere Definition umfangreich aus. Sie versucht diese Kontexte des Denkens mit einzubeziehen und setzt sich zusammen aus verschiedenen Definitionsansätzen wie u. a. denen von Kruse (2017), Watanabe (2023), Horst (2023) und Anders (2023). (Zur Herleitung der Definition ausführlich Voigt et al., 2025).

Die erste Fassung wurde mit der DGHD-AG ‚KI und Forschendes Lernen' und in Seminaren wie dem oben beschriebenen mit Studierenden diskutiert. Die folgende Definition ist das Ergebnis dieser Arbeitsschritte und wird für das weitere Vorgehen im Forschungs- und Lehrprogramm im SKILL-Projekt genutzt:

> „Kritisches Denken ist ein **systematischer** und dennoch **unvorhersehbarer** und manchmal **riskanter Denkprozess**, der zu einer (vorläufig) endgültigen Schlussfolgerung führt.
>
> Die daran beteiligten Denkprozesse **analysieren und bewerten** Vorannahmen und vorläufige Schlussfolgerungen, indem sie – auch mit **kreativen Methoden** – nach Grenzen suchen und Interpretationen infrage stellen sowie Quellen und Belege nach wissenschaftlichen Kriterien **auswerten**.

Zum kritischen Denken gehört neben der grundsätzlichen **Skepsis** auch die grundsätzliche **Bereitschaft, fremde Gedankengänge** wohlwollend zu akzeptieren und **empathisch** zu **prüfen**. Es erfordert daher auch **Ambiguitätstoleranz.**

Kritisches Denken ist grundsätzlich mit **Metakognition** verbunden, d. h. der **bewussten Wahrnehmung der eigenen Denkprozesse** und deren Analyse und Bewertung, was auch die Bereitschaft zur **Selbstkorrektur** einschließt.

Es ist immer mit **kollaborativen Prozessen** – die auch asynchron und durch Lesen stattfinden können – verbunden, da nur so die Grenzen des eigenen Denkens erkannt werden können.

Kritisches Denken setzt die **Bereitschaft** voraus, **Verantwortung für die Ergebnisse der eigenen Denkprozesse** zu übernehmen. Es braucht **Zeit, Energie** und **Ressourcen** und bildet so einen Gegenpol zur **subjektiven, spontanen Meinungsbildung**." (SKILL, 2024)

4 Analyse des kritischen Denkens der Studierenden

In der qualitativen Inhaltsanalyse der studentischen Reflexionspapiere folgen wir Udo Kuckartz, und zwar in der Ausprägung der inhaltlich-strukturierenden Inhaltsanalyse, die sowohl deduktive als auch induktive Kategorienbildung vorsieht (Kuckartz, 2012, S. 76).

4.1 Ein erster Überblick

Aus der entwickelten Definition wurden deduktive Top-Level-Kategorien entwickelt, die für die qualitative Inhaltsanalyse eine erste Grundlage bildeten. Die in der folgenden Abbildung sichtbaren Bezeichnungen sind die Kategorien, die das Codesystem bilden, mit dem im ersten Schritt etwas mehr als 200 Seiten studentischer

Reflexionspapiere aus dem erwähnten Seminar analysiert wurden, um Spuren kritischen Denkens im Umgang mit KI nachzuzeichnen.

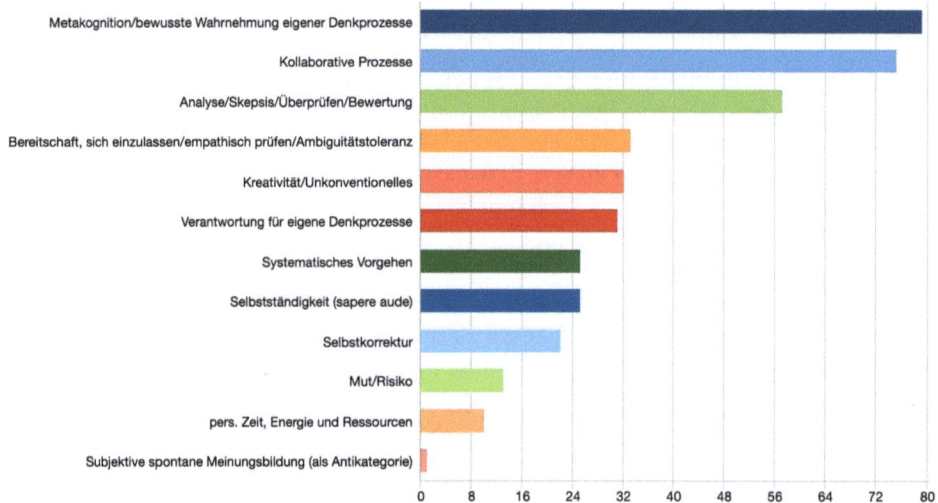

Abb. 1: Deduktive Toplevel Codes, entwickelt aus ‚Kritisches Denken'-Definition.

Die im Graphen abgebildeten Codierungen ermöglichen es, kritisches Denken und Tun les- und sichtbarer zu machen und somit erste Trends zu erkennen. Dabei geht es an dieser Stelle nicht um eine streng analytisch-statistische Auswertung des Materials oder um absolute logische Strenge und die korrekte Bindung des Materials an die Definition. Es geht um eine erste grobe Kartierung des Materials mithilfe der definierten Codes. Grundsätzlich lassen sich so viele Spuren einer kritischen Denk- und Umgangsweise mit KI in den Reflexionspapieren ablesen. Alle aus der Definition abgeleiteten Kategorien können gefunden werden. Wie Abb. 1 zeigt, werden die Teilaspekte unterschiedlich stark bedient. Die Häufung einiger Codierungen zeigt, dass Aspekte durch das Lehr-Lernarrangement besonders gefördert werden. Forschendes Lernen und das intensive Schreiben von Reflexionspapieren fordern ja aber auch genau dies: Analyse, Skepsis, Überprüfung und Bewertung des eigenen Denkens und Tuns, d. h. (Selbst-)Reflexivität sowie Austausch und Zusammenarbeit.

4.2 Genauere Einblicke in individuelle Arbeitsprozesse

Die Verteilung der Kodierungen auf die einzelnen Kategorien kann in Dokumentenporträts genauer betrachtet werden (siehe Abb. 2 und Abb. 3). Diese umfassen jeweils alle Reflexionspapiere einer Person. Die deduktiv aus der Definition kritischen Denkens abgeleiteten Kategorien wurden während eines ersten Codierdurchgangs ergänzt um neue, induktiv entwickelte Subkategorien, die die Hauptkategorien weiter auffächern. Die farbigen Punkte zeigen in dieser Phase weiterhin Trends an, die spezifischer, aber auch vielfältiger werden, individuelle Denk- und Handlungsweisen sichtbar werden lassen und so das qualitative Verständnis anreichern. Durch diese neuen Grade der Verfeinerung, Konkretisierung und Erweiterung lässt sich später die Definition von kritischem Denken mit Blick auf KI erweitern und ausbauen.

So markieren die dunkelbraunen Punkte in Abb. 2 zum Beispiel, dass regelmäßig während des Seminarverlaufs die ‚Rolle der Dozierenden' mitreflektiert wurde. Sie traten etwa als Korrektiv auf, wenn es darum ging, Ergebnisse der KI-Interaktion kritisch, fachlich oder schreibdidaktisch zu beurteilen. Gemeinsam wurde von Dozierenden und Studierenden bspw. die Qualität einer von ChatGPT vorgeschlagenen Artikelstruktur, eines Abstracts, eines per KI formulierten Absatzes oder vorgeschlagener Quellen analysiert und bewertet.

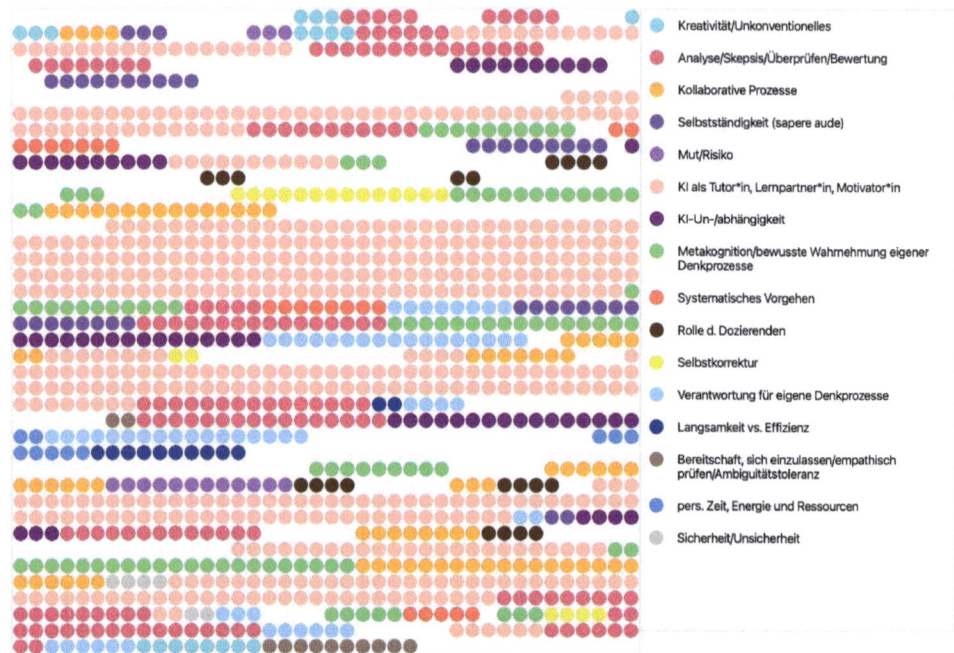

Abb. 2: Dokumentenportrait, gesamte Reflexionsarbeit einer:s Studierenden (Fall 10, Seminar Unilateralismus, WiSe 23/24)

Die vielen rosafarbenen Punkte in Abb. 2 zeigen, dass die Person regelmäßig und recht ausführlich über ‚KI als Tutor:in, Lernpartner:in, Motivator:in' reflektiert hat. Die Kategorie ist ebenfalls induktiv entstanden und gehört als Spezialfall der allgemein sehr stark vertretenen Hauptkategorie ‚Kollaborative Prozesse' an. Daraus ergeben sich weitere Fragen: Was für eine Art des Austauschs und der Kollaboration findet hier statt und sollte nicht eher von Mensch-Maschine-Interaktion die Rede sein?[15] Wie beantworten wir diese Fragen, wenn etwa Folgendes im Reflexionsschreiben der Person steht:

> „Als ich kurz vor Beginn der Seminarsitzung diese Woche mir ChatGPTs Antworten aus meiner letzten Reflexion anschaue, um diese mit der Gruppe zu besprechen, fällt mir eine interessante Stelle auf. Auf S. 3 der sechsten Reflexion steht 'Introduce the Middle East as a region where multilateralism is crucial due to complex geopolitical dynamics'. Ich denke, dass ChatGPT hier einen sehr wichtigen und zentralen Punkt aufgreift, der mir vorher gar nicht bewusst war." (Fall 10, S. 20)

Ein weiteres Dokumentenportrait (Abb. 3) zeigt eine ähnlich diverse Verteilung von Top- und Subkategorien. Eine induktive Subkategorie, die besonders ins Auge sticht, ist ‚KI für bestimmte Phasen/Aufgaben des Schreib-/Forschungsprozesses'; repräsentiert durch die dunkelgrünen Punkte.

---

15 Herzlichen Dank für den kritischen Tipp von Prof. Dr. Isabel Steinhardt in der anschließenden Diskussion auf der JFMH-Tagung.

51

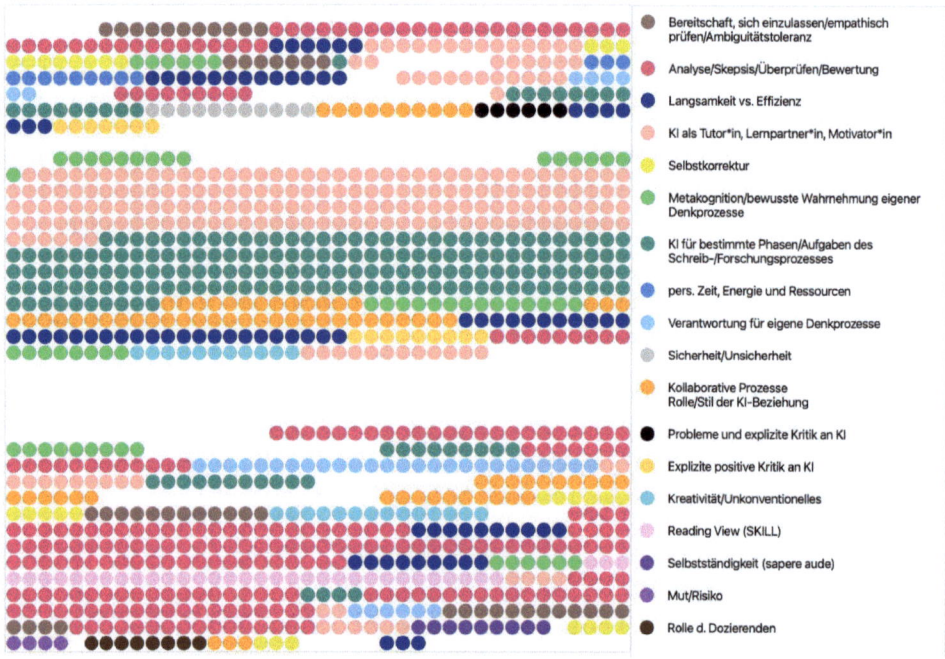

Abb. 3: Dokumentenportrait, gesamte Reflexionsarbeit eine:r Studierenden (Fall 9, Seminar Unilateralismus, WiSe 23/24)

Punkte wie diese, die uns besonders auffielen, haben wir dann genauer angeschaut. Exemplarisch gehen wir im Folgenden auf eine Textstelle ein.

4.3 Dichte Beschreibungen persönlicher Arbeitsprozesse

Was also verbirgt sich hinter der Kategorie ‚KI für bestimmte Phasen/Aufgaben des Schreib-/Forschungsprozesses‘? Nachdem die:der Studierende in den ersten beiden Reflexionspapieren im Seminar ausführlicher über ‚KI im Studium‘ und ‚KI für die Vorbereitung wissenschaftlicher Arbeiten‘ reflektiert, schreibt sie:er im dritten Reflexionspapier über ‚KI für Forschungsfragen‘.

„Das Ziel dieser Lernaktivität war es, mithilfe von Künstlicher Intelligenz (KI) eine vorläufige Forschungsfrage zu finden und passende Quellen zu erhalten sowie einen Überblick über das Themengebiet zu gewinnen. Es sollte untersucht werden, wie KI bei der Entwicklung von Forschungsfragen unterstützen kann und welche Möglichkeiten sich daraus ergeben.

Hierfür wurde ChatGPT genutzt, um eine vorläufige Forschungsfrage zu formulieren. Ich habe dem Modell unsere bisherigen Forschungsthemen beschrieben und ihm zusammengefasste Texte zu diesen Themen zur Verfügung gestellt. Je länger ich mit ChatGPT spreche, desto besser kann ich dem Modell Fragen stellen und passende Ergebnisse erhalten. Die Menge des Textmaterials wächst schnell an, wenn zu viele Ergebnisse angezeigt werden.

Bei der Durchführung der Lernaktivität habe ich festgestellt, dass es sehr hilfreich sein kann, schnell eine zu diskutierende Forschungsfrage zu erhalten. Insbesondere wenn man in Gruppen arbeitet und anschließend noch diskutiert, welche Forschungsfrage gewählt werden soll, ist es als Ausgangspunkt sehr nützlich. Auf diese Weise lernt man auch, welche Inhalte in einer Frage an ChatGPT besprochen werden sollten, insbesondere wenn man unsicher ist, wie man ein Themenfeld abgrenzen soll. Ein Problem von ChatGPT ist, dass es keine polarisierenden Ergebnisse liefert. Das bedeutet, dass die generierten Fragen immer in einem ‚sicheren‘ Rahmen bleiben werden. Dadurch werden leider keine spannenden Themen generiert, sondern eher solche, die bereits oft diskutiert wurden.

Im Vergleich zu anderen Forschungsaktivitäten empfand ich die Verwendung von KI zur Entwicklung von Forschungsfragen als äußerst effektiv und zeiteffizient. Ich empfehle anderen Forschenden definitiv, KI für ähnliche Aufgaben einzusetzen. Hierzu nutze ich hauptsächlich ChatGPT und Google Scholar." (Fall 9, S. 5–6)

Dieser exemplarische Ausschnitt zeigt, dass in Bezug auf kritisches Denken viele Fragen aufgeworfen werden können. Die zu Beginn des dritten Absatzes beschriebene Aushandlung zwischen Einzelperson, ChatGPT und Gruppe ist reizvoll, da hier

Fragen von individueller, kollektiver und interagierender Formulier- und Denkarbeit, Diskussion und Überarbeitung zusammenkommen. Unter welchen Umständen ist das, wovon wir hier lesen, ein Verlust an kritischem Denken oder Kreativität, eine Veränderung oder Verschiebung? Was wird gewonnen, was verloren, wenn wir unsere Forschungsfragen nicht (mehr ‚bloß') mit unseren eigenen Händen, Köpfen und bisher zur Verfügung stehenden Mitteln, Methoden und Maschinen erstellen/formulieren, sondern LLMs einsetzen? Welche Möglichkeiten entstehen, wenn KIs uns schnell Vorschläge für Forschungsfragen liefern, die dann in einer Gruppe diskutiert und weiterbearbeitet werden können? Keine leicht zu beantwortenden Fragen und sie können an dieser Stelle nur anregend gestellt werden.[16]

Vergegenwärtigen wir uns mit der Textstelle der:des Studierenden im Kopf noch einmal die obige Definition nach kritischem Denken, so lassen sich viele eindringliche Momente und fruchtbare Details eines kritischen Umgangs mit KI in dieser Phase der Schreib- und Forschungsarbeit feststellen. Diese gehen weit über die erste Codezuteilung ‚KI in einer bestimmten Schreibphase' hinaus. Es zeigen sich nicht bloß Bereitschaft sich einzulassen, sondern auch Mut und Risiko, sich den Anreizen von KI und Gruppe auszusetzen und Zeit zu investieren, um die jeweils fremden Inputs gemeinsam zu verhandeln. Diese sind in ein systematisches Vorgehen eingebettet, werden gemeinsam diskutiert, abgewogen und bewertet. In diesem Rahmen wird erkannt, dass die Antworten der KI nur in einem überschaubaren Maße innovativ sind bzw. dies gerade nicht sind und eigenes Denken nötig wird, um über den KI-Tellerrand hinauszudenken. Das Dialogische zwischen den einzelnen Gruppenmitgliedern und der KI als ‚third party' scheint einen besonderen Modus der Aushandlung und Reflexion darzustellen. Im Rahmen des Forschenden Lernens zeigt sich dieser Modus allemal als fruchtbar, umfangreich, divers und reflektiert genug, um

---

16 Auch stellt sich, neben anderen ethischen Problemen, die Frage, unter welchen Umständen z. B. diese Arbeit am Forschungsfragendesign den ökologischen Fußabdruck wert ist, den LLMs verursachen können, wenn sie als Standard in die Textarbeit mit einbezogen werden: Warum brauchen wir die ‚ökologisch teuren' LLMs in diesem konkreten Fall, wenn wir z. B. in der Schreibdidaktik bereits gute Methoden haben, um Forschungsfragen zu entwickeln? Danke für diese Frage an Audrey Debije auf der EWCA 2024 in Limerick.

best practices von kritischem Umgang mit KI in der Lehre und beim Lernen anzuregen, zu proben und weiterzuentwickeln.

Wie die hier exemplarisch nachvollzogene Bewegung der Betrachtungen – von der Verteilung der Hauptkategorien über die Auffächerung in und Verteilung von Subkategorien hin zu einem genaueren Blick auf eine Textstelle – zeigt, konnten wir erstens erkennen, dass kritisches Denken und eine kritische Nutzung von KI-Tools im Rahmen des Forschenden Lernens möglich sind. Zweitens hat die Analyse uns genauer gezeigt, welche Facetten kritisches Denken im Zusammenhang mit KI-Nutzung haben könnte. Drittens wirft die genaue Betrachtung einzelner Textstellen mehr Fragen auf als sie beantwortet – was uns als Lehrenden und Forschenden wiederum kritisches (Weiter-)Denken ermöglicht.

5 Fazit

Wir haben uns gefragt, was es bedeutet, kritisch mit KI umzugehen und wie dies in der Hochschullehre gefördert werden kann. Dazu gaben wir Einblick in ein laufendes Forschungsvorhaben, das vertiefte Analysen ermöglicht, etwa zur Förderung kritischen Denkens durch unterschiedliche Nutzungsweisen und -intensitäten von KI.

Bereits jetzt zeigt sich, dass Forschendes Lernen einen geeigneten Kontext bietet, Studierende in die Nutzung von KI-Tools einzuführen. Es befähigt sie, Verantwortung für Projekte zu übernehmen, KI gezielt einzusetzen und ein Bewusstsein für die sozialen, ethischen und ökologischen Herausforderungen zu entwickeln. Professionelles, kritisches Feedback und strukturierte schriftliche Reflexion fördern dabei das kritische Denken. Ebenso wichtig ist der Aufbau einer kritischen Lehr-Lerngemeinschaft, die gemeinsames Wachstum ermöglicht. Statt fertige Antworten zu erwarten, geht es darum, Zeit und Räume zu schaffen, um relevante Fragen, Ansätze und Praktiken zu entwickeln und ins Zusammenspiel zu bringen. Diese ersten Forschungsergebnisse ließen sich nun in anderen Anwendungsszenarien weiter erproben, beforschen und kontrastieren, etwa durch Vergleichsgruppen und KI-Einsatz ohne forschendes Lernen oder ohne begleitende schriftliche Reflexion.

Unsere Arbeitsdefinition von kritischem Denken erweist sich als tragfähig und wird durch die Reflexionen der Studierenden stetig erweitert. Dies unterstreicht, dass kritische Entwicklungen Zeit benötigen (vgl. Stengers, 2018). Unser vorläufiges Fazit lautet daher: Didaktische Szenarien für den KI-Einsatz in der Hochschullehre sollten Forschendes Lernen in Lehr-Lerngemeinschaften fördern und genügend Zeit für die Entwicklung einer kritischen Haltung einräumen.

Literaturverzeichnis

Alaraishi, M., Er, M., Festag, S., Hasanzade, T., Lang, K., Low, S., Neyer, J., Palenda, C., Rebitzer, H., Swierczynski, A., & Voigt, J. (2024). *Weltpolitik im Umbruch: Eine Bestandsaufnahme neuer Formen multilateraler Krisenbewältigung. Forschung zu Wissenserwerb und Lehr-/Lernprozessen* (4). https://doi.org/10.11584/opus4-1356

Anders, B. A. (2023). *The AI literacy imperative: Empowering instructors & students*. Sovorel Publishing.

Artmann, M. (2022). Dozent*innengeleitete Peer-Beratung – Ambivalenzen und Möglichkeiten einer hybriden Beratungsform im Forschenden Lernen. *Zeitschrift für Erziehungswissenschaft, 25*(1), 205–229. https://doi.org/10.1007/s11618-021-01064-x

Bräuer, G. (2016). *Das Portfolio als Reflexionsmedium für Lehrende und Studierende* (2., erweiterte Aufl.). Kompetent lehren: Band 6. Verlag Barbara Budrich; UTB GmbH. http://www.utb-studi-e-book.de/9783838546322

Brommer, S., Berendes, J., Bohle-Jurok, U., Buck, I., Girgensohn, K., Grieshammer, E., Gröner, C., Gürtl, F., Hollosi-Boiger, C., Klamm, C., Knorr, D., Limburg, A., Mundorf, M., Stahlberg, N., & Unterpertinger, E. (2023). *Wissenschaftliches Schreiben im Zeitalter von KI gemeinsam verantworten: Eine schreibwissenschaftliche Perspektive auf Implikationen für Akteurinnen an Hochschulen**. Diskussionspapier. https://hochschulforumdigitalisierung.de/wp-content/uploads/2023/11/HFD_DP_27_Schreiben_KI.pdf

Brown, J. S., Collins, A., & Duguid, P. (1989). Situated cognition and the culture of learning. *Educational Researcher, 18*(1), 32–42. https://doi.org/10.3102/0013189X018001032

Darwin, D. R., Mukminatien, N., Suryati, N., Laksmi, E. D., & Marzuki. (2024). Critical thinking in the AI era: An exploration of EFL students' perceptions, benefits, and limitations. *Cogent Education, 11*(1), Article 2290342. https://doi.org/10.1080/2331186X.2023.2290342

Garrel, J. von, Mayer, J., & Mühlfeld, M. (2023). *Künstliche Intelligenz im Studium: Eine quantitative Befragung von Studierenden zur Nutzung von ChatGPT & Co.* Hochschule Darmstadt. https://doi.org/10.48444/h_docs-pub-395

Girgensohn, K., Mundorf, M., Gholiagha, S., Voigt, J., Fröhlich, B., Kiesel, D., Neyer, J., López García, I., Riehmann, P., Sienknecht, M., Stein, B., Wiegmann, M., & Wolska, M. A. (2023). Forschendes Lernen mit KI im Sozialwissenschaftlichen KI-Labor für Forschendes Lernen (SKILL). *Advance online publication.* https://doi.org/10.11584/opus4-1326

Hendrycks, D., Mazeika, M., & Woodside, T. (2023). An overview of catastrophic AI risks. *ArXiv.* https://arxiv.org/abs/2306.12001

Hiß, S., & Schulte, H. (2016). Lehrforschung als Forschendes Lernen: Ein praxisorientierter Einblick in die Vorbereitung und Begleitung studentischer Forschungsprojekte zum Thema Nachhaltigkeit. In B. Berendt, A. Fleischmann, G. Salmhofer, N. Schaper, B. Szczyrba, M. Wiemer, & J. Wildt (Hrsg.), *Neues Handbuch Hochschullehre: 77. Ergänzungslieferung, A 3.21*. Franz Steiner Verlag.

Hoffmann, N., & Schmidt, S. (2023). *Vorläufige Kurzauswertung der bundesweiten Studierendenbefragung „Die Zukunft des akademischen Schreibens mit KI gestalten".* https://www.starkerstart.uni-frankfurt.de/142585033.pdf

Horst, D. (2023). Digitale Werkzeugkritik als essentielle Bedingung einer innovativen digitalen Lehr-Lernkultur. In L. C. Mrohs, M. Hess, K. Lindner, J. Schlüter & S. Overhage (Hrsg.), *Digitalisierung in der Hochschullehre – Perspektiven und Gestaltungsoptionen* (S. 47–64). University of Bamberg Press.

Huber, L. (2009). Warum Forschendes Lernen nötig und möglich ist. In L. Huber, J. Hellmer & F. Schneider (Hrsg.), *Forschendes Lernen im Studium: Aktuelle Konzepte und Erfahrungen* (S. 9–35). Universitätsverlag Webler.

Huber, L. (2014). Forschungsbasiertes, Forschungsorientiertes, Forschendes Lernen: Alles dasselbe? Ein Plädoyer für eine Verständigung über Begriffe und Unterscheidungen im Feld forschungsnahen Lehrens und Lernens. *Das Hochschulwesen, 62*(1+2), 22–29.

Huber, L., & Reinmann, G. (2019). *Vom forschungsnahen zum forschenden Lernen an Hochschulen.* Springer Fachmedien Wiesbaden. https://doi.org/10.1007/978-3-658-24949-6

Ivanov, S. (2023). The dark side of artificial intelligence in higher education. *The Service Industries Journal, 43*(15–16), 1055–1082. https://doi.org/10.1080/02642069.2023.2258799

Kruse, O. (2017). *Kritisches Denken und Argumentieren.* Huther & Roth.

Kuckartz, U. (2012). *Qualitative Inhaltsanalyse: Methoden, Praxis, Computerunterstützung.* Beltz Juventa.

Preiß, J., & Lübcke, E. (2020). Forschendes Lernen – didaktische Antwort auf politische Forderungen? *Zeitschrift für Hochschulentwicklung, 15*(2), 37–67. https://doi.org/10.3217/zfhe-15-02/03

Preiß, J., & Watanabe, A. (2024). Chance für eine neue Renaissance? Forschendes Lernen als Antwort auf neue KI-Herausforderungen in der Hochschulbildung? *Dikule-Symposion, Bamberg.*

SKILL-Projekt. (2024). *Begriffsbestimmung Kritisches Denken* (Internes Arbeitspapier).

Stengers, I. (2018). *Another science is possible: A manifesto for slow science.* Polity.

Stiller, K.-T. (2015). Forschendes Lernen – systemisch beraten? Eine Skizze zur Beratung in Praxisphasen der Lehramtsausbildung. Universität Bielefeld.

Thiem, J., & Gess, C. (2020). Wie kann Forschendes Lernen evaluiert werden? In C. Wulf, S. Haberstroh & M. Petersen (Hrsg.), *Forschendes Lernen* (S. 190–206). Springer Fachmedien Wiesbaden. https://doi.org/10.1007/978-3-658-31489-7_14

Voigt, J., Christ, M., Girgensohn, K., Neyer, J., Fröhlich, B., Gholiagha, S., Kiesel, D., Riehmann, P., Sienknecht, M., Stein, B., Wolska, M. A., López García, I., & Wiegmann, M. (2025). Kritisches Denken lernen und kritisches Lernen denken. In Junges Forum für Medien und Hochschulentwicklung (Hrsg.), *Lernkulturen in der Digitalität gestalten: Potenziale, Konzepte und Praktiken* (i. Vorb.).

Watanabe, A. (2023). Von tätigen Studierenden: Hannah Arendts Tätigkeitsanalysen als Reflexionsinstrument für den Einsatz von Künstlicher Intelligenz in der Hochschulbildung. *Zeitschrift für Hochschulentwicklung, 18*(3), 197–212. https://doi.org/10.21240/zfhe/18-03/10

Wrede, S. E., Gloerfeld, C., Witt, C. de, & Wang, X. (2023). Künstliche Intelligenz und forschendes Lernen – ein ideales Paar im Hochschulstudium!? In T. Schmohl, A. Watanabe & K. Schelling (Hrsg.), *Hochschulbildung: Lehre und Forschung: Künstliche Intelligenz in der Hochschulbildung* (Vol. 4, S. 195–212). transcript Verlag. https://doi.org/10.14361/9783839457696-011

Christoph Horst[1], Joel Zimmermann[2], Matthias Breiling[3],
Liam Wesemann[4], Miriam Barnat[5] & Jost Seibler[6]

Modernisierung von MINT-Praktika durch GenKI – Zugang zum forschenden Lernen?

Zusammenfassung

Die Arbeit thematisiert generative Künstliche Intelligenz (GenKI) in MINT-Praktika, fokussiert auf die Unterstützung des forschenden Lernens. Dabei wurden mehrere KI-basierte Chatbots entwickelt und evaluiert, um Studierende in ihrem selbstgesteuerten Lernprozess zu unterstützen. Der Schwerpunkt liegt auf der Vermittlung komplexer wissenschaftlicher Konzepte und der Förderung von Selbstständigkeit. Die letzte, themenspezifischere Generation, des Bots zeigt eine deutliche Verbesserung in der Unterstützung des Lernprozesses. Die Arbeit schlägt einen dreistufigen Prozess vor, wie GenKI gezielt eingesetzt werden kann, um das forschende Lernen in naturwissenschaftlichen Praktika zu unterstützen.

Schlüsselwörter

Forschendes Lernen, generative KI, Naturwissenschaftliche Praktika, ChatGPT, MINT

---

1   Corresponding author; FH Aachen; horst@fh-aachen.de, ORCID 0009-0008-2893-0345
2   FH Aachen; j.zimmermann@alumni.fh-aachen.de; ORCID 0009-0004-3190-2880
3   FH Aachen; matthias.breiling@alumni.fh-aachen.de; ORCID 0009-0003-3300-9132
4   FH Aachen; liam.wesemann@alumni.fh-aachen.de; ORCID 0009-0007-4644-7325
5   FH Aachen, barnat@fh-aachen.de; ORCID 0009-0006-0655-847X
6   FH Aachen; seibler@fh-aachen.de; ORCID 0009-0006-7765-5445

https://doi.org/10.21240/zfhe/SH-KI-2/04

Modernisation of STEM internships through GenAI: Access to research-based learning?

Abstract

This paper explores generative artificial intelligence (GenAI) in STEM internships, focusing on the support of research-based learning. Several AI-based chatbots were developed and evaluated to support students in their self-directed learning process. The focus is on teaching complex scientific concepts and promoting independence. The latest, more topic-specific generation of the bot showed a significant improvement in support during the learning process. The paper proposes a three-stage process for using GenAI to support inquiry-based learning in science internships.

Keywords

research-based learning, generative AI, science internships, ChatGPT, STEM

1 Einleitung

Seit den 2000er-Jahren werden intelligente Tutoring-Systeme in Hochschulen erprobt und angewendet (Leonhardt et al., 2003; Leonhardt & Neisse, 2003; Pietro et al., 2006). Mit ChatGPT3.5 und der breiten Verfügbarkeit generativer KI eröffnen sich neue Möglichkeiten für die Hochschullehre. So erreichte ChatGPT3.5, zur Verfügung gestellt im November 2022, innerhalb von zwei Monaten über 100 Millionen Nutzer:innen (Hu, 2023). Die Veröffentlichung des Large Language Models (LLM) rückt das Thema in das Zentrum der Diskussion über transformative Prozesse in der Hochschullehre, denn GenKI bietet hier verschiedenste Einsatzmöglichkeiten.

Eine zentrale Aufgabe der Hochschulbildung ist die Entwicklung der Kompetenzen, wissenschaftlich zu arbeiten. Wie bei allen digitalen Innovationen werden auch in Bezug auf KI Befürchtungen geäußert, dass Studierende bestimmte Kompetenzen nicht mehr erlernen, weil sie die Erstellungsprozesse von wissenschaftlichen Arbeiten an die Technik delegieren. Einige Hochschulen haben deshalb bereits Maßnahmen ergriffen und beispielsweise schriftliche Abschlussarbeiten durch praktisch orientierte Projekte ersetzt (DER STANDARD, 2023). Auf der anderen Seite bietet GenKI auch neue Möglichkeiten, die Entwicklung dieser Kompetenzen zu unterstützen, z. B. im Rahmen forschenden Lernens (Jenkins et al., 2007). Die für das forschende Lernen kennzeichnende Offenheit (Kergel, 2014) ist für Studierende oft eine Herausforderung. Forschendes Lernen ist angesiedelt am oberen Ende der Lehrzieltaxonomien Blooms (Bloom et al., 1956; Oliver, 2008) und stellt damit auch Ansprüche an die Selbstorganisation (Huber, 2009). Im Rahmen dieser anspruchsvollen Lehr-Lernszenarien stellt sich die Frage, wie die Studierenden gut zu unterstützen sind, ohne ihre Autonomie zu stark einzuschränken. Die Rolle des Lehrenden wird in diesem Kontext oft mit der eines Coaches beschrieben (z. B. Levy et al., 2009). In dieser Funktion kann GenKI als neues Werkzeug unterstützen, weil es individualisierte Unterstützung ermöglicht, gerade auch in Veranstaltungen mit großen Lerngruppen. Im Kontext des forschenden Lernens könnten Studierende GenKI-Modelle nutzen, um neue wissenschaftliche Hypothesen zu diskutieren, experimentelle Daten zu analysieren und um wissenschaftliche Abhandlungen zu schreiben. Es kann demnach als wertvolles Werkzeug eingesetzt werden, allerdings nur unter der Voraussetzung, dass es bewusst und kritisch genutzt wird, um die wissenschaftliche Integrität zu wahren (Gimpel, 2023). Es stellt damit auch neue Anforderungen, einerseits was die effektive Nutzung angeht, das sogenannte prompten, andererseits was die Beurteilung der Antworten betrifft (Gimpel, 2023). Die konkreten Erfahrungen im Umgang mit GenKI für das Erlernen wissenschaftlichen Arbeitens sind aufgrund der Neuigkeit der Entwicklung noch begrenzt. Der folgende Entwicklungsbeitrag berichtet von dem Einsatz von individualisierten Chatbots in einem MINT Praktikum, liefert erste datenbasierte Hinweise auf die Nutzungsweisen und dessen Erfolg. Außerdem gibt er Einblick in die iterative Weiterentwicklung des Praktikums und der genutzten Bots. Er diskutiert die gewonnenen Erkenntnisse, kondensiert sie in ein Modell und konkrete Hypothesen, die eine Grundlage für weitere Forschung bieten.

1.1 Darstellung des Falls

Im Biochemie-Praktikum der Bachelorstudiengänge Biotechnologie bzw. Angewandte Chemie steht das forschende Lernen im Mittelpunkt. Die Studierenden (WS23/24: n = 54, SoSe24: n = 99) wählen selbstständig aus vier Themengebieten und entwickeln darin eine eigene (neuartige) Forschungsfrage. Unterstützt wird dies durch digitale Hilfestellungen wie Videos, Lernmodule und interaktive Anleitungen. Nach einer ersten Konzeptentwicklung präsentieren die Studierenden ihre Projekte in einer kurzen Projektbörse, indem sie Feedback von Lehrpersonal erhalten. Anschließend überarbeiten sie ihre Forschungsfrage und erstellen in einem Seminar einen detaillierten Projektplan, der in einem vier- bis achttägigen Laborpraktikum individuell und experimentell umgesetzt wird. Abschließend dokumentieren sie ihre Ergebnisse in einer wissenschaftlichen Abhandlung.

Generative KI wird in diesem Praktikum in verschiedenen Funktionen und Generationen eingesetzt:

1. Als genereller Tutor, zur Unterstützung der Lernorganisation im Labor.

2. Als Unterstützung für die Generierung und Diskussion von Forschungsfragen

3. Als Unterstützung bei der Anwendung einer besonders anspruchsvollen biotechnologischen Labormethode.

Generative KI bedeutet in diesem Zusammenhang, dass eigene Chatbots für die Veranstaltung entwickelt wurden. Dazu wurde beim Bot der Generation (Gen) 1 und 2 auf den kommerziellen Betreiber Botpress und bei der 3. Gen auf den Betreiber OpenAI, mit seiner Möglichkeit eigene GPTs zu konstruieren, zurückgegriffen. Ein wesentlicher Mehrwert dieser individuell entwickelten Chatbots besteht darin, dass sie die Unterlagen der Lehrveranstaltung nutzen und somit gezielt auf die spezifischen Inhalte und Anforderungen des Praktikums abgestimmt sind.

Der Einsatz eines KI-basierten Chatbots zur Unterstützung von Studierenden im Laborumfeld fand in zwei Semestern statt (WiSe 23/24 und SoSe 2024). Im WiSe23/24 wurde der kommerzielle Botpress-basierte Chatbot der 1. Generation im Praktikum eingeführt. Im Anschluss an die Teaching Analysis Poll (TAP, Durchführung am Ende des WiSe23/24) wurde der ebenfalls Botpress-basierte Chatbot der Gen 2 speziell für das Erarbeiten und Diskutieren von Forschungsfragen aufgebaut, um ihn im SoSe2024 in einem Seminar zur Vorbereitung auf das Praktikum einzusetzen. Die Chatbots der 1. und 2. Generation erhielten als Knowledge Base Zugriff auf alle methodischen Anleitungen (n = 55) des Praktikums. Die Knowledge Base dient GenKI als Datenbank mit gesammeltem Wissen, auf welches die KI zurückgreifen kann, um Fragen zu beantworten. Dieser Prozess wird durch Retrieval Augmented Generation (RAG) unterstützt, einen Ansatz, bei dem relevante Informationen aus Datenquellen abgerufen und direkt in die generierten Antworten eines KI-Modells eingebaut werden (Li et al., 2024). Beide Chatbots waren im Lernmanagementsystem per Direktlink ohne weitere Identifikation frei verfügbar. Beim Chatbot der 3. Gen wurde eine ChatGPT4.o-basierte Hilfestellung zu einer spezifischen, aufwendigen Labormethode aufgebaut. Dieser war nur im Labor an einem iPad unter vorheriger Einweisung verfügbar.

Es wurden jeder Praktikumsgruppe eine kurze Einführung (30 min) im Seminar zum Projektplan zur jeweiligen GenKI und allgemeine Regeln zum Prompten vorgestellt.

1.2. Evaluation des Einsatzes der Chatbots

1.2.1. Evaluationsfragen und -methoden

Für die Evaluation und Weiterentwicklung der Lehrveranstaltung ergaben sich folgende Fragen:

1. Wie schätzen die Studierenden ihre Kompetenzen im Umgang mit den Chatbots ein?

2. Wie nutzen die Studierenden die Chatbots? Sind die Chatbots geeignet, die Studierenden bei der Erreichung der beschriebenen Lernziele zu unterstützen?

3. Wie bewerten die Studierenden den Chatbot in Bezug auf die Unterstützung des Lernprozesses?

Die spezifische Ausrichtung und der Einsatzbereich der einzelnen Chatbot-Generationen erforderten jeweils angepasste Evaluationsmethoden, um die unterschiedlichen Anwendungskontexte und Zielsetzungen adäquat zu berücksichtigen.

Zur Beantwortung der Evaluationsfragen wurden ein Gruppeninterview im Rahmen eines Teaching Analysis Polls, die Analyse der von Studierenden an die Chatbots gesendeten Eingaben (Prompts) und leitfadengestützte Einzelinterviews herangezogen. Die moderierte Gruppendiskussion unter Studierenden wurde von Mitarbeiter:innen des Zentrum für Hochschulentwicklung und Qualitätsmanagement (ZHQ) organisiert und durchgeführt. Die Teilnahme am TAP ist für die teilnehmenden Studierenden freiwillig und die Aussagen werden anonymisiert an die Lehrperson weitergegeben (Frank et al., 2011). Die Fragen des TAPs thematisierten das Praktikum im Allgemeinen, der Chatbot wurde aber gesondert angesprochen.

Um die studentischen Interaktionen mit den Chatbots zu analysieren, wurden die Prompts der Nutzer:innen und die Antworten der GenKI ausgewertet. Hierfür wurden die Prompts eingesehen, gespeichert und zusammengefasst. In Gen 1 wurden die Anfragen kategorisiert, in allen Generationen wurde der Verlauf des gesamten Chats bewertet. Die thematische Einteilung der Prompts erfolgte mithilfe eines induktiv entwickelten, themenbasierten Kategorienleitfadens. Die Bewertung, ob die initiale Anfrage (Prompt) beantwortet wurde, erfolgte anhand eines deduktiv abgeleiteten Leitfadens. Die Bewertung des Erfolgs einer Anfrage erfolgte anhand der Erreichung des definierten Lernziels des jeweiligen Chatbots (Abb. 1) durch Lehrende. Dabei wurde untersucht, inwieweit die Ausgabe des Bots sowie der darauffolgende Gesprächsverlauf zur Erreichung dieses Ziels beigetragen haben. Die Analyse wurde unter der Annahme der Perspektive der Studierenden durchgeführt, um nachvollziehen zu können, ob die Interaktionen mit dem Bot eine effektive Unterstützung im Lernprozess darstellten.

Die Befragung für die Nutzung von Gen 3 wurde in Form eines semistrukturierten, leitfadengesteuerten Interviews mit allen Nutzenden durchgeführt (n = 7). Die Interviews wurden transkribiert und in Bezug auf die Forschungsfragen analysiert.

Ein Überblick über die verschiedenen Bots und die genutzten Auswertungsmethoden gibt die folgende Grafik:

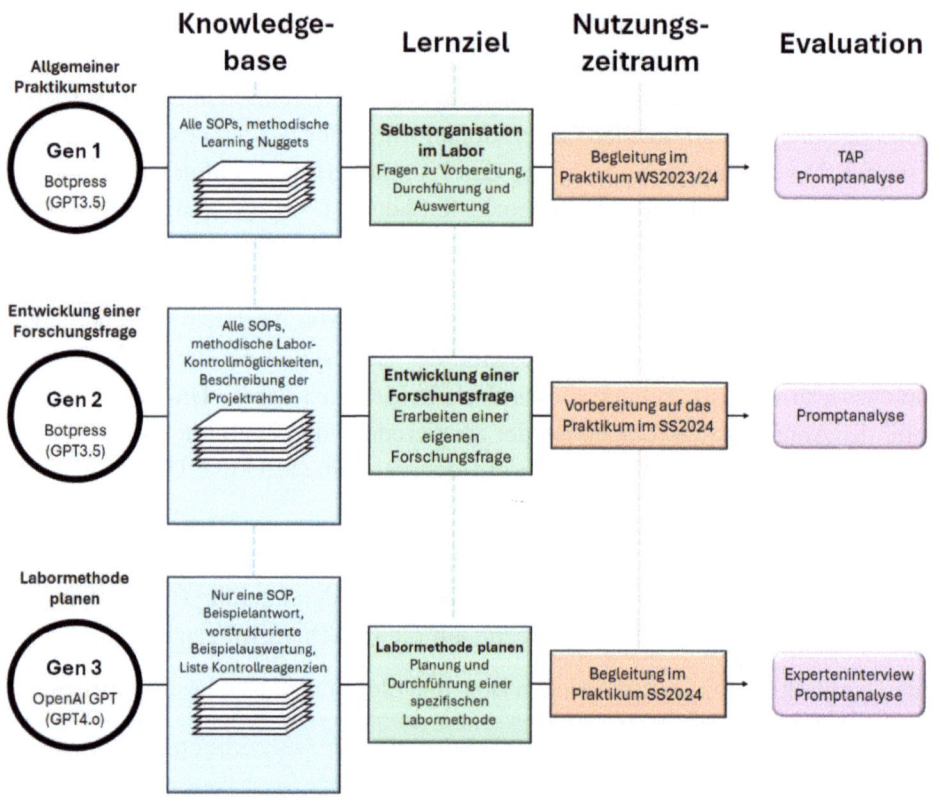

Abbildung 1 veranschaulicht die zentralen Merkmale der drei Chatbot-Generationen im biochemischen Praktikum in chronologischer Reihenfolge. Die Generationen (Gen) 1 und 2 wurden in Botpress entwickelt, während die 3. Generation im GPT-Editor von OpenAI erstellt wurde. Alle Generationen nutzen eine spezifisch angepasste Knowledge Base (SOPs: Standard Operation Procedures) mit Abfragen über Retrieval Augmented Generation (RAG), das relevante Informationen aus der Datenbank in die KI-Antworten integriert. Zur Evaluation der Chatbots wurden je nach Einsatzbereich drei unterschiedliche Methoden angewandt, darunter der Teaching Analysis Poll (TAP).

2 Ergebnisse

Die Ergebnisse dieser Arbeit umfassen die TAP-Analyse (Gen 1), die Auswertung der Chatverläufe der Chatbots (Gen 1–3) sowie die Inhaltsanalyse der Interviews (Gen 3). Sie beziehen sich auf die zu Beginn formulierten Evaluationsfragen.

1. Wie schätzen die Studierenden ihre Kompetenzen im Umgang mit den Chatbots ein?

Die leitfadengestützten Interviews zeigen in Bezug auf die Vorerfahrung mit Chatbots ein sehr heterogenes Bild: Während vier Befragte angaben, noch nie mit generativer KI gearbeitet zu haben, geben drei an, dass sie GenKI regelmäßig zur Erstellung von Präsentationen und Texten und zum Lernen nutzen. Trotz dieser unterschiedlichen Vorkenntnisse beschrieben alle Befragten den Umgang mit dem Chatbot als problemlos. In der Gruppendiskussion wurde allerdings kommuniziert, dass ihnen das Wissen fehle, um zu prompten.

2. Wie nutzen die Studierenden die Chatbots? Sind die Chatbots geeignet, die Studierenden bei der Erreichung der beschriebenen Lernziele zu unterstützen?

In Bezug auf die Nutzung müssen die drei verschiedenen Bots (Gen 1–3) unterschieden werden.

Die Studierenden nutzten den Chatbot 1. Gen im Praktikum im WiSe23/24. Wie die Promptanalyse zeigt, wurden überwiegend Anfragen (n = 106, mit Anfragen ist jeweils ein einzelner Prompt eines Nutzers gemeint; jede neue Eingabe, die eine Antwort der KI hervorruft, zählt als eigenständige Anfrage) methodischer Natur, wie Fragen zur Durchführung oder Vorbereitung eines Experiments, gestellt (Abb. 2). Weiterhin wurden Fragen gestellt, die sich auf konkrete Ergebnisse oder den erwarteten Ausgang eines Experiments beziehen. Hier griff die KI meistens auf eine von der Knowledge Base unabhängige Antwort zurück. Die meisten Anfragen führten nicht unmittelbar zu einer zufriedenstellenden Antwort, was die Studierenden dazu veranlasste, ihre Anfragen häufig umzuformulieren. Selbst nach diesen Anpassungen konnten die Antworten des Chatbots in vielen Fällen nicht zielführend dazu beitragen, die angestrebten Lernziele zu erreichen. Diese Bewertung stützt sich auf die Einschätzungen der Lehrenden, die feststellten, dass die generierten Antworten häufig nicht ausreichten, um die methodischen Anforderungen und Lernziele des Praktikums effektiv zu unterstützen.

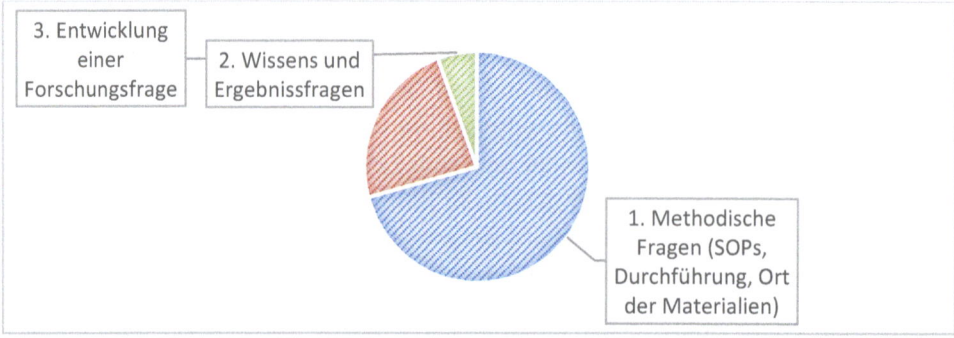

Abb. 2: Aufteilung der studentischen Anfragen an den Chatbot 1. Gen nach thematischem Schwerpunkt. Eingeteilt wird in die Kategorien Methodik, Wissen und Entwicklung einer Forschungsfrage. n = 106 Anfragen

Der zweite Chatbot (Gen 2) wurde so konzipiert, dass die Studierenden bei der Formulierung der Forschungsfrage unterstützt werden sollten. Er wurde zur freiwilligen Nutzung angeboten. Die Promptanalyse zeigt, dass der Bot während des Semesters insbesondere vor, während und nach den Projektbörsen und den Seminaren zur individuellen Projektplanung genutzt wurde (n = 214 Sessions). Die Projektbörse ermöglicht den Studierenden nach einer Einführungsveranstaltung eine individuelle Projektidee zu entwickeln, diese in der Gruppe vorzustellen und potenzielle Projektpartner:innen zu finden. Im anschließenden Seminar wird die Idee weiter verfeinert, insbesondere durch die Formulierung einer Forschungsfrage mit realistischem Durchführungspotenzial. Der 2. Chatbot unterstützte dieses Ziel nur unzureichend.

Die Projektideen der Studierenden waren teils fachlich sehr weitreichend und überstiegen die verfügbaren Ressourcen des Praktikumslabors. Die Antworten des Chatbots dazu basierten meistens nicht auf den gegebenen Informationen und damit den verfügbaren (Labor-)Ressourcen. Bei diesen Anfragen wurden viele Chatverläufe schnell abgebrochen. Im Schnitt stellte jede:r zweite:r Nutzer:in nur eine Rückfrage nach dem initialen Prompt. Die Analyse führt die Lehrenden zu der Einschätzung, dass die Studierenden ihre Lernziele bezüglich der Entwicklung einer umsetzbaren Forschungsfrage nicht erreicht haben und die Unterstützung des Chatbots in diesem Kontext nur begrenzt zielführend war. Zielführend sind allerdings die Chatverläufe, die methodische Fragen thematisierten, die direkt aus der Knowledge Base beantwortet werden können. Hier führte die Interaktion mit dem Bot meist zur Beantwortung der initial gestellten Frage.

Der Chatbot der 3. Gen wurde speziell zur Planung, Unterstützung und Auswertung einer zentralen Labormethode, der Natriumdodecylsulfat-Polyacrylamidgelelektrophorese (SDS-PAGE), spezifiziert. Gen 3 wurde im Rahmen des iterativen Prozesses zum Ende des SoSe24 eingeführt und von sieben Nutzer:innen mit insgesamt 18 Anfragen genutzt. Die Evaluation erfolgte im Rahmen einer Vollerhebung mittels Einzelinterviews. Ein weiterer wichtiger Aspekt bei der Entwicklung dieses Chatbots war die Entscheidung, ChatGPT4.o in einem „GPT" von OpenAI zu verwenden. Diese Wahl wurde getroffen, weil GPT4.o nicht nur Fragen beantwortet, die auf der Knowledge Base beruhen, sondern auch in der Lage ist, ein breites Spektrum an kreativen Anfragen im Sinne des Lehrkontexts zu beantworten. Dies ist besonders relevant für die Erarbeitung einer Forschungsfrage und für die Erstellung eines Projektplans, da die Studierenden oft sehr unterschiedliche und komplexe Projektanfragen stellen, die nicht alle in einer vorgegebenen Wissensdatenbank abgedeckt werden können. Studierende suchten biochemische Hintergründe, spezifische Details und methodische Kontrollen, die über die Knowledge Base hinausgingen, und benötigten diese für die individuelle Planung ihrer Experimente. Der Chatbot reagierte auf die Anfragen meist mit detaillierten Vorschlägen und Anweisungen, die den Studierenden halfen, ihre Experimente erfolgreich zu planen. Der Chatbot wurde so aufgebaut, dass er auf die Notwendigkeit einer klaren Forschungsfrage bzgl. dieses Versuchsteils hinwies, bevor er detaillierte Planungshinweise gab bzw. die Studierenden dabei unterstützte. Es zeigt sich auch, dass Studierende gelegentlich Schwierigkeiten hatten, ihre Anfragen präzise zu formulieren, was den Bot gezielt zu Rückfragen veranlasste, um die Anliegen besser zu verstehen und entsprechende Antworten zu generieren (alle Chatbots wurden so konfiguriert, der Chatbot der dritten Generation hat dies dann erstmals zufriedenstellend umgesetzt). Ein weiteres Problem bestand aber auch für diesen Chatbot in der Relevanz und Verfügbarkeit von Laborressourcen. Der Chatbot hat teilweise Alternativen vorgeschlagen, die über die vorhandenen Materialien im Labor hinausgingen.

3. Wie bewerten die Studierenden den Chatbot in Bezug auf die Unterstützung des Lernprozesses?

Die Studierenden kritisierten in den Gruppeninterviews (TAP), dass der Bot (Gen 1) teilweise falsche Antworten geben würde. Zudem sagten Studierende aus, dass ihnen das Einsatzgebiet des Chatbots zu Beginn des Praktikums teilweise nicht klar war. Gleichzeitig kommunizierten die Teilnehmenden konkrete Verbesserungsvorschläge, wie das direkte Verlinken relevanter Vorlesungsinhalte, ein FAQ mit den häufig gestellten Prompts und Informationen über das Einsatzgebiet und den Umfang des Chatbots.

In den Einzelinterviews (Experteninterviews) gaben die Studierenden zudem eine Einschätzung darüber ab, wie sie den Bot (Gen 3) nutzen. Alle Studierenden beschrieben, dass sie bei wichtigen, komplizierten Fragen bzw. Fragen zur Motorik immer das Laborpersonal bevorzugen würden. Dem Chatbot geben sie bei kleinen Fragen bezüglich der Lagerorte oder bei speziellen Fragen (z. B. zu Proteingrößen) den Vorzug. Gefragt nach den Kompetenzen, die im Studium in Bezug auf die Nutzung von KI zu vermitteln sind, verweisen fast alle Befragten auf das Prompten, einige weisen auf die Beurteilungskompetenz in Bezug auf die Antworten hin.

Die Lehrenden bewerteten die Unterstützung durch diesen Chatbot insgesamt als deutlich effektiver, insbesondere weil der Bot gezielt lernfördernde Rückfragen stellte und den Studierenden half, ihre Anfragen zu präzisieren. Diese verbesserte

Interaktion trug dazu bei, dass die Studierenden ihre Lernziele in Bezug auf die Methodenanwendung besser erreichen konnten. Dennoch blieb die Relevanz der vorgeschlagenen Laborressourcen eine Einschränkung, die sich auf die praktische Umsetzung auswirkte.

3 Diskussion

Die Ergebnisse deuten darauf hin, dass die Studierenden den Chatbot effektiver nutzen konnten, wenn der Einsatzbereich der GenKI stärker eingegrenzt und für den spezifischen Einsatz für eine Methode verbessert wurde. Die Ergebnisse zeigen, dass die eingesetzten Chatbots für jeweils ihre Kontexte und Ziele unterschiedlich effektiv waren:

1. Der Bot der 1. Gen war zu allgemein gehalten und überforderte Studierende mit diesem Angebot. Er bot jedoch bei Fragen zu Labormethoden hilfreiche Antworten.

2. Das Einsatzgebiet des Bots der 2. Gen wurde stärker eingegrenzt und unterstützte Studierende bei der Erarbeitung einer Forschungsfrage. Viele stellten jedoch nach der ersten Antwort keine Rückfragen, was vermutlich an zu allgemeinen Antworten lag.

3. Der Bot der 3. Gen, der speziell zur Unterstützung bei der Planung und Durchführung einer aufwendigen Labormethode entwickelt wurde, erreichte eine höhere Akzeptanz im Vergleich zu seinen Vorgängergenerationen. Dies zeigt sich anhand einer gesteigerten Anzahl an Rückfragen auf die initiale Chatbot-Antwort. Er konnte effektiver zum Erreichen des Lernziels genutzt werden, indem systematisch der Output der Chatbot-Unterhaltung mit der Praktikumsbetreuung reflektiert wurde.

Die Ergebnisse der Evaluation der drei Generationen zeigen, dass Studierende die Unterstützung am effektivsten nutzen können, wenn folgende Voraussetzungen erfüllt sind: Das Hilfsmittel sollte gezielt auf die Bedürfnisse und Aufgabenstellungen der Studierenden abgestimmt werden, indem es lernzielspezifische und praxisorientierte Antworten liefert. Das bestätigt die Ergebnisse anderer Forschung zu digitalen Hilfsmitteln (Zimmermann, im Erscheinen). Als besonders weiterführend hat es sich erwiesen, das Einsatzgebiet des Chatbots den Studierenden anhand praxisnaher Beispiele zu erläutern. Die Beobachtung des Nutzungsverhaltens zeigt zudem, dass der Chatbot außerdem lernfördernde Rückfragen stellen sollte, um die Reflexion des Forschungsprojekts oder spezifischer Aspekte des Projekts zu fördern. Studien zeigen, dass es für den studentischen Lernerfolg wichtig ist, ein niedrigschwelliges Unterstützungsangebot bereitzustellen, wobei sie jedoch zunächst selbstständig mit diesem Hilfsmittel arbeiten sollten (Sonntag & Rueß, 2018). Gleichzeitig sind frühzeitige und niedrigschwellige Unterstützungsangebote sowie der Austausch über die erhaltenen KI-Antworten von besonderer Bedeutung, um einen gleichwertigen Lernerfolg zu gewährleisten, da die Studierenden sehr unterschiedliche Vorkenntnisse und Erfahrungen im Umgang mit GenKI mitbringen (Garrel et al., 2023). Dieser Sachverhalt wurde auch in den Interviews verdeutlicht.

Für das forschende Lernen mit GenKI ergeben sich, die Literatur bestätigend, zwei grundlegende Kompetenzen, die künftig im Rahmen des Praktikums gezielt thematisiert werden müssen:

1. **Prompting-Kompetenz:** Es ist erforderlich, den Studierenden spezifische Fähigkeiten im Umgang mit generativer KI, insbesondere im effektiven Prompting, zu vermitteln. Ein besonderes Augenmerk sollte hierbei auf die Kontextualisierung der Prompts gelegt werden, da die Studierenden lernen müssen, den Kontext ihrer Fragen klar und präzise in den Prompts zu formulieren, um optimale Ergebnisse von der KI zu erhalten (Gimpel, 2023).

2. **Beurteilungskompetenz**: Obwohl die Mehrheit der Studierenden die Antworten der GenKI als hilfreich empfand, gab es auch Kritik an der Genauigkeit und Relevanz einiger Antworten. Dies unterstreicht die Notwendigkeit, die Studierenden gezielt im kritischen Umgang mit den erhaltenen Antworten zu schulen (Gimpel, 2023), insbesondere vor dem Hintergrund, dass selbst die besten und aktuellsten GenKIs eine Faktentreue von weit unter 50 % besitzen (Wei et al., 2024).

3.1 Implikationen für die Lehre

Es ist die Aufgabe von Hochschulbildung, Studierende dabei zu unterstützen, wissenschaftliches Arbeiten zu lernen. Dies gilt auch unter der Bedingung, dass ihnen generative KI zur Verfügung steht. Eine Möglichkeit ist die Integration entsprechender Lerngelegenheiten in bestehende Lehrveranstaltungen in einem iterativen, dreistufigen Verfahren (Abb. 3). Es empfiehlt sich, zum Kompetenzaufbau in kleinen Gruppen gemeinsam einige Prompts und die von der GenKI generierten Antworten auszuwerten und zu diskutieren. Erst danach sollten die Studierenden selbstständig ihre eigenen Fragestellungen mithilfe einer KI bearbeiten, um die erhaltenen Antworten anschließend mit dem Laborpersonal zu diskutieren.

Abb. 3: Das dreistufige Verfahren bei forschendem Lernen zum Einsatz von generativer Künstlicher Intelligenz (GenKI) im Praktikum fördert die Entwicklung essenzieller Kompetenzen durch integrierte Lerneinheiten.

Zur Implementierung solcher neuartiger Lehrinnovationen empfiehlt sich eine schrittweise Einführung über themenspezifische Chatbots. Dieser iterative Ansatz bei der Integration neuer Technologien in die Lehre ermöglicht eine kontinuierliche Verbesserung basierend auf Feedback und Erfahrungen.

3.2 Forschendes Lernen mit GenKI

Im Kontext des forschenden Lernens, das darauf abzielt, Studierende unter anderem zu mehr Selbstständigkeit und kritischem Denken zu befähigen (Spronken-Smith & Walker, 2010), bietet die Integration von GenKI interessantes Potenzial. Genau in Bezug auf die Autonomie stellen sich hier aber neue Fragen: Wie verhält sich der Anteil dessen, was die Studierenden selbst einbringen, zu dem, was sie von der KI mitnehmen? Das dargestellte Lehr-Lernszenario zeigt, dass die Studierenden in der gewählten Konstellation weiterhin selbstständige Lernprozesse durchführen. Gleichzeitig ergeben sich neue Anforderungen, insbesondere die Notwendigkeit, den Umgang mit Chatbots (z. B. effektive Fragestellung, kritische Bewertung der Antworten, Anpassung und Optimierung der Anfragen) zu erlernen. Die genaue Einordnung des Potenzials und der Risiken von Chatbots ist für Lehrende sichtbar, wird aber noch nicht von allen Studierenden berücksichtigt.

Die Erfahrungen machen deutlich, dass für die effektive Unterstützung des Lernprozesses eine recht hohe Spezifität der Chatbots notwendig ist. Je weniger angepasst die Antworten an den konkreten Kontext, die Rahmenbedingungen und die Lernergebnisse, desto weniger hilfreich ist die Unterstützung des Lernprozesses. Da die Einrichtung der spezifischen Chatbots auch ohne Programmierungskenntnisse möglich ist, wird es denkbar, dass Lehrende zukünftig in der Breite Lernassistenzsysteme erstellen können, die für ihre konkreten Kontexte weiterführend sind. Eine KI, die in der Lage ist, den Kontext einer Frage zu verarbeiten und lernfördernde Rückfragen zu stellen, hat gute Aussichten darauf, den Lernerfolg zu steigern. Die Gestaltung des Chatbots erfordert, dass Lehrende nicht nur Inhalte digitalisieren, sondern diese auch durch didaktische Konzepte und Elemente ergänzen, um eine effektive Lernunterstützung zu gewährleisten. Die im forschenden Lernen so wichtige Rolle des Lehrenden als Lernbegleiter muss hier in die Technik integriert werden. Eine wesentliche Frage für die Zukunft wird damit, wie sich Lehrperson und KI die Coachingrolle teilen.

Der vorgeschlagene Prozess zur Unterstützung der Kompetenzentwicklung von KI-integrierten wissenschaftlichen Arbeiten bietet eine gute Grundlage, die weiterer

Evaluation und Anpassung bedarf. Gerade auch in Bezug auf die technischen Fortschritte der generativen KI bleibt genau zu analysieren und zu beobachten, wie sich die Kompetenzen der Studierenden entwickeln und an welcher Stelle welche Hilfestellung weiterführend, innerhalb der Lehrveranstaltung wie auch im Studienverlauf, einzusetzen sind.

4. Ausblick

Die Integration von GenKI in naturwissenschaftliche Praktika birgt großes Potenzial, den Lernprozess der Studierenden zu unterstützen und das forschende Lernen zu fördern. Die bisherigen Erkenntnisse zeigen jedoch, dass Studierende noch nicht durchgängig über die notwendigen Kompetenzen verfügen, um GenKI effektiv und gewinnbringend einzusetzen. Daher ist es unerlässlich, gezielte Schulungen zum effektiven Prompting und zum kritischen Umgang mit KI-generierten Antworten in den Lehrplan zu integrieren.

Zukünftige Entwicklungen sollten sich darauf konzentrieren, die GenKI-Tools weiter zu spezifizieren und auf die Bedürfnisse der Studierenden abzustimmen. Eine KI, die in der Lage ist, den Kontext einer Frage zu verstehen und lernfördernde Rückfragen zu stellen, könnte den Lernerfolg steigern. Weiterhin ist es wichtig, die Erfahrungen der Studierenden kontinuierlich zu evaluieren und die Tools auf Basis dieses Feedbacks iterativ weiterzuentwickeln.

Die Integration von GenKI könnte Lehrende stärker in Mentorenrollen versetzen, in denen sie Studierende individueller unterstützen. Dabei bleibt es eine zentrale Aufgabe, die Balance zwischen KI-gestütztem Lernen und direkter menschlicher Interaktion aufrechtzuerhalten, um ein optimales Lernumfeld zu gewährleisten.

Literaturverzeichnis

Bloom, B., Engelhart, M., Furst, E., Hill, W., & Krathwohl, D. (1956). *Taxonomy of Educational Objectives: The Classification of Educational Goals*. Longmans, Green and Co LTD.

Frank, A., Fröhlich, M., & Lahm, S. (2011). Zwischenauswertung im Semester: Lehrveranstaltungen gemeinsam verändern. *Zeitschrift für Hochschulentwicklung*, *6*(3+4), Article 25. https://doi.org/10.3217/zfhe-6-03/25

Gimpel, H. (2023). Unlocking the power of generative AI models and systems such as GPT-4 and ChatGPT for higher education: A guide for students and lecturers. *Hohenheim Discussion Papers in Business, Economics and Social Sciences* (No. 02-2023). https://nbn-resolving.org/html/urn:nbn:de:bsz:100-opus-21463

Hu, K. (2023, February 2). ChatGPT sets record for fastest-growing user base -: analyst note. *Reuters Media*. https://www.reuters.com/technology/chatgpt-sets-record-fastest-growing-user-base-analyst-note-2023-02-01/

Huber, L. (2009). Warum Forschendes lernen nötig und möglich ist. *Forschendes Lernen im Studium*, 9–35.

Jenkins, A., Healey, M., & Zetter, R. (2007). *Linking Teaching and Research in Departments*. The Higher Education Academy.

Kergel, D. (Hrsg.) (2014). *Waxmann-E-Books Erwachsenenbildung: Band 2. Forschendes Lernen 2.0 – lerntheoretische Fundierung und Good Practice: Teaching Trends 2014, Offen für neue Wege: Digitale Medien in der Hochschule*. Waxmann. https://elibrary.utb.de/doi/book/10.31244/9783830981701

Leonhardt, M. D., Castro, D. D. de, Dutra, R. L. D. S., & Tarouco, L. M. R. (2003). ELEKTRA: Um Chatterbot para Uso em Ambiente Educacional. *RENOTE*, *1*(2). https://doi.org/10.22456/1679-1916.14336

Leonhardt, M. D., & Neisse, R. (2003). *MEARA: Um Chatterbot Temático para Uso em Ambiente Educacional*. https://www.researchgate.net/publication/255636455_MEARA_Um_Chatterbot_Tematico_para_Uso_em_Ambiente_Educacional

Levy, P., Aiyegbayo, O., & Little, S. (2009). Designing for inquiry-based learning with the Learning Activity Management System. *Journal of Computer Assisted Learning, 25*(3), 238–251. https://doi.org/10.1111/j.1365-2729.2008.00309.x

Li, J., Yuan, Y., & Zhang, Z. (2024). Enhancing LLM Factual Accuracy with RAG to Counter Hallucinations: A Case Study on Domain-Specific Queries in Private Knowledge-Bases. Pre-Print. https://doi.org/10.48550/arXiv.2403.10446

Oliver, R. (2008). Engaging first year students using a Web-supported inquiry-based learning setting. *Higher Education, 55*(3), 285–301. https://doi.org/10.1007/s10734-007-9055-7

Pietro, O. de, Piu, C., Rose, M. de, & Frontera, G. (2006). An Intelligent Agent and an Adaptive Search Engine to support tutoring activities on-line. Advance online publication. *Journal of e-Learning and Knowledge Society, 2*(1). https://doi.org/10.20368/1971-8829/704

Sonntag, M., & Rueß, J. (2018). Wie können Studierende zum eigenständigen Forschen motiviert werden? Erfahrungen aus den Q-Tutorien an der Humboldt-Universität zu Berlin. In J. Lehmann & H. A. Mieg (Hrsg.), *Forschendes Lernen – Ein Praxisbuch* (S. 20–36). Verlag der Fachhochschule Potsdam.

Spronken-Smith, R., & Walker, R. (2010). Can inquiry-based learning strengthen the links between teaching and disciplinary research? *Studies in Higher Education, 35*(6), 723–740. https://doi.org/10.1080/03075070903315502

DER STANDARD (2023, December 3). Prager Uni schafft angesichts von ChatGPT Bachelorarbeiten ab. *DER STANDARD*. https://www.derstandard.de/story/3000000197992/prager-uni-schafft-angesichts-von-chatgpt-bachelorarbeiten-ab

Wei, J., Karina, N., Chung, H. W., Jiao, Y. J., Papay, S., Glaese, A. et al. (2024). Measuring short-form factuality in large language models. Pre-Print https://doi.org/10.48550/arXiv.2411.04368

Zimmermann, J. (im Erscheinen). Entwicklungsanalyse wissenschaftlicher Schreibkompetenz im Rahmen curricularer Lehre, 2023. In *Proceedings der Turn Konferenz*. Sammelband .

Carina Roth[1], Annalena Kolb[2], Klaus Bredl[3] & Eva Matthes[4]

Generative KI im universitären Kontext – Die Perspektive der Studierenden

Zusammenfassung

Der Beitrag untersucht die Perspektive von Studierenden in Bezug auf generative KI am Beispiel von ChatGPT im universitären Kontext. Dabei geht es unter anderem um deren persönlichen Einsatz, ihre diesbezügliche Einschätzung sowie um Zusammenhänge zwischen Ängstlichkeit, Einstellungen und Einsatzhäufigkeit. Die Datenerhebung mit N = 262 Studierenden (n = 70 weiblich, Alter: M = 22.24) verschiedener Fachrichtungen fand mittels eines theoriegeleiteten Fragebogens statt. Die Ergebnisse zeigen, dass ein großer Teil der Studierenden ChatGPT verwendet, der Wunsch nach universitären Vorgaben und Richtlinien allerdings stark ausgeprägt ist, und dass alle untersuchten Konstrukte miteinander in Zusammenhang stehen. Die Bedeutung der Ergebnisse wird diskutiert, und Implikationen für die Praxis und zukünftige Forschung werden abgeleitet.

Schlüsselwörter

ChatGPT, Generative KI (GenKI), UTAUT, Technologieakzeptanz, Hochschulentwicklung

---

1   Universität Augsburg; carina.roth@uni-a.de; ORCID 0009-0000-3925-5738
2   Universität Augsburg; annalena.kolb@uni-a.de
3   Corresponding author; Universität Augsburg; klaus.bredl@uni-a.de
4   Universität Augsburg; eva.matthes@uni-a.de

https://doi.org/10.21240/zfhe/SH-KI-2/05

ChatGPT in the university context – The student perspective

Abstract

This paper analyses student perspectives on generative AI in the university context, using ChatGPT as an example. The study includes students' personal use, their related opinions and the correlations between anxiety, attitudes, and frequency of use. Data was collected from 262 students (n=170 female, age: M=22.24) from various disciplines using a theory-based questionnaire. The results show that a large proportion of students use ChatGPT, but there is a strong desire for university policies and guidelines, and that all the constructs analysed are interrelated. The significance of the results is discussed, and implications for practice and future research are derived.

Keywords

ChatGPT, generative AI (GenAI), UTAUT, technology acceptance, higher education development

1 Bedeutung der Studierendenperspektive

1.1 Problemstellung

Das frei zugängliche Large Language Model GPT, ein Beispiel für generative KI (GenKI), stellte kurz nach seiner Veröffentlichung im November 2022 Nutzungsrekorde auf und wurde schnell ein fester Bestandteil verschiedener Lebens- und Arbeitsbereiche. Es schuf ein neues Bewusstsein für die Auseinandersetzung mit derartigen Technologien (Menn, 2023), auch im Bildungssektor, wie zahlreiche Studien zeigen. Dabei besteht Konsens, dass die vielfältigen Einsatzmöglichkeiten von Chat-GPT als Anwendung des KI-Sprachmodells GPT sowohl Chancen als auch Herausforderungen mit sich bringen (Abbas et al., 2024; Abdaljaleel et al., 2024; Grassini, 2023; Lo, 2023). Die Auseinandersetzung mit dieser Thematik bleibt vielerorts eine Herausforderung, und auch im universitären Kontext fehlen bisher einheitliche Vorgehensweisen oder Richtlinien. Die Integration der Technologie in universitäre Strukturen und das Etablieren verbindlicher Richtlinien sind jedoch entscheidende Erfolgsfaktoren (Chan & Hu, 2023). Dafür ist es notwendig, die Perspektive der Studierenden und ihr Nutzungsverhalten zu kennen, um fundierte Maßnahmen zu entwickeln und mögliche Vorbehalte gezielt anzusprechen. Studierende sind in diesem Zusammenhang sowohl Betroffene als auch Akteur:innen. Die Kenntnis ihrer Perspektive erscheint essenziell, um Maßnahmen fundiert und passgenau zu gestalten sowie auf mögliche Ängste und Vorbehalte reagieren zu können.

Zum Zeitpunkt der Konzeption und Durchführung der vorliegenden Studie existierten jedoch kaum Studien, in denen umfassende Umfragen unter Studierenden oder Lehrenden durchgeführt wurden, welche die Auswirkungen und den Einsatz dieser KI im Bildungsbereich thematisieren (Rahman et al., 2022). Dies gilt in noch höherem Maße für den deutschsprachigen Raum und betrifft hier insbesondere die Erfassung der Studierendenperspektive (Gottschling et al., 2024).

1.2 Erfassung von Einstellungen und Nutzung

Das Unified Theory of Acceptance and Use of Technology (UTAUT)-Modell misst Einstellungen zu technischen Innovationen und analysiert individuelles Nutzungsverhalten (Peris & Nüttgens, 2011). Dies geschieht durch die Evaluation der vier Hauptfaktoren: Leistungserwartung, Aufwandserwartung, soziale Einflüsse und erleichternde Umstände, die durch Alter, Geschlecht, Erfahrung und Freiwilligkeit der Nutzung moderiert werden (Siswanto et al., 2018). Leistungserwartung beschreibt den Nutzen der Technologie, Aufwandserwartung ihre Benutzerfreundlichkeit und die wahrgenommene Komplexität, soziale Einflüsse das Verhalten des sozialen Umfelds, und erleichternde Umstände die vorhandene Infrastruktur. Während die Hauptfaktoren direkt die Verhaltensabsicht beeinflussen, wird das Nutzungsverhalten zusätzlich durch Einstellungen, Selbstwirksamkeit und Ängste moderiert (Venkatesh et al., 2003). Das UTAUT-Modell, das mehrfach validiert wurde, ist auch geeignet, Variablen der Akzeptanz von ChatGPT zu untersuchen.

Die Übersichtsstudie von Lo (2023) zeigt, dass der Einsatz von KI oft mit Ängsten und Befürchtungen verbunden ist. Solche negativen Gefühle können den generellen Umgang mit Technologien beeinflussen (Venkatesh et al., 2003) und wirken sich auch auf den persönlichen Umgang mit KI-Anwendungen aus (Wang & Wang, 2022). Der Begriff AI Anxiety beschreibt Angst oder innere Unruhe in Bezug auf möglicherweise außer Kontrolle geratene KI (Johnson & Verdicchio, 2017) und basiert auf Techno- bzw. Computerphobie, die aus negativen Einstellungen und Angst entsteht (Wang & Wang, 2022). Diese negative emotionale Reaktion auf die Auswirkungen technischen Fortschritts (Bolliger & Halupa, 2012; Ha et al., 2011) erfüllt dabei mindestens eines der folgenden Merkmale: negative bzw. selbstkritische Gedanken bei der tatsächlichen oder zukünftigen Interaktion mit computerbezogenen Technologien und allgemein negative Einstellungen bezüglich der sozialen Auswirkungen und/oder des Verhaltens. AI Anxiety dient hier als theoretische Basis, um Ängstlichkeit gegenüber ChatGPT zu erfassen.

1.3 Befunde bezüglich der Nutzung von ChatGPT im universitären Kontext

1.3.1 Chancen und Herausforderungen

Aktuelle Studien, die sich mit GenKI im Hochschulkontext auseinandersetzen, machen auf zahlreiche damit verbundene Chancen und Risiken aufmerksam (vgl. z. B. Abdaljaleel et al., 2024; Chan, 2023; Lo, 2023; Montenegro-Rueda et al., 2023; Rahman & Watanobe, 2023). Anfangs erfolgte die Auseinandersetzung mit dieser Thematik dabei vornehmlich auf theoretischer Ebene (Farrokhina et al., 2023). Mittlerweile nimmt allerdings auch die empirische Forschung rapide zu, woraus sich Rückschlüsse auf die wahrgenommene Tragweite und Bedeutung dieser Entwicklung ziehen lassen.

Empirische Untersuchungen zeigen, dass KI-Tools wie ChatGPT unter Studierenden bereits häufig genutzt und prinzipiell nicht negativ wahrgenommen werden (Preiß et al., 2023). Oft erfolgt die Nutzung jedoch ohne tiefergehende Kompetenzen (Gottschling et al., 2024). Viele Studierende empfinden die Tools als hilfreich, da sie personalisierte Erklärungen bieten und das Lernen effizienter machen (Abdaljaleel et al., 2024; Abbas et al., 2024). Gezielte Kompetenzschulungen an Hochschulen sind allerdings noch selten, obwohl großes Interesse an einem sicheren Umgang besteht (Hüsch et al., 2024). Zwei Drittel der Studierenden haben bereits KI-Tools genutzt, oft durch Zeitdruck oder akademischen Workload motiviert (Garrel et al., 2023). Dennoch bestehen Bedenken bezüglich Fehlinformationen, ethischen Konflikten und akademischem Fehlverhalten (Chan & Hu, 2023; Shoufan, 2023).

Die Akzeptanz und Nutzung solcher Technologien wird durch Faktoren wie wahrgenommene Nützlichkeit, Benutzerfreundlichkeit und positive Einstellungen gefördert, während Ängstlichkeit und wahrgenommene Risiken hemmend wirken (Abdaljaleel et al., 2023). Trotz zahlreicher Studien bestehen insbesondere im deutschsprachigen Raum Forschungslücken. Während einige Untersuchungen allgemeine Perspektiven von Studierenden beleuchten (z. B. Garrel et al., 2023; Gottschling et al., 2024; Hüsch et al., 2024, Schlude et al., 2024), fehlen systematische Analysen zu

Ängstlichkeit, Einstellungen und Nutzungsmustern im universitären Kontext. Vorliegende Studie adressiert diese Lücke, indem sie diese Aspekte speziell bezüglich ChatGPT untersucht. Dies ist essenziell, um gezielte Maßnahmen zur Förderung eines reflektierten und effektiven Umgangs zu entwickeln.

1.3.2 Erfolgsfaktoren

Um das Potenzial des KI-Einsatzes im universitären Kontext auszuschöpfen und Risiken zu minimieren, ist es essenziell, geeignete Rahmenbedingungen und Vorkehrungen zu schaffen (Abdaljaleel et al., 2024). Dazu zählen eine angemessene Ausbildung der Studierenden im Umgang mit KI (Montenegro-Rueda et al., 2023) sowie institutionelle Richtlinien, die den Einsatz reglementieren und akademisches Fehlverhalten eindämmen (Lo, 2023). Chan und Hu (2023) betonen, dass traditionelle Lehrmethoden durch KI ergänzt werden können, allerdings müssen Bedenken der Studierenden als zentrale Akteur:innen berücksichtigt und eine ethische Nutzung durch klare Richtlinien gewährleistet werden.

Eine Grundlage für den sinnvollen Umgang mit KI und die Entwicklung konstruktiver Richtlinien ist die Kenntnis der Sichtweisen und des Nutzungsverhaltens der Studierenden.

Der Fokus liegt auf ChatGPT, der zum Erhebungszeitpunkt am häufigsten genutzten GenKI-Anwendung unter Studierenden (Garrel et al., 2023). Im Vergleich zu allgemeineren Untersuchungen zu KI-Tools (Budde et. al., 2024; Gottschling et al., 2024; Garrel et al., 2023, Hüsch et al., 2024) ermöglicht diese spezifische Betrachtung ein präziseres und, in diesem Kontext, aussagekräftigeres Bild. Deshalb widmet sich die vorliegende Studie der Erfassung der Studierendenperspektive bezüglich ChatGPT im universitären Kontext durch die Beantwortung folgender Forschungsfragen:

1. Wofür und in welchem Ausmaß setzen Studierende ChatGPT ein?

2. Wie ausgeprägt ist die Ängstlichkeit der Studierenden gegenüber ChatGPT und welche Einschätzungen vertreten sie bezüglich des Einsatzes von ChatGPT im universitären Kontext hinsichtlich Prüfungsformaten, wissenschaftlichen Arbeiten und institutionellen Rahmenbedingungen?

3. Inwiefern bestehen Zusammenhänge zwischen der Ängstlichkeit der Studierenden gegenüber ChatGPT, ihren Einstellungen dazu und der Einsatzhäufigkeit?

2 Methode

2.1 Vorgehen

Zur Beantwortung der Forschungsfragen wurden Studierende der Universität Augsburg zu ihrem Nutzungsverhalten von ChatGPT sowie ihren Einstellungen und Meinungen hinsichtlich des Gebrauchs der KI im universitären Kontext befragt.

Die Online-Befragung erfolgte mittels der Plattform Unipark Questbeck EFS (unipark.com) und richtete sich an Studierende aller Fachrichtungen. Die Beantwortung des Fragebogens dauerte etwa 10–15 Minuten und der Erhebungszeitraum erstreckte sich über sechs Wochen von Mitte November bis Ende Dezember des Wintersemesters 2023/2024. Die Studienteilnahme war freiwillig und wurde nicht entlohnt. Die Datenerhebung erfolgte vollständig anonym und ließ keine Rückschlüsse auf einzelne Personen zu.

2.2 Stichprobe

Insgesamt liegen Daten von $N = 262$ Studierenden vor, die an der Befragung teilgenommen haben. Davon haben 186 den Fragebogen vollständig ausgefüllt.

Insgesamt bezeichneten sich 64.9 % als weiblich ($nw = 170$), 33.6 % als männlich ($nm = 88$) und 1.5 % als divers ($nd = 4$). Sie waren im Durchschnitt 22.24 Jahre alt ($SD = 4.49$) und 56.9 % ($n = 149$) befanden sich im Bachelorstudium. Der größte Anteil stammte aus der Philosophisch-Sozialwissenschaftlichen Fakultät (48.5 %, $n = 127$), gefolgt von der Fakultät für Angewandte Informatik (21.4 %, $n = 56$).

2.3 Messinstrumente

Für die Erhebung von Einstellungen, Meinungen, Nutzungsverhalten und -absichten wurden verschiedene Konstrukte für den Online-Fragebogen operationalisiert. Da das UTAUT Modell (Venkatesh et al., 2003) vor allem für Organisationen außerhalb des Bildungskontexts eingesetzt wird, wurde es für das vorliegende Projekt adaptiert.

Dabei wurde insbesondere auf geeignet erscheinende Items der Konstrukte *effort expectancy, social influence, behavioral intention to use the system, performance expectancy* und *attitude toward using technology* zurückgegriffen. Der Teil der Skala, welcher sich auf mit der Technologienutzung verbundene Ängste bezieht, wurde durch eine gekürzte und adaptierte Version der *AI Anxiety Scale* (Wang & Wang, 2022) ersetzt. Denn diese bezieht sich spezifischer auf die Nutzung von KI und umfasst mögliche damit einhergehende Ängste und Bedenken umfassender. Die Items zum Einsatz von ChatGPT im universitären Kontext wurden in Anlehnung an Preiß et al. (2023) konzipiert.

Die Fragebogenteile zur Ängstlichkeit und zum Einsatz von ChatGPT wurden mit Studierenden eines medienpädagogischen Seminars diskutiert und in einem iterativen Prozess finalisiert. Dieser Ansatz trägt zur inhaltlichen Validität des Fragebogens bei, da Erfahrungen und Perspektive der potenziellen Zielgruppe unmittelbar berücksichtigt wurden. Dies gewährleistet, dass die Items sowohl thematisch relevant als auch sprachlich verständlich sind, und folgt etablierten Leitlinien zur Fragebogenentwicklung (Döring & Bortz, 2016). Dabei wurden auch weitere Items ergänzt, welche sich insbesondere auf persönliche Erfahrungen bezüglich des Einsatzes von ChatGPT in universitären und unterrichtlichen Kontexten, wie beispielsweise Prüfungssituationen, beziehen.

Der Fragebogen beschränkt sich überwiegend auf geschlossene Items, deren Beantwortung weitestgehend mittels einer fünfstufigen Likert-Skala erfolgt (1 = *Stimme überhaupt nicht zu*, 5 = *Stimme vollkommen zu*).

Studierende, die im Laufe des Fragebogens angaben, nicht zu wissen, worum es sich bei ChatGPT handelt und/oder wofür die KI eingesetzt werden kann, wurden separat erhoben. Sie erhielten hierfür einen Informationstext über ChatGPT, in welchem die Grundlagen der Technologie skizziert waren, bevor sie weiter zu ihren Einstellungen und Meinungen befragt wurden. Die interne Konsistenz der Skala zur Erfassung der Ängstlichkeit ist akzeptabel bis gut (α = .79), für die adaptierte Skala *attitudes toward use of technology* (Venkatesh et al., 2003) ist sie gut (α = 0.88) (Blanz, 2015). Für die Skala bezüglich der Einstellungen wurde kein Cronbachs Alpha berechnet, da es sich hierbei um unterschiedliche inhaltliche Aspekte handelt.

2.4 Datenanalyse

Forschungsfrage 1 und 2 wurden mittels einer deskriptiven Auswertung des Fragebogens untersucht. Zur Beantwortung von Forschungsfrage 3 wurden die Zusammenhänge der Konstrukte mittels bivariater Korrelationen getestet.

Die statistische Power zur Durchführung der geplanten Analysen wurde a priori mit dem Softwareprogramm G*Power v3.1.9.6 (Faul et al., 2007) ermittelt. Dieses empfiehlt für die Berechnung von bivariaten Korrelationen mit einer Alpha-Fehler-Wahrscheinlichkeit von 0.05 eine Stichprobengröße von N = 138. Die vorliegende Studie mit einer Stichprobe von N = 262 überschreitet diese Empfehlung deutlich. Die statistischen Analysen wurden mit dem Softwarepaket IBM SPSS v27 durchgeführt. Unter Berücksichtigung von Cronbachs Alpha wurden Items, falls angemessen, zu Konstrukten zusammengefasst.

3 Ergebnisse

Forschungsfrage 1: Wofür und in welchem Ausmaß setzen Studierende ChatGPT (im Hochschulkontext) ein?

Von den Befragten wussten 90.8 % ($n = 238$), worum es sich bei ChatGPT handelt, 89.3 % ($n = 234$) hatten eine Vorstellung davon, wofür die KI verwendet werden könnte und 63.0 % ($n = 165$) hatten sie bereits eingesetzt.

Auf einer 5-stufigen Likert-Skala (1 = *nie*, 5 = *sehr häufig*) machten $n = 214$ Studierende Angaben zu ihrer Nutzung von ChatGPT. Im universitären Kontext ergab sich ein Mittelwert von $M = 2.30$ (*Mdn* = 2.00, *SD* = 1.26), im außeruniversitären Kontext ein Mittelwert von $M = 2.11$ (*Mdn* = 2.00, *SD* = 1.11).

Bezüglich des universitären Kontexts gaben $n = 199$ Auskunft über die genauen Tätigkeiten, für die sie ChatGPT verwenden (s. Abb. 1).

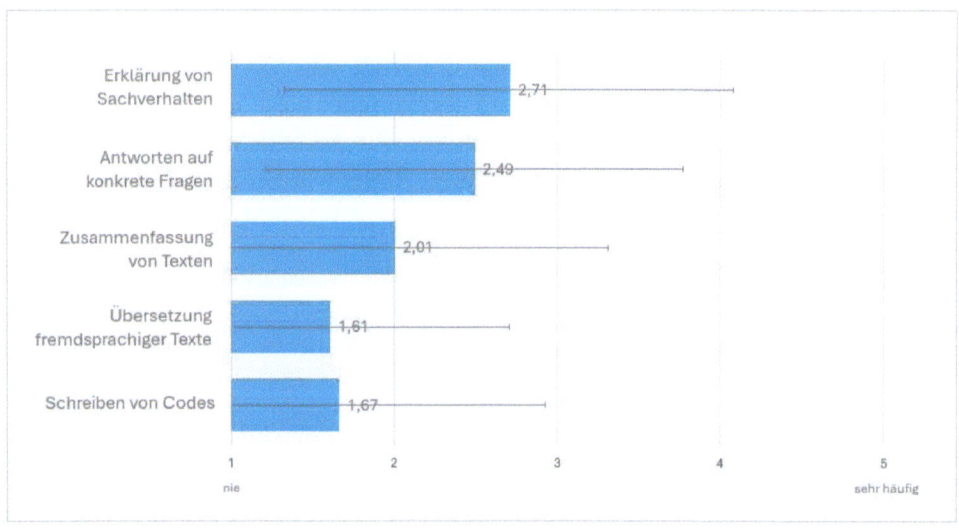

Abb. 1: Einsatz von ChatGPT im universitären Kontext (M±SD)

Forschungsfrage 2: Wie ausgeprägt ist die Ängstlichkeit der Studierenden gegenüber ChatGPT und welche Einschätzungen vertreten Sie bezüglich des Einsatzes von ChatGPT im universitären Kontext hinsichtlich Prüfungsformaten, wissenschaftlichen Arbeiten und institutionellen Rahmenbedingungen?

Hinsichtlich der Ausprägung der Ängstlichkeit in Bezug auf ChatGPT erreichen insbesondere die Aussagen zu nicht intendierten Plagiaten durch die Nutzung von ChatGPT bzw. unethischem Verhalten und den fehlerhaften Informationen höhere Werte. Weniger besorgt erscheinen die Studierenden ($n = 182$) gegenüber etwaigen Auswirkungen auf die eigene Lern- und Leistungsmotivation (s. Abb. 2).

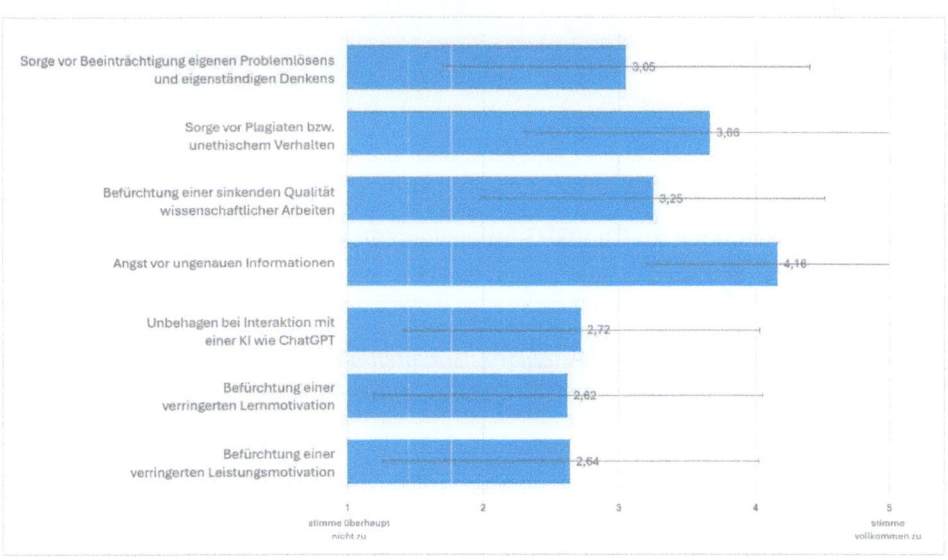

Abb. 2: Ängstlichkeit bezüglich ChatGPT (M±SD)

Bezüglich der studentischen Meinungen zum Einsatz von ChatGPT im universitären Kontext zeigte sich als deutlichster Konsens der Wunsch nach klaren diesbezüglichen Richtlinien seitens der Universität. Am niedrigsten fiel die Zustimmung für die Erlaubnis des Einsatzes der KI für benotete Prüfungsleistungen aus (s. Abb. 3).

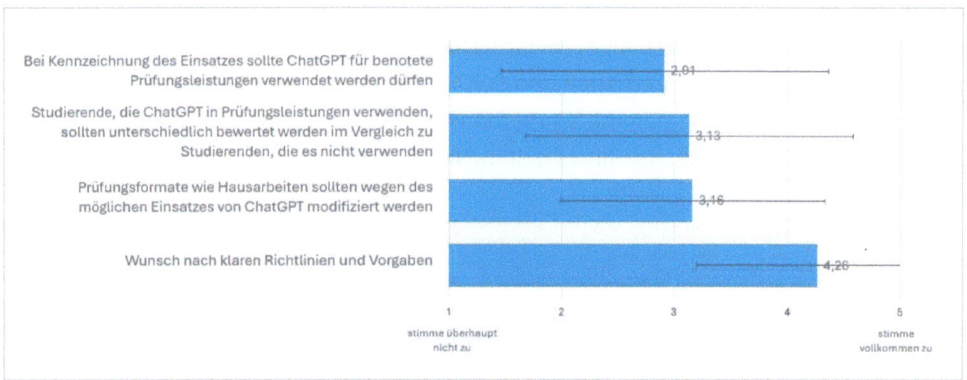

Abb. 3: Einschätzungen zu ChatGPT im universitären Kontext (M±SD)

Forschungsfrage 3: Inwiefern bestehen Zusammenhänge zwischen der Ängstlichkeit der Studierenden gegenüber ChatGPT, deren Einstellungen dazu und der Einsatzhäufigkeit?

Für die Beantwortung dieser Frage wurden, sofern angemessen, Items der jeweiligen Konstrukte zusammengefasst. So entstanden Skalen für die Ängstlichkeit bezüglich ChatGPT (sieben Items, $\alpha = .78$, $M = 3.23$, $SD = 0.85$, $N = 171$) und für die Einstellung gegenüber der Technologie (vier Items, $\alpha = .88$, $M = 3.06$, $SD = 1.02$, $N = 199$).

Die Einsatzhäufigkeit setzt sich aus den Variablen Häufigkeit des Einsatzes im universitären sowie im außeruniversitären Kontext zusammen ($M = 2.20$ ($SD = 1.09$, $N = 214$).

Zur Beantwortung der Forschungsfrage wurden die Zusammenhänge zwischen den jeweiligen Konstrukten mittels bivariater Pearson-Korrelationen berechnet (s. Tab. 1).

Tab. 1: Korrelationen Einsatzhäufigkeit, Ängstlichkeit, Einstellungen

Variable	Einsatzhäufigkeit	Ängstlichkeit	Einstellung
Ängstlichkeit	-.533**		
Einstellung	.562**	-.441**	

Anmerkung. **Die Korrelation ist auf dem Niveau von 0,01 (2-seitig) signifikant.

Der Zusammenhang zwischen der Ängstlichkeit und der Einsatzhäufigkeit fällt dabei negativ aus und ist als starke Korrelation zu bezeichnen (Cohen, 1988). Dasselbe gilt für Einstellung und Einsatzhäufigkeit, wobei der Zusammenhang hier positiv ist. Zwischen Ängstlichkeit und Einstellung gegenüber der KI besteht ein moderater, negativer Zusammenhang. Für alle hier ermittelten Korrelationen ergaben sich hochsignifikante Werte.

4 Diskussion

4.1 Einordnung der Ergebnisse

Forschungsfrage 1 bezieht sich auf die Nutzung von ChatGPT durch die Studierenden. Die Ergebnisse zeigen, dass zum Zeitraum der Erhebung 63 % der befragten Studierenden ChatGPT bereits genutzt haben, häufig für universitäre Zwecke. Dies deckt sich mit den Erkenntnissen von Gottschling et al. (2024), die ebenfalls eine breite Nutzung von KI-Tools unter Studierenden feststellen konnten. Die relativ hohe Nutzungsbereitschaft bestätigt zudem Ergebnisse internationaler Forschung

(Ibrahim et al., 2023; Rahman & Watanobe, 2023; Garrel et al., 2023) und verdeutlicht die Relevanz und Aktualität des Themas. Generative KI hat sich damit zu einem festen Bestandteil des universitären Bildungskontexts entwickelt, bietet jedoch auch Anlass, die zugrunde liegenden Motivationen und Kompetenzen der Nutzer:innen genauer zu untersuchen.

Im Fokus von Forschungsfrage 2 stehen die Ausprägung der Ängstlichkeit der Studierenden und deren Einschätzungen bezüglich des Einsatzes von ChatGPT im universitären Kontext. Die moderaten bis hohen Werte zur Ängstlichkeit unterstreichen, dass den Studierenden Risiken des KI-Einsatzes bewusst sind. Dies stimmt mit Ergebnissen von Hüsch et al. (2024) überein, die eine kritische Haltung hinsichtlich KI-Kompetenzen und der unzureichenden Vorbereitung auf KI-Nutzung feststellten. Die verbreitete Verwendung von ChatGPT scheint also in vielen Fällen nicht unreflektiert zu erfolgen, wie auch Gottschling et al. (2024) betonen. Besonders ausgeprägt ist die Sorge vor fehlerhaften Informationen, was mit Befunden von Budde et al. (2024) übereinstimmt, die ethische Konflikte und Unsicherheiten bezüglich der Verlässlichkeit von KI-Tools hervorheben.

Die Sorge vor wissenschaftlichem Fehlverhalten sowie der Wunsch nach klaren Richtlinien und Vorgaben durch die Universität spiegeln sich ebenfalls in den Ergebnissen von Garrel et al. (2023) wider. Bezüglich der Zustimmung zur Verwendung von ChatGPT in Prüfungsleistungen zeigt sich eine leicht ablehnende Tendenz, was die ambivalente Haltung der Studierenden in Bezug auf den universitären KI-Einsatz deutlich macht. Insgesamt fällt die allgemeine Einstellung zu ChatGPT jedoch eher neutral bis positiv aus, was mit den Befunden von Preiß et al. (2023) im Einklang steht.

Die dritte Forschungsfrage untersucht, ob Zusammenhänge zwischen der Ängstlichkeit der Studierenden, ihren Einstellungen gegenüber ChatGPT und der Einsatzhäufigkeit bestehen. Der negative Zusammenhang zwischen Ängstlichkeit und Einsatzhäufigkeit deckt sich mit den Ergebnissen von Hüsch et al. (2024), die zeigen, dass Unsicherheiten und fehlende Kompetenzen die Nutzung von KI-Tools einschränken können. Ängste vor Fehlern und ethischen Konflikten stellen ebenso potenzielle Hürden für eine häufige Nutzung dar (Budde et al., 2024; Gottschling et al., 2024).

Der starke, positive Zusammenhang zwischen der Einstellung gegenüber ChatGPT und Einsatzhäufigkeit steht in Einklang mit den Befunden von Garrel et al. (2023), die zeigen, dass eine positive Wahrnehmung der Nützlichkeit von KI-Tools eng mit deren aktiver Anwendung verbunden ist. Gleichzeitig verdeutlicht der moderate, negative Zusammenhang zwischen Ängstlichkeit und der Einstellung gegenüber der KI, dass Ängstlichkeit nicht nur die Nutzungshäufigkeit, sondern auch die diesbezügliche Haltung beeinflusst. Diese Ergebnisse betonen die Notwendigkeit, Ängste gezielt abzubauen und positive Einstellungen zu fördern, um die Integration von GenKI-Tools, wie ChatGPT, in den universitären Alltag zu erleichtern.

4.2   Limitationen

Die Repräsentativität der Stichprobe könnte durch eine überdurchschnittliche Teilnahme von Studierenden mit speziellem Interesse an ChatGPT beeinträchtigt worden sein. Die fehlende finanzielle Incentivierung könnte diese Verzerrung verstärkt haben. Aufgrund der Rekrutierung in traditionell weiblich dominierten Studiengängen wie Erziehungswissenschaft und Lehramt war die Stichprobe größtenteils weiblich. Insgesamt nahmen jedoch ausreichend Studierende aus verschiedenen Fakultäten teil. Da die Studie sich ausschließlich auf eine quantitative Erhebung bezieht, ist davon auszugehen, dass einige spezifische Aspekte, wie bspw. zu individuellen Einsatzbereichen, nicht erfasst wurden. Dies stellt einen Ansatzpunkt für nachfolgende (qualitative) Forschung dar.

4.3   Implikationen für die Praxis

Die Ergebnisse der Studie implizieren, dass eine fundierte Auseinandersetzung mit ChatGPT für Studierende und Dozierende gewinnbringend ist. Denn obgleich der Einsatz der Software von vielen Studierenden als hilfreich wahrgenommen wird, ist jedoch das tatsächliche Nutzungsverhalten individuell stark unterschiedlich. Es ist davon auszugehen, dass sich diese Heterogenität auch auf die Anwendungskompetenzen der Studierenden niederschlägt. Die Integration von ChatGPT in Lehrkonzepte könnte diese bestehenden Differenzen verringern. Um derartige Kompetenzen vermitteln zu können, ist es jedoch unabdingbar, dass auch für die Lehrenden selbst die Möglichkeit für diesbezügliche Weiterbildungen besteht. Dies ist einerseits relevant, um Technologien wie ChatGPT effektiv in die Lehre zu integrieren, und andererseits auch, um sinnvolle Prüfungsformate zu entwickeln, die möglichem akademischen Fehlverhalten vorbeugen (Kasneci et al., 2023). Chan (2023) entwickelte basierend auf Aussagen von Studierenden und Lehrkräften ein Grundgerüst für KI-Bildungspolitik an Hochschulen.

Die starke Befürchtung, ungenaue oder fehlerhafte Informationen zu erhalten, impliziert, dass Studierende von Angeboten profitieren könnten, in denen der konstruktive Umgang mit GenKI, wie bspw. zielführendes Prompting, und das Erkennen von Fehlinformationen thematisiert werden. Weiterführende Handlungsempfehlungen zum konstruktiven Umgang mit KI im Hochschulkontext sind bspw. bei Budde et al. (2024) zu finden.

5   Fazit

Die vorliegende Studie bietet einen explorativen Einblick in das Nutzungsverhalten und die Einstellungen von Studierenden zu ChatGPT.

Es wurde deutlich, dass ChatGPT Einzug in den universitären Kontext gehalten hat und die Thematik für viele Studierende von großer Relevanz ist. Die meisten nutzen ChatGPT für universitäre Zwecke, jedoch bestehen Unsicherheiten, was sich in dem Wunsch nach Richtlinien seitens der Universität widerspiegelt. Es wurden Zusammenhänge zwischen Einstellungen und Ängstlichkeit gegenüber der Technologie sowie ihrer Einsatzhäufigkeit festgestellt.

Zusammenfassend bietet die Studie wertvolle Einblicke in die Nutzung und Akzeptanz von ChatGPT unter Studierenden. Die Studie greift auf bewährte Modelle wie das UTAUT-Modell zurück und zeigt, dass positive Einstellungen und geringe

Ängstlichkeit in Zusammenhang mit der Nutzung von ChatGPT stehen. Sie unterstreicht die Notwendigkeit klarer Richtlinien und die Förderung von Kompetenzen im Umgang mit KI, um die Technologie konstruktiv im Bildungskontext einzusetzen. Die Untersuchung liefert wichtige Ansatzpunkte für zukünftige Forschung und praktische Implikationen für die Integration von KI-Technologien in den Hochschulbereich. Dadurch ergeben sich neue Aufgaben für die Hochschulentwicklung, insbesondere für die Implementierung von Richtlinien und klaren Vorgaben.

Literaturverzeichnis

Abbas, M., Jam, F. A., & Khan, T. I. (2024). Is it harmful or helpful? Examining the causes and consequences of generative AI usage among university students. *International Journal of Educational Technology in Higher Education, 21*(1). https://doi.org/10.1186/s41239-024-00444-7

Abdaljaleel, M., Barakat, M., Alsanafi, M., Salim, N. A., Abazid, H., Malaeb, D., Mohammed, A. H., Hassan, B. A. R., Wayyes, A. M., Farhan, S. S., El Khatib, S., Rahal, M., Sahban, A., Abdelaziz, D. H., Mansour, N. O., AlZayer, R., Khalil, R., Fekih-Romdhane, F., Hallit, R., . . . Sallam, M. (2023). *Factors Influencing Attitudes of University Students towards ChatGPT and its Usage: A Multi-National Study Validating the TAME-ChatGPT Survey Instrument.* https://doi.org/10.20944/preprints202309.1541.v1

Abdaljaleel, M., Barakat, M., Alsanafi, M., Salim, N. A., Abazid, H., Malaeb, D., Mohammed, A. H., Hassan, B. A. R., Wayyes, A. M., Farhan, S. S., Khatib, S. E., Rahal, M., Sahban, A., Abdelaziz, D. H., Mansour, N. O., AlZayer, R., Khalil, R., Fekih-Romdhane, F., Hallit, R., . . . Sallam, M. (2024). A multinational study on the factors influencing university students' attitudes and usage of ChatGPT. *Scientific reports, 14*(1), 1983. https://doi.org/10.1038/s41598-024-52549-8

Blanz, M [M.]. (2015). *Forschungsmethoden und Statistik für die Soziale Arbeit: Grundlagen und Anwendungen.* Kohlhammer.

Blanz, M. [M.]. (2021). *Forschungsmethoden und Statistik für die Soziale Arbeit.* Kohlhammer Verlag.

Bolliger, D. U., & Halupa, C. P. (2012). Student perceptions of satisfaction and anxiety in an online doctoral program. *Distance Education, 33*(1), 81–98.

Budde, J., Friedrich, J.-D., & Sommer, T. (2024). *Wo stehen die deutschen Hochschulen?* Hochschulforum Digitalisierung. Monitor Digitalisierung 360°. https://hochschulforumdigitalisierung.de/wp-

Chan, C. K. Y. (2023). A comprehensive AI policy education framework for university teaching and learning. *International Journal of Educational Technology in Higher Education, 20*(1). https://doi.org/10.1186/s41239-023-00408-3

Chan, C. K. Y., & Hu, W. (2023). Students' voices on generative AI: perceptions, benefits, and challenges in higher education. *International Journal of Educational Technology in Higher Education, 20*(1). https://doi.org/10.1186/s41239-023-00411-8

Cohen, J. (1988). *Statistical power analysis for the behavioral sciences*. Erlbaum Associates.

Cohen, J. (2013). *Statistical Power Analysis for the Behavioral Sciences*. Routledge. https://doi.org/10.4324/9780203771587

Döring, N., & Bortz, J. (2016). Forschungsmethoden und Evaluation in den Sozial- und Humanwissenschaften. Springer Berlin Heidelberg. https://doi.org/10.1007/978-3-642-41089-5

Farrokhina, M., Banihashem, S. K., Noroozi, O., & Wals, A. (2023). A SWOT analysis of ChatGPT: Implications for educational practice and research. *Innovations in Education and Teaching international*, 1–15.

Faul, F., Erdfelder, E., Lang, A.-G., & Buchner, A. (2007). G*Power 3: a flexible statistical power analysis program for the social, behavioral, and biomedical sciences. *Behavior research methods, 39*(2), 175–191. https://doi.org/10.3758/BF03193146

Garrel, J. von, Mayer, J., & Mühlfeld, M. (2023). *Künstliche Intelligenz im Studium*. Eine quantitative Befragung von Studierenden zur Nutzung von ChatGPT & Co. https://doi.org/10.48444/h_docs-pub-395

Gottschling, S., Seidl, T., & Vonhof, C. (2024). Nutzung von KI-Tools durch Studierende: Eine exemplarische Untersuchung studentischer Nutzungsszenarien. *die hochschullehre, 10*, 122–135. https://doi.org/10.3278/HSL2411W

Grassini, S. (2023). Shaping the Future of Education: Exploring the Potential and Consequences of AI and ChatGPT in Educational Settings. *Education Sciences, 13*(7), 692. https://doi.org/10.3390/educsci13070692

Ha, J., Page, T., & Thorsteinsson, G. (2011). A study on technophobia and mobile device design. *International Journal of Contents*, *7*(2), 17–25.

Hüsch, M., Horstmann, N., & Breiter, A. (2024). *CHECK – Künstliche Intelligenz in Studium und Lehre – Die Sicht der Studierenden im WS 2023/24*. CHE. https://www.che.de/download/check-ki-2024/?ind=1720464830130&filename=CHECK_Kuenstliche_Intelligenz.pdf&wpdmdl=31109&refresh=6746025ede9681732641374

Ibrahim, H., Liu, F., Asim, R., Battu, B., Benabderrahmane, S., Alhafni, B., Adnan, W., Alhanai, T., AlShebli, B., Baghdadi, R., Bélanger, J. J., Beretta, E., Celik, K., Chaqfeh, M., Daqaq, M. F., Bernoussi, Z. E., Fougnie, D., Garcia de Soto, B., Gan-dolfi, A., . . . Zaki, Y. (2023). Perception, performance, and detectability of conversational artificial intelligence across 32 university courses. *Scientific reports, 13*(1), 12187. https://doi.org/10.1038/s41598-023-38964-3

Johnson, D. G., & Verdicchio, M. (2017). AI anxiety. *Journal of the Association for Information Science and Technology*, *68*(9), 2267–2270.

Kasneci, E., Sessler, K., Küchemann, S., Bannert, M., Dementieva, D., Fischer, F., Gasser, U., Groh, G., Ünnemann, S., Hüllermeier, E., Krusche, S., Kutyniok, G., Michaeli, T., Nerdel, C., Pfeffer, J., Poquet, O., Sailer, M., Schmidt, A., Seidel, T., . . . Kasneci, G. (2023). ChatGPT for Good? On Opportunities and Challenges of Large Language Models for Education. *Learning and Individual Differences*, 1–13.

Lo, C. K. (2023). What Is the Impact of ChatGPT on Education? A Rapid Review of the Literature. *Education Sciences*, *13*(4), 410. https://doi.org/10.3390/educsci13040410

Menn, A. (2023). *Ein Jahr ChatGPT: Diese Grafiken zeigen, wer die Gewinner des KI-Hypes sind*. https://www.wiwo.de/technologie/digitale-welt/kuenstliche-intelligenz-ein-jahr-chatgpt-diese-grafiken-zeigen-wer-die-gewinner-des-ki-hypes-sind/29531946.html

Montenegro-Rueda, M., Fernández-Cerero, J., Fernández-Batanero, J. M., & López-Meneses, E. (2023). Impact of the Implementation of ChatGPT in Education: A Systematic Review. *Computers*, *12*(8), 153. https://doi.org/10.3390/computers12080153

Ngo, T. T. an (2023). The Perception by University Students of the Use of ChatGPT in Education. *International Journal of Emerging Technologies in Learning (iJET)*, *18*(17), 4–19. https://doi.org/10.3991/ijet.v18i17.39019

Peris, M., & Nüttgens, M. (2011). Anwendung der Unified Theory of Acceptance and Use of Technology zur Akzeptanzbestimmung von Web 2.0: Anwendungen in KMU-Netzwerken. In Gesellschaft für Informatik e.V. (Hrsg.), *6th Conference on Profession-al Knowledge Management – From Knowledge to Action* (S. 88–97). https://dl.gi.de/server/api/core/bitstreams/ffec7c73-e4e6-40a0-b8fa-869ef13e3f46/content

Preiß, J., Bartels, M., Niemann-Lenz, J., Pawlowski, J., & Schnapp Kai-Uwe. (2023). *ChatGPT and ME! Erste Ergebnisse der quantitativen Auswertung einer Umfrage über die Lebensrealität mit generativer KI an der Universität Hamburg.* Universität Hamburg.

Rahman, M. M., & Watanobe, Y. (2023). ChatGPT for Education and Research: Opportunities, Threats, and Strategies. *Applied Sciences, 13*(9), 5783. https://doi.org/10.3390/app13095783

Rahman, M. S., Sabbir, M. M., Zhang, J., Moral, I. H., & Hossain, G. M. S. (2022). Examining students' intention to use ChatGPT: Does trust matter? *Australasian Journal of Educational Technology*, 51–71. https://doi.org/10.14742/ajet.8956

Schlude, A., Mendel, U., Stürz, R. A., & Fischer, M. (2024). *Verbreitung und Akzeptanz generativer KI an Schulen und Hochschulen.* Bidt DE. https://www.bidt.digital/publikation/verbreitung-und-akzeptanz-generativer-ki-an-schulen-und-hochschulen/

Shoufan, A. (2023). Exploring Students' Perceptions of ChatGPT: Thematic Analysis and Follow-Up Survey. *IEEE Access, 11*, 38805–38818. https://doi.org/10.1109/ACCESS.2023.3268224

Siswanto, T., Shofiati, R., & Hartini, H. (2018). Acceptance and Utilization of Technology (UTAUT) as a Method of Technology Acceptance Model of Mitigation Disaster Website. *IOP Conference Series: Earth and Environmental Science, 106*, 12011. https://doi.org/10.1088/1755-1315/106/1/012011

Venkatesh, V., Morris, M. G., Davis, G. B., & Davis, F. D. (2003). User Acceptance of Information Technology: Toward a Unified View. *MIS Quarterly, 27*(3), 425. https://doi.org/10.2307/30036540

Wang, Y.-Y., & Wang, Y.-S. (2022). Development and validation of an artificial intelligence anxiety scale: an initial application in predicting motivated learning behavior. *Interactive Learning Environments, 30*(4), 619–634. https://doi.org/10.1080/10494820.2019.1674887

Isabel Lausberg[1], Janina Tosic[2] & Sina Feldermann[3]

Studentisches Schreiben mit generativer KI: Inspiration oder intellektuelle Aneignung?

Zusammenfassung

Die rasante Verbreitung generativer Künstlicher Intelligenz (KI) hat das Potenzial, den akademischen Schreibprozess tiefgreifend zu verändern. Diese Studie untersucht, wie generative KI-Schreibtools von Studierenden eines Mastermoduls genutzt werden. Ihre Ziele und Erfahrungen werden durch Pre- und Post-Surveys sowie Reflecting Journals erfasst. Die Ergebnisse geben Aufschluss über die Nutzung in verschiedenen Schreibphasen und zeigen Unterschiede zwischen leistungsstarken und -schwachen Studierenden auf. Generative KI funktioniert dabei als Inspirationsquelle, aber auch zur Umgehung wissenschaftlicher Arbeit. Entscheidend ist, wie kompetent Studierende mit diesen Tools umgehen.

Schlüsselwörter

Generative KI, ChatGPT, Schreibphasen

---

1   Corresponding author; Hochschule Ruhr West; isabel.lausberg@hs-ruhrwest.de; ORCID 0009-0009-3474-081X
2   Hochschule Ruhr West; janina.tosic@hs-ruhrwest.de
3   Hochschule Ruhr West; sina.feldermann@hs-ruhrwest.de; ORCID 0009-0001-2396-9784

https://doi.org/10.21240/zfhe/SH-KI-2/06

Student writing with generative AI: Inspiration or intellectual appropriation?

Abstract

The rapid proliferation of generative artificial intelligence (AI) has the potential to profoundly transform the academic writing process. This study investigates how generative AI writing tools are used by students in a Master's module. Student goals and experiences were captured using pre- and post-surveys and reflective journals. The results provide information about the use of AI in different writing phases and show differences between high-performing and low-performing students. Generative AI functions as a source of inspiration, but also as a way of bypassing academic work. The crucial aspect is how competently the students use these technologies.

Keywords

generative AI, ChatGPT, writing phases

1 Einleitung

1.1 Problemstellung

Das studentische Schreiben hat sich im digitalen Zeitalter rasch verändert. Online-Recherchen, Rechtschreibprüfungen und automatisierte Übersetzungen sind zum Standard geworden. Mit dem Aufkommen generativer Künstlicher Intelligenz (KI) eröffnet sich noch einmal eine ganz neue Dimension für akademische Arbeiten. Heutige generative KI-Schreibtools können Texte erzeugen, die sich kaum von den von Menschen geschriebenen unterscheiden. Sie fassen Fachliteratur zusammen und kommunizieren im Dialog mit Nutzer:innen. Insbesondere der Release von ChatGPT 3.5 von OpenAI im November 2022 markiert einen Meilenstein in der Leistungsfähigkeit der Tools und sorgte für hohe Aufmerksamkeit in der akademischen Welt wie in der breiteren Öffentlichkeit (z. B. Büchel & Engler, 2024).

KI-Schreibtools haben das Potenzial, das Bildungssystem disruptiv zu verändern, wodurch Hochschulen einem erheblichen und sehr kurzfristigen Transformationsdruck ausgesetzt sind. Sie müssen zukunftsfähige Lösungen entwickeln, die die Entwicklungen der Künstlichen Intelligenz berücksichtigen und dabei den Wert akademischer Bildung bewahren. Zudem müssen Hochschulen Studierende auf ein verändertes Arbeitsleben vorbereiten, in dem zukünftig generative KI-Tools für diverse Aufgaben angewendet werden (Buck & Limburg, 2023).

Es ist absehbar, dass diese KI-Tools weiter optimiert werden und die Diffusion sehr zügig voranschreitet (Salden et al., 2023). Beim studentischen Schreiben ist generative KI zurzeit ein Experimentierfeld: Einerseits kann sie den Schreibprozess in verschiedenen Phasen inspirieren und unterstützen, andererseits besteht die Gefahr, dass Studierende ihre intellektuelle Eigenleistung durch generative KI ersetzen. Kompetenzen und Learning Outcomes werden damit möglicherweise nicht erreicht und es wird für Lehrende schwierig, diese zu überprüfen.

1.2   Stand der Forschung

Der Diskurs über generative KI an Hochschulen hat mit dem Release von ChatGPT 3.5 beträchtlich an Fahrt aufgenommen. Eine Reihe von Beiträgen verdeutlicht die Fähigkeiten und Grenzen der generativen KI oder berichtet über Experimente mit dem neuen Tool (z. B. Altmäe et al., 2023; Rudolph et al., 2023). Diskussions- und Positionspapiere nehmen die Auswirkungen auf das wissenschaftliche Schreiben und die Schreibkompetenz (z. B. Brommer et al., 2023; Gesellschaft für Schreibdidaktik und Schreibforschung, 2022; Limburg et al., 2023) in den Fokus. Eine Reihe von Untersuchungen beschäftigt sich mit der Frage, wie Hochschulen mit generativer KI umgehen können (z. B. Buck et al., 2023; Gimpel et al., 2023; Mollick & Mollick, 2022; Salden et al., 2023); hierzu zählen auch Beiträge zu Prüfungsformen (z. B. Klein, 2023) und zum Umgang mit Plagiaten (z. B. Cotton et al., 2023; Limburg et al., 2022).

Die Perspektive der Studierenden blieb in der Forschung bis 2023 weitgehend unberücksichtigt. Durch einige jüngere Untersuchungen im deutschsprachigen Raum konnte diese Forschungslücke hinsichtlich quantitativer Fragestellungen teilweise geschlossen werden: Von Garrel et al. (2023) führten eine Befragung von über 6.300 Studierenden in Deutschland durch, um das Nutzungsverhalten von KI-basierten Tools wie ChatGPT im Studium zu untersuchen. Budde et al. (2024) befragten im Rahmen des Monitor Digitalisierung 360° im Wintersemester 2023/24 Hochschulleitungen, Mitarbeitende, Lehrende und über 1.000 Studierende zu Prozessen und zur Nutzung von KI-Tools. Hüsch et al. (2024) integrierten KI-Fragestellungen in die Befragung des CHE-Hochschulrankings mit über 34.000 Teilnehmer:innen. Die Studien kommen teilweise zu leicht divergierenden Ergebnissen, was u. a. durch Unterschiede in der Stichprobenauswahl erklärbar ist.

Die Studien legen nahe, dass etwa die Hälfte (Budde et al., 2024) bis zwei Drittel (v. Garrel et al., 2023) der befragten Studierenden KI-Tools im Rahmen ihres Studiums nutzen. Studierende der MINT-Fächer nutzen die Tools deutlich intensiver und unterscheiden sich auch hinsichtlich der Einsatzbereiche, z. B. in der stärkeren Nutzung für Programmiertätigkeiten (v. Garrel et al., 2023; Hüsch et al., 2024).

Insgesamt zeigen die Studien vielfältige Einsatzbereiche der Generativen KI. Studierende nutzen KI-Tools für Übungen und Prüfungsvorbereitung, Präsentationen und schriftliche Arbeiten (Budde et al., 2024; Hüsch et al., 2024). Weitere Einsatzbereiche sind allgemeine Recherchen, Brainstorming, Nacharbeiten von Studieninhalten, Textkorrekturen und Literaturrecherchen (Hüsch et al., 2024). Nach v. Garrel et al. (2023) umfassen die häufigsten Anwendungen die Klärung von Verständnisfragen und die Erläuterung fachspezifischer Konzepte sowie die Unterstützung bei der Textanalyse und die Optimierung wissenschaftlicher Arbeiten.

Internationale Studien, die die Studierendenperspektive berücksichtigen, wurden z. B. von Chen (2024) und Gervaccio (2023) durchgeführt. Chen (2024) befragte 100 Studierende im Rahmen einer quantitativen Erhebung zu generativer KI im Kontext des akademischen Schreibens und zu den Vor- und Nachteilen des Einsatzes von ChatGPT. Die von ihm befragten Studierenden nutzen zum weit überwiegenden Teil bereits ChatGPT, die Mehrheit von ihnen beurteilt die Nutzung positiv und sieht positive Auswirkungen auf den eigenen Lernprozess. Allerdings haben die weitaus meisten Studierenden auch Zweifel an der (eigenen) akademischen Integrität bei der Nutzung von Schreibtools. Gervacio (2023) nimmt eine qualitative Analyse basierend auf fünf Interviews von Nicht-Muttersprachlern vor. Als Ergebnisse hält er fest, dass Generative KI beim Formulieren von Texten hilft, die Effizienz durch Zeitersparnis erhöht und die Startphase beim Schreiben unterstützt. Die KI wird auch genutzt, um Inhalte von wissenschaftlichen Artikeln zusammenfassen zu lassen, die dann nicht selbst gelesen werden müssen.

Ebenfalls einen qualitativen Ansatz verfolgen Aumüller et al. (2023). Sie berichten über eine Schreibwerkstatt, bei der Studierende KI-Schreibtools ausprobierten, ihren Schreibprozess anschließend präsentierten und ihre Erfahrungen reflektierten. Als positiver Aspekt wurde die Erleichterung des Schreibprozesses hervorgehoben, insbesondere bei der Nutzung von KI als Inspirationsquelle oder zum Brainstorming, während negative Aspekte auf die Abhängigkeit von der Qualität der Prompts und die Unsicherheit hinsichtlich der Qualität der erzielten Resultate hinweisen.

Insgesamt ist festzustellen, dass im Diskurs über KI-Schreibwerkzeuge die Perspektive der Studierenden insbesondere in qualitativer Hinsicht bisher noch wenig erforscht ist. So fehlen z. B. umfassende Studien dazu, wie sich die Nutzung der KI-Tools auf den akademischen Schreibprozess, die Learning Outcomes, die Identifikation mit dem geschriebenen Text („Ownership of Text", Wilks, 2004, S. 115) oder auch auf die Qualität schriftlicher Arbeiten aus Sicht der Studierenden auswirkt.

1.3 Ziel der Studie und Untersuchungsfragen

Das Ziel der vorliegenden Untersuchung ist es, die Perspektive der Studierenden auf die Nutzung generativer KI-Schreibtools im akademischen Kontext quantitativ und qualitativ zu erfassen und zu analysieren. Der Fokus liegt hierbei auf der Nutzung im akademischen Schreibprozess. Dadurch sollen diese bislang wenig erforschten Aspekte beleuchtet werden und zur Weiterentwicklung der didaktischen Konzepte an Hochschulen beitragen.

Mithilfe der folgenden Forschungsfragen möchten wir in einem experimentellen Setting mehr über die Nutzung von KI-Tools für das akademische Schreiben von Studierenden erfahren:

1. Welche **Ziele** verfolgen die Studierenden mit der Verwendung der KI-Tools?

2. In welchen **Phasen des akademischen Schreibprozesses** werden die KI-Tools eingesetzt und als wie schwierig werden diese Phasen empfunden?

3. Wie reflektieren die Studierenden die Verwendung der KI-Tools und welche **positiven und negativen Erfahrungen** machen sie während des Schreibprozesses?

4. Identifizieren sich die Studierenden mit der eingereichten Arbeit, empfinden sie ein „**Ownership of Text**"?

5. Gibt es Unterschiede zwischen **Studierenden**, die die Seminararbeit mit **guten Noten**, und solchen, die sie mit **schlechten Noten** abgeschlossen haben?

Diesen Fragen gehen die folgenden Kapitel nach. Auf Basis der Erkenntnisse zu den Studierenden soll abschließend reflektiert werden, wie Lehrende mit KI-Schreibwerkzeugen in der Lehre und beim Lernen umgehen können.

2 Untersuchungsmethodik

Die Daten wurden im Sommersemester 2023 im Pflichtmodul „Strategisches Management" an der Hochschule Ruhr West mit 60 Studierenden erhoben. Die Studierenden sind in berufsbegleitenden, wirtschaftswissenschaftlichen Masterstudiengängen eingeschrieben. Die Prüfungsleistung besteht aus einer englischsprachigen Seminararbeit mit Präsentation sowie einer Klausur. Bezüglich der Seminararbeit durften die Studierenden selbst entscheiden, ob sie diese mithilfe von KI-Tools oder vollständig in Eigenleistung schreiben. Insgesamt 15 Studierende haben die Seminararbeit mit KI-Unterstützung geschrieben und ihre Erfahrungen dabei in Reflecting Journals auf Englisch festgehalten.

Die Datenerhebung erfolgte in drei Schritten:

- Zum Semesteranfang wurde mittels eines Pre-Surveys die generelle Einstellung der (zu diesem Zeitpunkt anwesenden) Studierenden (n = 37) gegenüber KI-Schreibwerkzeugen erfasst. Die Befragung erfolgte anonym und mithilfe einer Kodierung, sodass sich die Daten mit dem Post-Survey zusammenführen lassen.

- Die Reflecting Journals (n = 15) wurden semesterbegleitend von den Studierenden geführt. Hierfür wurden Leitfragen vorgegeben, die sich auf die Ziele der Nutzung, die Inhalte in Form von Prompts und Antworten, auf die Prozesse und Ergebnisse sowie deren Bewertung durch die Studierenden und auf die spezifischen Lerneffekte durch den Einsatz der KI-Tools im wissenschaftlichen Arbeiten bezogen.

- Der Post-Survey (n = 50) wurde nach Abschluss der Seminararbeiten in der letzten Veranstaltung durchgeführt und enthielt differenzierte Fragen z. B. zu den Herausforderungen in den einzelnen Schreibphasen.

Die Auswertung des Pre- und Post-Surveys erfolgte mit IBM SPSS und MS Excel durch die Dozentinnen, die Auswertung der Reflecting Journals erfolgte durch eine geschulte Hochschuldidaktikerin mittels einer qualitativen Inhaltsanalyse nach Mayring & Fenzl (2014) und Kodierung mittels der Software MAXQDA. Das Hauptkategoriensystem wurde induktiv gebildet, indem acht Studierendentexte codiert wurden. Dabei wurden die Hauptkategorien sowie deren jeweilige Subkategorien aus den Texten heraus entwickelt. Die Definitionen der Kategorien wurden fortlaufend angepasst. Anschließend wurden alle Reflecting Journals erneut anhand des fertig entwickelten Kategoriensystems codiert.

Nachdem die Seminararbeiten von den Dozentinnen bewertet worden waren, wurden die Reflektionstexte von der Didaktikerin noch einmal in Verbindung mit den Noten ausgewertet.

3 Ergebnisse

Im Folgenden wird eine Auswahl der Ergebnisse aus den umfangreichen Erhebungen dargestellt (für eine weitere Auswahl siehe Lausberg et al., 2023). Zunächst wird in Kap. 3.1 der Einsatz der KI-Tools in den Phasen des Schreibprozesses analysiert. Kap. 3.2 untersucht die Identifikation der Studierenden mit dem eingereichten Text. Kap. 3.3 legt schließlich Unterschiede zwischen Studierenden mit guten und schlechten Leistungen offen.

3.1 Einsatz der KI-Tools im akademischen Schreibprozess

3.1.1 Ziele der Studierenden bezüglich des Einsatzes der KI-Tools (Reflektionen)

Die Ziele der Nutzung von KI-Schreibwerkzeugen in Seminararbeiten sind Teil der Reflektionen der 15 KI-Nutzer:innen. Diese Ergebnisse zeigt Abbildung 1. 60 % der Teilnehmer:innen nutzen diese Werkzeuge, um gute oder qualitativ hochwertige Texte zu schreiben. 47 % möchten Zeit sparen, während jeweils 40 % die Werkzeuge einsetzen, um eine gute Textstruktur zu generieren oder einen Überblick über das Thema zu bekommen. Weitere häufig genannte Ziele sind die Verbesserung des Forschungs- und Schreibprozesses (33 %) sowie das Erhalten genauer und relevanter Informationen (33 %).

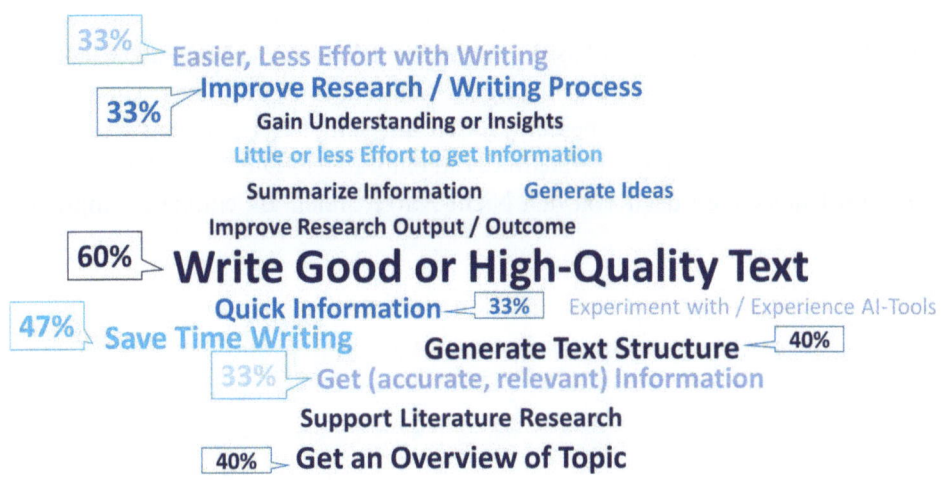

Abb. 1: Ziele der Nutzung von KI-Schreibtools (Mehrfachnennungen)

3.1.2 Einsatz von KI in den Phasen des Schreibprozesses (Post-Survey)

Der Post-Survey untersucht, in welchen Phasen des Schreibprozesses die Studierenden die KI-Tools einsetzen und wie schwierig sie diese Phasen empfinden. Die Einteilung der Schreibphasen orientiert sich an dem Modell „Phasen und Handlungen akademischer Textproduktion" von Knorr (2016).

KI-Schreibwerkzeuge werden vor allem in der Findungs- und Formulierungsphase des Schreibprozesses eingesetzt (Abbildung 2). 80 % der Studierenden geben eine

intensive oder sehr intensive Nutzung in der Findungsphase an, für die Formulierungsphase erhöht sich dieser Anteil auf 86 %. In der Revisions- und Fertigstellungs-
phase geben dagegen 73 % bzw. 74 % eine nicht intensive oder gar keine Nutzung
der KI-Tools an. In der Datensammlungs- und Bearbeitungsphase verteilen sich die
Antworten weniger eindeutig auf die Antwortkategorien.

In einer weiteren Frage des Post-Survey wurden alle Studierenden gefragt, wie herausfordernd sie die einzelnen Phasen empfunden haben. Zwischen Nutzer:innen der
KI-Tools und Nicht-Nutzer:innen zeigen sich dabei signifikante Unterschiede
(Mann-Whitney-U-Test). Die beiden Phasen mit starker KI-Nutzung wurden von
den Nutzer:innen als weniger herausfordernd empfunden. Die Überarbeitungsphase
wurde im Unterschied dazu von den Nicht-Nutzer:innen als einfacher empfunden
(Tabelle 1).

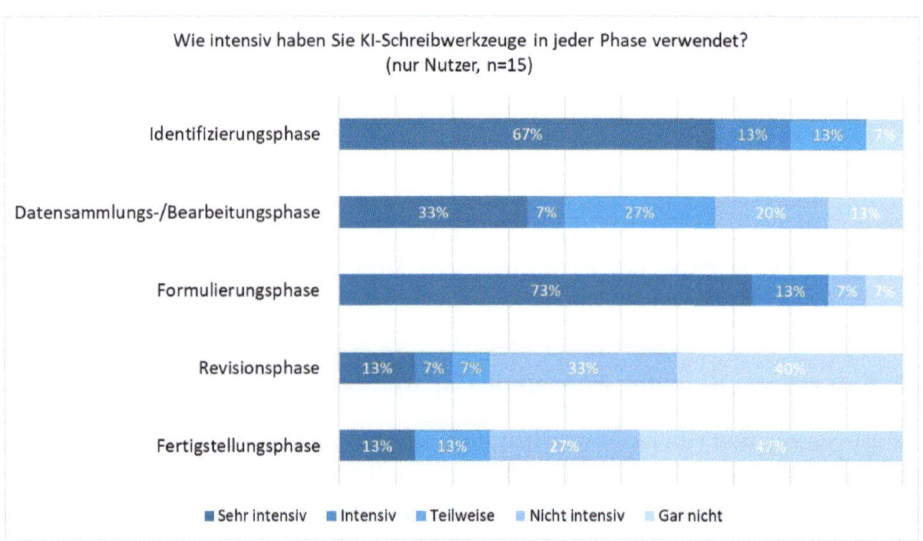

Abb. 2: Nutzung von KI in den einzelnen Schreibphasen

Tab. 1: Vergleich Nutzer:innnen und Nicht-Nutzer:innen bezüglich der wahrgenommenen Schwierigkeit der einzelnen Schreibphasen

Welche Phasen des Kurspapers waren besonders herausfordernd? (1 = gar nicht herausfordernd, 5 = sehr herausfordernd)			Teststatistik Mann-Whitney-U-Test	
Phase	Mittelwert Nutzer:innen (n = 15)	Mittelwert Nicht-Nutzer:innen (n = 35)	Z-Wert	Asymp. Sig. (2-seitig)
Identifizierung	2,2	3,2	-2,920	,003
Datensammlung/ Bearbeitung	3,1	3	-,352	,725
Formulierung	1,5	2,4	-3,147	,002
Revision	2,9	2,1	-2,456	,014
Fertigstellung	2,5	2,4	-,743	,458

3.1.3 Positive und negative Erfahrungen mit den KI-Schreibtools (Reflektionen)

Die Reflektion der Studierenden zu positiven Erfahrungen bei der Nutzung von KI-Tools in Seminararbeiten zeigt in Abbildung 3, dass 93 % der Teilnehmer:innen angeben, dadurch Zeit zu sparen. 87 % der Studierenden finden, dass die Werkzeuge brauchbare Ergebnisse für ihre Arbeiten liefern. 67 % betonen die Unterstützung beim Schreiben und Formulieren sowie bei der Strukturierung ihrer Texte. Ebenfalls 67 % schätzen die Einführung in neue Themen und das Erhalten hochwertiger Informationen. 47 % der Befragten nutzen die KI-Tools für Ideenfindung und Inhaltsvorschläge. Insgesamt zeigt sich, dass die Studierenden die Tools als wertvolle Unterstützung im akademischen Schreibprozess empfinden.

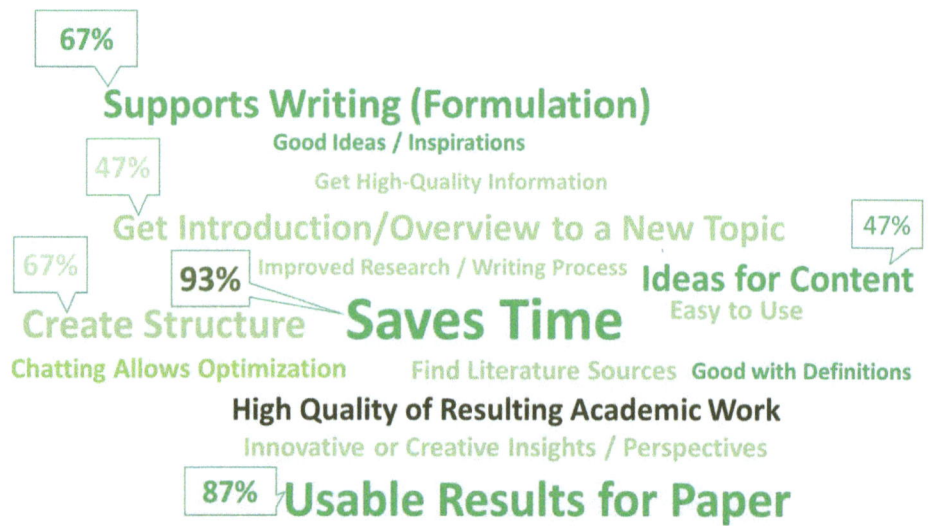

Abb. 3: Positive Erfahrungen bei der KI-Nutzung (Mehrfachnennungen)

Die Befragung von Studierenden zu negativen Erfahrungen bei der Nutzung von KI-Tools in Seminararbeiten zeigt mehrere Herausforderungen auf (Abbildung 4). Die meisten Nennungen beziehen sich auf die Quellen. Je 53 % der Teilnehmer:innen berichten, dass Quellen nicht existierten oder überprüft werden mussten, 47 %, dass zusätzliche Quellen gefunden und 40 %, dass die gefundenen Informationen verifiziert werden mussten. 33 % der Studierenden stellen fest, dass die bereitgestellten

Quellen veraltet waren und ebenfalls 33 % kritisieren die mangelnde Zugänglichkeit der Quellen.

Weitere Themen sind Probleme im Umgang mit den KI-Tools, so nennen z. B. 40 % die Notwendigkeit der Optimierung von Prompts. Weiter wird kritisiert, dass nur ein Thema pro Chat behandelt werden konnte, unterschiedliche Antworten auf die gleiche Frage gegeben werden oder dass es Probleme beim Schreiben längerer Texte gab. Zudem weisen 47 % der Studierenden darauf hin, dass das Editieren der Ergebnisse notwendig war.

Abb. 4: Negative Erfahrungen bei der KI-Nutzung (Mehrfachnennungen)

3.2 Identifikation mit dem Text („Ownership of Text")

Wilks (2004) stellt in seinem Aufsatz „On the Ownership of Text" das Konzept des Texteigentums dem Plagiieren gegenüber. Die Frage nach der Autorenschaft bzw. des Eigentums am Text – hier psychologisch und nicht juristisch zu verstehen – ist bei der Erstellung von Texten mit KI-Tools komplex, da Mensch und Maschine kollaborieren (Draxler et al., 2024). Draxler et al. (2024) zeigen, dass mit höherem Einfluss auf den produzierten Text der „Sense of Ownership" steigt.

In der Befragung geben die Nicht-Nutzer:innen zu 73 % mit „stimme voll zu" bzw. „stimme eher zu" an, das sie sich mit dem Text (Gruppenarbeit) identifizieren („Das Ergebnis ist mein Text."). Hiermit zeigt sich ein deutlicher Unterschied zu den KI-Nutzer:innen, die sich nur zu 53 % mit dem Text ihrer Gruppenarbeit identifizieren. 27 % der KI-Nutzer:innen identifizieren sich gar nicht mit dem geschriebenen Text. Die genaue Verteilung zeigt Abbildung 5.

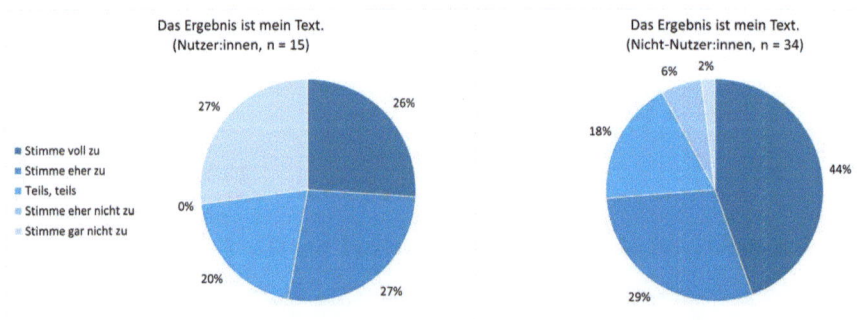

Abb. 5: Identifikation mit der geschriebenen Text

3.3 Unterschiede zwischen Studierenden mit guten und mit schlechten Leistungen

Die Benotung der Seminararbeiten erfolgte anhand eines standardisierten Bewertungsschemas (in Anlehnung an Department Psychologie, Organisations- und Wirtschaftspsychologie/LMU, 2008). Die Benotung der KI-unterstützten Seminararbeiten zerfällt in zwei Gruppen, eine davon im guten und sehr guten Bereich (besser als 2,2), die andere im schlechten/nicht bestandenen (4,0 und schlechter) Bereich. Keine der Arbeiten wurde in einem mittleren Bereich benotet. Damit zeigt sich eine bimodale Verteilung, die deutlich von der Verteilung der Noten der Non-user abweicht (aufgrund der niedrigen Fallzahl können keine Aussagen zur statistischen Signifikanz getroffen werden). Im Folgenden sind daher die KI-Nutzer:innen in eine Gruppe mit guten und sehr guten und eine Gruppe mit schlechten Noten eingeteilt. Die Unterschiede zwischen den beiden Gruppen wurden auf Basis der Reflektionen untersucht, die Auskunft über das Lernverhalten der Studierenden geben. Die Ergebnisse zeigt Tabelle 2.

Tab. 2: Vergleich der Reflektionen von Studierenden mit guten Noten (n = 8) und schlechten Noten (n = 7). In den Klammern steht jeweils an erster Stelle die Anzahl der Nennungen, an zweiter Stelle die Anzahl der Studierenden mit min. einer Nennung.

	Studierende mit guter Leistung sind erkennbar motiviert zu lernen. Sie …	**Studierende mit schlechter Leistung** wollten vor allem das Modul bestehen. Sie …
Ziele	… haben sich zum Ziel gesetzt, KI-Fähigkeiten zu entwickeln (11/4), und sind der Auffassung, dies erreicht zu haben (8/5). … wollten qualitativ hochwertige Texte schreiben (7/5). … wollten beim Schreiben des Textes Zeit sparen (6/6).	… äußern kein Interesse an KI-Skills (0/0). … wollten durch den Einsatz der KI-Tools genaue und relevante Informationen finden (6/4). … wollten bei der Recherche Zeit und Mühe sparen (4/4).
Erfahrungen	… nutzten KI hauptsächlich, um einen Überblick über ihr Thema zu bekommen (12/5), eine Struktur für ihre Arbeit zu finden (11/6) und den Text zu formulieren (13/7).	… hatten den Eindruck, qualitativ hochwertige Informationen und gute Definitionen zu erhalten (10/4).
Kritische Reflektion	… erwähnten mehr positive Lernergebnisse (46/8) und waren sich der Problematik des Schreibens mit KI-Tools stärker bewusst (12/6).	… erkannten, dass das Risiko bestand, falsche Informationen in ihre Arbeit aufzunehmen (4/3).

4   Fazit

KI-Schreibtools können eine wertvolle Unterstützung im akademischen Schreibprozess von Studierenden bilden. Insbesondere in der Anfangs- sowie der Formulierungsphase kann generative KI zielführend eingesetzt werden. Allerdings nutzen Studierende diese Tools unterschiedlich. Die Studie zeigt, dass qualitativ hochwertige Ergebnisse eine kompetente Nutzung voraussetzen.

4.1   Limitationen

Limitationen in der Aussagekraft dieser Studie liegen vor allem in den Charakteristika der Stichprobe, die aus einer kleinen, nicht repräsentativen Gruppe von berufsbegleitenden Master-Studierenden aus dem Ruhrgebiet besteht. Zudem ist die untersuchte Gruppe mit 15 Teilnehmer:innen zu klein, um Erkenntnisse verallgemeinern zu können. Dies gilt auch hinsichtlich der Unterschiede zwischen leistungsstarken und -schwachen Studierenden, hier ergeben sich Tendenzaussagen, die weiterer Forschung bedürfen. Eine weitere Einschränkung der Aussagekraft ergibt sich dadurch, dass die Seminararbeiten in Gruppen bearbeitet wurden und der Einfluss der Gruppe auf die Leistung nicht untersucht wurde. Nicht explizit untersucht worden ist außerdem der Einfluss der geforderten Englischsprachigkeit in der schriftlichen Arbeit.

4.2   Schlussfolgerungen und Handlungsempfehlungen

Auf Basis der Ergebnisse dieser Studie erscheinen mehrere Aspekte für den Einsatz von KI in der Hochschulbildung bedeutsam:

1. Vermittlung von KI-Kompetenzen für Studierende und Lehrende

Die Untersuchung bestätigt, dass Studierende ein hohes Interesse an Generativer KI haben und diese aktiv nutzen. Aufgrund der starken Verbreitung dieser Tools ist die „Büchse der Pandora" bereits weit geöffnet – ein Zurück zu altbewährtem akademischem Schreiben wird es nicht mehr geben. Hierfür müssen Hochschulen gezielt Kompetenzen im Umgang mit KI-Technologien vermitteln – für Studierende wie für

Lehrende. Mundorf & Aumüller (2024) schlagen vor, die Anwendung der entsprechenden Kompetenzen direkt im Studium zu integrieren, z. B. in Projektarbeiten, im Forschenden Lernen oder in Entrepreneurship-Modulen, in denen generative KI sinnvoll eingesetzt und der (kritische) Umgang mit ihr geübt werden kann.

Der Blick muss allerdings noch über einen kompetenten Umgang mit den Tools hinausgehen: Lehrenden sollte bewusst sein, dass der Einsatz von KI-Schreibtools dazu führen kann, dass sich Studierende weniger mit den eigentlichen wissenschaftlichen Denkprozessen beschäftigen und ihnen somit die daraus gewonnenen Erkenntnisse verborgen bleiben (Watanabe & Schmohl, 2022). Buck und Limburg 2023 skizzieren wichtige Anknüpfungspunkte für notwendige Veränderungen in der Lehr-/Lern- sowie Prüfungspraxis. U. a. fordern sie, die „Wissenschaftssozialisation" bewusst zu gestalten. Im Mittelpunkt steht dabei die Entwicklung eines Verständnisses für die Relativität von Wissen und die Auseinandersetzung um wissenschaftliche Positionen sowie kritisches Denken.

2. Transformation der Prüfungsformen

Um den Einsatz von KI-Schreibtools adäquat zu integrieren und gleichzeitig die Integrität der akademischen Leistung zu sichern, müssen die aktuellen Prüfungspraktiken reformiert werden. Hierzu gehört die Entwicklung neuer Prüfungsformate, die den Einsatz von KI berücksichtigen und gleichzeitig die individuellen Leistungen der Studierenden fair bewerten können (Buck & Limburg, 2023).

Die Diffusion von KI-Schreibtools kann dabei durchaus als Chance begriffen werden, Prüfungsformen stärker als bisher an den Erwerb von Schlüsselkompetenzen zu knüpfen und vor allem kritisches Denken stärker in den Blickpunkt zu rücken (Weimann-Sandig, 2023).

3. Fortlaufende Überprüfung und Anpassung der Richtlinien

Akademische Institutionen sollten kontinuierlich ihre Richtlinien und Standards im Hinblick auf den Einsatz von KI-Technologien überprüfen und anpassen. Dies schließt die Etablierung klarer Regelungen zur Nutzung von KI-Schreibtools und die Sicherstellung der Einhaltung ethischer Standards ein.

Insgesamt zeigt die vorliegende Studie, dass KI-Schreibtools ein großes Potenzial zur Unterstützung des akademischen Schreibprozesses bieten. Dennoch müssen diese Technologien sorgfältig in den Lehr- und Prüfungsprozess integriert werden, um sowohl die Chancen als auch die Herausforderungen dieser Technologien adäquat zu adressieren. Die zentrale Frage, ob generative KI als Inspiration oder intellektuelle Aneignung betrachtet werden sollte, lässt sich dahingehend beantworten, dass sie beides sein kann. Es kommt entscheidend darauf an, wie die KI genutzt wird und wie kompetent Studierende mit ihr umgehen. Hierbei haben die Hochschulen die Aufgabe, den verantwortungsvollen und reflektierten Umgang mit KI-Technologien in den Fokus zu nehmen.

Literaturverzeichnis

Altmäe, S., Sola-Leyva, A., & Salumets A. (2023). Artificial intelligence in scientific writing: a friend or a foe?. *Reproductive BioMedicine Online, 47*(1), 3–9. https://doi.org/10.1016/j.rbmo.2023.04.009

Aumüller, U., Larsen, M., & Weßels, D. (2023). Selbstgeschrieben war gestern? KI-Programme zur Textproduktion. In T. Hochscherf & M. Lätzel (Hrsg.), *KI & Kultur: Chimäre oder Chance?* (S. 171–178). Wachholtz Verlag. https://doi.org/10.23797/9783529097201

Brommer, S., Berendes, J., Bohle-Jurok, U., Buck, I., Girgensohn, K. Grieshammer, E., Gröner, C., Gürtl, F., Hollosi-Boiger, C., Klamm, C., Knorr, D., Limburg, A., Mundorf, M., Stahlberg, N., & Unterpertinger, E. (2023). *Wissenschaftliches Schreiben im Zeitalter von KI gemeinsam verantworten*. Diskussionspapier 27. https://hochschulforumdigitalisierung.de/wp-content/uploads/2023/11/HFD_DP_27_Schreiben_KI.pdf

Büchel, J., & Engler, J. (2024). *Generative KI in Deutschland: Künstliche Intelligenz in Gesellschaft und Unternehmen* (No. 23/2024). IW-Report.

Buck, I., & Limburg, A. (2023). Hochschulbildung vor dem Hintergrund von Natural Language Processing (KI-Schreibtools). *die hochschullehre, 9*. https://doi.org/10.3278/HSL2306W

Buck, I., Jost, C., Kreis-Hoyer, P., & Limburg, A. (2023). *KI-induzierte Transformation an Hochschulen*. Diskussionspapier 26. https://hochschulforumdigitalisierung.de/wp-content/uploads/2023/11/HSRM-Diskussionspapier-Nr.-26-KI-induzierte-Transformation-an-Hochschulen-1.pdf

Budde, J., Tobor, J., & Friedrich, J. (2024). *Blickpunkt – Künstliche Intelligenz: Wo stehen die deutschen Hochschulen?* Berlin. Hochschulforum Digitalisierung.

Chen, Z. (2024, April). Analysis of the Pros and Cons of ChatGPT for College Paper Writing. *Lecture Notes in Education Psychology and Public Media*, *51*(1),155–159. https://doi.org/10.54254/2753-7048/51/20240974

Cotton, D., Cotton, P., & Shipway, J. R. (2023). Chatting and Cheating: Ensuring academic integrity in the era of ChatGPT. *Innovations in Education and Teaching International*, *61*(2), 228–239. https://doi.org/10.1080/14703297.2023.2190148

Department Psychologie, Organisations- und Wirtschaftspsychologie/LMU (2008). Kriterien zur Bewertung von Referaten. http://www.psy.lmu.de/wirtschaftspsychologie/studium_lehre/ krit_referate_080721.pdf, zitiert nach https://www.uni-muenster.de/imperia/md/content/ifpol/kersting/referatsbewertung.pdf

Draxler, F., Werner, A., Lehmann, F., Hoppe, M., Schmidt, A., Buschek, D., & Welsch, R. (2024). The AI ghostwriter effect: When users do not perceive ownership of AI-generated text but self-declare as authors. *ACM Transactions on Computer-Human Interaction, 31*(2), 1–40.

Gervacio, M. J. (2023). Breaking Barriers in Academic Writing: The Uses of Chat AI Models in Empowering International TESOL Students. *International Journal of Asian Education*, *4*(4), 256–264. https://doi.org/10.46966/ijae.v4i4.361

Gesellschaft für Schreibdidaktik und Schreibforschung. (2022). Positionspapier Schreibkompetenz im Studium. gefsus-Papiere, 1. https://gefsus.de/images/Downloads/gefsus_2022_Positionspapier-Schreibkompetenz.pdf

Gimpel, H., Hall, K., Decker, S., Eymann, T., Lämmermann, L., Mädche, A., Röglinger, M., Ruiner, C., Schoch, M., Schoop, M., Urbach, N., & Vandirk, S. (2023). *Unlocking the power of generative AI models and systems such as GPT-4 and ChatGPT for higher education: A guide for students and lecturers*. Hohenheim Discussion Papers in Business, Economics and Social Sciences, 2.

Hüsch, M., Horstmann, N., & Breiter, A. (2024). CHECK – Künstliche Intelligenz in Studium und Lehre – Die Sicht der Studierenden im WS 2023/24, 2024. CHE.

Klein, A. (2023). „Die Hausarbeit ist tot, es lebe die Hausarbeit!" – Entwicklungsorientierung, wissenschaftliches Arbeiten und KI gemeinsam denken, Blogbeitrag Hochschulforum Digitalisierung. https://hochschulforumdigitalisierung.de/die-hausarbeit-ist-tot-es-lebe-die-hausarbeit-entwicklungsorientierung-wissenschaftliches-arbeiten-und-ki-gemeinsam-denken/

Knorr, D. (2016). Modell „Phasen und Handlungen akademischer Textproduktion": Eine Visualisierung zur Beschreibung von Textproduktionsprojekten. In S. Ballweg (Hrsg.), *Schreibberatung und Schreibförderung: Impulse aus Theorie, Empirie und Praxis. Wissen – Kompetenz – Text* (Bd 11, S. 251–273). Peter Lang Verlag. https://doi.org/10.3726/978-3-653-05944-1

Lausberg, I., Feldermann, S., Tosic, J., & Kähler, K. (2023, 8. –11. November). *AI Writing Tools – Benefits and Pitfalls for Teaching and Learning – A Student Perspective* [Poster Präsentation], International Society of the Scholarship of Teaching and Learning. Utrecht, Niederlande. https://issotl.com/issotl23/

Limburg, A., Bohle-Jurok, U., Buck, I., Grieshammer, E., Gröpler, J., Knorr, D., Mundorf, M., Schind, K., & Wilder, N. (2023). *Zehn Thesen zur Zukunft des Schreibens in der Wissenschaft*. Hochschulforum Digitalisierung. Dossier Generative KI. Diskussionspapier Nr. 23.

Limburg, A., Mundorf, M., Salden, P., & Weßels, D. (2022). Plagiarismus in Zeiten künstlicher Intelligenz. *Zeitschrift für Hochschulentwicklung, 17*(3), 91–106. https://doi.org/10.3217/zfhe-17-03/06

Mayring, P., & Fenzl, T. (2014). Qualitative Inhaltsanalyse. In N. Baur & J. Blasius (Hrsg.), *Handbuch Methoden der empirischen Sozialforschung* (S. 543–556). Springer VS. https://doi.org/10.1007/978-3-531-18939-0_38

Mollick, E. R., & Mollick, L. (2022). *New Modes of Learning Enabled by AI Chatbots: Three Methods and Assignments*. http://dx.doi.org/10.2139/ssrn.4300783

Mundorf, M., & Aumüller, U. (2024). *Wie Hochschulen auf eine Welt mit KI vorbereiten können*, FAZ PRO D:ECONOMY, 19.06.2024. https://www.faz.net/pro/d-economy/transformation/wie-hochschulen-auf-eine-welt-mit-ki-vorbereiten-koennen-19780810.html

Rudolph, J., Tan, S., & Tan, S. (2023). ChatGPT: Bullshit spewer or the end of traditional assessments in higher education?. *Journal of Applied Learning and Teaching*, *6*(1). https://doi.org/10.37074/jalt.2023.6.1.9

Salden, P., Lordick, N., & Wiethoff, M. (2023). KI-basierte Schreibwerkzeuge in der Hochschule: Eine Einführung, in: P. Salden & J. Leschke (Hrsg.), *Didaktische und rechtliche Perspektiven auf KI-gestütztes Schreiben in der Hochschulbildung*. Zentrum für Wissenschaftsdidaktik der Ruhr-Universität Bochum (S. 4–21). https://hss-opus.ub.ruhr-uni-bochum.de/opus4/frontdoor/deliver/index/docId/ 9734/file/2023_03_06_Didaktik_Recht_KI_Hochschulbildung.pdf

Von Garrel, J., Mayer, J., & Mühlfeld, M. (2023). *Künstliche Intelligenz im Studium* – Eine quantitative Befragung von Studierenden zur Nutzung von ChatGPT & Co. Darmstadt. https://doi.org/10.48444/h_docs-pub-395

Watanabe, A., & Schmohl, T. (2022). Die technologieverliebte Hochschule: Was folgt aus dem KI-gestützten Lernen für den traditionellen Bildungsauftrag. *Zeitschrift für Hochschulentwicklung*, *17*(3), 149–166. https://doi.org/10.3217/zfhe-17-03/09

Weimann-Sandig, N. (2023). *ChatGPT – Eine Chance zur Wiederbelebung des kritischen Denkens in der Hochschullehre*. https://hochschulforumdigitalisierung.de/chatgpt-eine-chance-zur-wiederbelebung-des-kritischen-denkens-in-der-hochschullehre/

Wilks, Y. (2004). On the Ownership of Text. *Computers and the Humanities, 38*, 115–127. https://doi.org/10.1023/B:CHUM.0000031184.28781.47

**Antje Rybandt[1], Corinna Behrendt[2] &
Anja Christina Lepach-Engelhardt[3]**

Einflüsse von ChatGPT auf Lernmotivation und Technologieakzeptanz bei Studierenden

Zusammenfassung

Diese Vignettenstudie hatte zum Ziel, den Einfluss von ChatGPT auf die aktuelle Lernmotivation von Studierenden sowie den Einfluss der aktuellen Lernmotivation auf die Technologieakzeptanz der Nutzung von ChatGPT im Studium zu untersuchen. Es wurden Studierende mittels einer Online-Umfrage im Zeitraum von Juli bis November 2023 befragt. Die Befragung umfasste Skalen zur aktuellen Motivation (FAM) sowie ausgewählte Skalen des TAM 3. Insgesamt wurden 111 vollständige Datensätze ausgewertet. Es zeigte sich ein geringer Effekt der ChatGPT-Nutzung auf die aktuelle Lernmotivation, welche wiederum die Akzeptanz von ChatGPT im Studium beeinflusste.

Schlüsselwörter

ChatGPT, Lernmotivation, TAM3, E-Learning

---

1   PFH Private Hochschule Göttingen; antje.rybandt@gmail.com; ORCID 0009-0009-4611-9537

2   Corresponding author; PFH Private Hochschule Göttingen; behrendt@pfh.de; ORCID 0009-0009-1019-3276

3   PFH Private Hochschule Göttingen; lepach@pfh.de; ORCID 0000-0001-9494-902X

https://doi.org/10.21240/zfhe/SH-KI-2/07

Antje Rybandt, Corinna Behrendt & Anja Christina Lepach-Engelhardt

Influences of ChatGPT on student learning motivation and technology acceptance

Abstract

The aim of this study was to examine the influence ChatGPT exerts on university students' current learning motivation, as well as the impact of this motivation on the (technological) acceptance of ChatGPT in academic settings. Students were surveyed between the months of July and November 2023 using an online questionnaire. This included the Questionnaire on current motivation (FAM) and selected scales from TAM 3 to assess technological acceptance. A total of 111 complete datasets were analyzed. The results revealed a minor effect of ChatGPT on current learning motivation, which in turn influenced the acceptance of ChatGPT in academic settings.

Keywords

ChatGPT, learning motivation, TAM3, E-Learning

1 ChatGPT als Tool in der Hochschule

Durch die rasante (Weiter-)Entwicklung von KI-basierten Chatbots verändern sich deren Anwendungsmöglichkeiten im Bildungsprozess zunehmend (Alshahrani, 2023; Kuhail et al., 2022). Besonders die Markteinführung von ChatGPT, einem Large Language Model, welches natürliche menschliche Sprache produzieren kann (Dale, 2020), verdeutlicht dieses Phänomen. Beispielsweise können sie zur Vermittlung von Basiswissen, zur Personalisierung des Lernens und zur Erleichterung von Lernsituationen, welche von Personen als schwierig empfunden werden, verwendet werden (Tlili et al., 2023; Farrokhnia et al., 2023). Im Hochschulbereich könnte ChatGPT Studierenden beispielsweise bei der Reflexion von wissenschaftlichen Arbeiten, der Prüfungsvorbereitung oder der Textoptimierung unterstützen (Lund & Wang, 2023).

1.1 ChatGPT und Lernmotivation

Der Begriff Lernmotivation bezeichnet nach Schiefele und Schaffner (2014) den Antrieb, neues Wissen zu erwerben und sich weiterzuentwickeln, um bestimmte Ziele zu erreichen. Dabei nimmt das Interesse eine wichtige Rolle ein, indem es die Aufmerksamkeit und das Engagement für den Lernprozess steigert (Krapp, 2005; Schiefele, 2008). Die Lernmotivation beeinflusst die Annäherung an neue Herausforderungen und Bildungsinhalte sowie den Bildungserfolg (Spinath, 2022; Kim & Frick, 2011). Innovative Ansätze, die Neugier und Interesse wecken, fördern ein tieferes Verständnis von und Engagement bei den Lerninhalten (Krapp, 2005).

Die Theorien der Zielorientierung untersuchen, wie unterschiedliche Ziele das Lernen und die Motivation beeinflussen (Urdan & Kaplan, 2020). Lernorientierungsziele betonen den Wissenserwerb und die Erweiterung von Fähigkeiten, während Leistungsorientierungsziele auf die Demonstration von Fähigkeiten abzielen (Dweck, 1986). Das Leistungsmotiv beschreibt die individuelle Tendenz, sich anzustrengen, um Erfolg zu erzielen und Misserfolg zu vermeiden. Die Hoffnung auf

Erfolg und die Furcht vor Misserfolg beeinflussen dabei das Vorgehen von Personen bei der Bewältigung von Lernaufgaben (Rheinberg & Vollmeyer, 2018).

Der Einsatz von Chatbots in der Bildung wurde in verschiedenen Studien als eine Maßnahme bestätigt, die sich positiv auf die Lernmotivation auswirkt (Fryer & Carpenter, 2006; Fryer et al., 2019; Lee et al., 2022; Wu & Yu, 2023). Schnelles Feedback und praktische Hilfe fördern Neugier und Interesse, zentrale Elemente der Lernmotivation (Silvia, 2006). Außerdem werden Kreativität und relevantes Lernen durch die Anpassungsfähigkeit der KI (Cox & Tzoc, 2023; Limna et al., 2023) unterstützt. Zimmerman (2023) empfiehlt Studierenden, ChatGPT zum Brainstorming oder zur Ideensammlung zu nutzen. Die direkte Anpassung an die Bedürfnisse der Lernenden, welche die KI ermöglicht, steigert die Motivation (Tomlinson & Imbeau, 2023).

ChatGPT fördert eine Balance zwischen intrinsischer und extrinsischer Motivation (Wu & Yu, 2023; Yu, 2023). Selbstreguliertes Lernen wird durch ChatGPT unterstützt (Lin, 2023), was die Selbstwirksamkeit der Lernenden erhöht (Zimmerman, 2002). Die Zugänglichkeit, der Komfort und auch die Geduld von ChatGPT tragen zur Lernmotivation bei (Barbetta, 2023). Weiterhin kann ChatGPT dazu beitragen, Prokrastination zu reduzieren und das Selbstbewusstsein zu stärken (Caratiquit & Caratiquit, 2023; Zhou & Li, 2023). Es besteht das Potenzial, die Lernmotivation zu steigern und damit den Bildungssektor positiv zu beeinflussen (Ali et al., 2023; Caratiquit & Caratiquit, 2023; Zhou & Li, 2023). Um die Vielseitigkeit von ChatGPT als Lerntool besser zu verstehen, ist weitere Forschung erforderlich.

Okonkwo und Ade-Ibijola (2021) konnten nachweisen, dass Chatbot-Systeme eine der am häufigsten genutzten KI-Technologien im Bildungswesen sind. Dies ist darauf zurückzuführen, dass sie das Lernen interaktiver und ansprechender gestalten und die Lernfähigkeiten der Studierenden verbessern (Okonkwo & Ade-Ibijola, 2021). Es sei ergänzend darauf verwiesen, dass die Förderung von Selbstregulation und eigenständigem Lernen durch ChatGPT eine langfristige Stärkung der intrinsischen Motivation der Nutzer:innen bewirken könnte (Lin, 2023).

Chatbots steigern die Motivation und das Engagement der Lernenden, indem diese in einer anregenden und komfortablen Umgebung lernen können (Fryer & Carpenter, 2006; Fryer et al., 2019). ChatGPT hat das Potenzial, eine transformative Rolle im Bildungsbereich einzunehmen, indem es als virtueller Tutor rund um die Uhr zur Verfügung steht (AlBadarin et al., 2023; Lo, 2023). Es kann sowohl Lernenden als auch Lehrenden bei verschiedenen Aufgaben helfen, beispielsweise bei der Beantwortung von Fragen oder der Erstellung von Unterrichtsmaterialien (Alshahrani, 2023; Lund & Wang, 2023). Trotz seiner Vorteile birgt ChatGPT auch Herausforderungen wie die Abhängigkeit von der Technologie und die ethischen Bedenken hinsichtlich seiner Nutzung (Arif et al., 2023; Lund & Wang, 2023). Es sei zudem darauf verwiesen, dass die Funktion von Lehrenden bei der Integration von ChatGPT als unterstützendes Werkzeug nicht unterschätzt werden sollte. Ihre Rolle ist von zentraler Bedeutung, um den pädagogischen Nutzen und die Motivation der Lernenden zu optimieren (Lo, 2023).

1.2   Akzeptanz neuer Technologien

Die rapide Entwicklung der Informations- und Kommunikationstechnologie hat ein starkes Interesse an der Akzeptanz neuer Technologien hergerufen (Granić & Marangunić, 2019). Die Erforschung von Akzeptanzmodellen zielt darauf ab, die Faktoren zu identifizieren, die die Entscheidungen von Menschen beeinflussen, neue Technologien zu entwickeln, einzuführen und zu nutzen (Marangunić & Granić, 2014). Taherdoost (2019) hob die Relevanz der Zustimmung der Nutzer:innen für die Weiterentwicklung neuer Technologien hervor. Davis (1989) entwickelte das Technologieakzeptanzmodell (TAM), um vorherzusagen, wie Benutzer:innen neue Technologien akzeptieren und nutzen würden. Es umfasst die wahrgenommene Benutzerfreundlichkeit sowie die wahrgenommene Nützlichkeit als Hauptfaktoren, die die Einstellung der Benutzer:innen zur Technologienutzung beeinflussen. Das Modell postuliert, dass eine positive Einstellung zur Nutzung einer Technologie die Wahrscheinlichkeit ihrer tatsächlichen Nutzung durch die Benutzer:innen erhöht (Davis, 1993). Eine Weiterentwicklung des TAM erfolgte durch die Einbeziehung zusätzlicher Faktoren, darunter sozialer Einfluss und kognitive Prozesse (TAM 2,

Venkatesh & Davis, 2000). Die TAM-Version 3 (TAM 3) kombiniert die Variablen aus den früheren Versionen und erlaubt durch die Einbeziehung zusätzlicher Variablen und kontextueller Faktoren präzisere Aussagen (Venkatesh & Bala, 2008). Diese Entwicklungen machen das TAM besonders geeignet, um die spezifischen Anforderungen an die Akzeptanz von KI-Technologien zu untersuchen, die sowohl technologische als auch soziale Herausforderungen mit sich bringen. Die Studie von Le et al. (2024) zeigt auf, dass insbesondere die wahrgenommene Nützlichkeit, Benutzerfreundlichkeit, Neuheit sowie der Wunsch nach Informationssuche entscheidende Treiber für die Motivation von Studierenden sind, ChatGPT im akademischen Kontext einzusetzen. Die Ergebnisse legen zudem nahe, dass Studierende ChatGPT eher akzeptieren, wenn es eine verlässliche, hochwertige Output Qualität aufweist (Schmitt, 2024). Das TAM bietet somit eine geeignete Grundlage, um die technologische Akzeptanz der Nutzung von ChatGPT zu untersuchen und Einflussfaktoren von Motivation zu analysieren (Zou & Huang, 2023).

2   Fragestellung und Hypothesen

Laut Ali et al. (2023) fördert die Verwendung von ChatGPT die Lernmotivation von Schüler:innen. Es steigert sowohl die intrinsische als auch die extrinsische Motivation, indem es die Sprachkenntnisse verbessert und den Lernprozess unterstützt. In einer ähnlichen Studie von Caratiquit und Caratiquit (2023) konnte nachgewiesen werden, dass sich die Leistung der Schüler:innen verbessert, was wiederum die Lernmotivation fördert. Die Autoren werteten Daten von 178 Schüler:innen aus und konnten zeigen, dass die Lernmotivation die Beziehung zwischen der Nutzung von ChatGPT und der akademischen Leistung der Schüler:innen vollständig vermittelt. Insbesondere die intrinsische Motivation, das Tool zu nutzen, wird durch hilfreiche Ressourcen, Ratschläge und interaktive Elemente gefördert, was zu einem stärkeren Engagement und mehr Einsatz führt (Caratiquit & Caratiquit, 2023).

Zhou und Li (2023) fanden, dass ChatGPT Stress abbaute und den Glauben von Studierenden an ihre Fähigkeiten stärkte, was sich positiv auf ihre Lernmotivation auswirkte. Lee et al. (2022) zeigten, dass KI-basierte Chatbots im medizinischen Bereich die akademischen Leistungen, die Selbstwirksamkeit, die Lerneinstellung und die Motivation von Studierenden verbessern können. Es lässt sich ableiten, dass ChatGPT Studierende im Lernprozess unterstützen und die aktuelle Lernmotivation steigern könnte. Die Akzeptanz von ChatGPT im Studium kann laut Lai et al. (2023) verschiedene Ursachen haben, darunter die wahrgenommene Nützlichkeit, die Benutzerfreundlichkeit und die Qualität des Outputs. Sie bestätigten in ihrer Studie, dass die Nutzung von ChatGPT im Studium durch intrinsische Motive determiniert wird. Die intrinsische Motivation der Studierenden könnte einen Einfluss auf die Akzeptanz von ChatGPT haben, was wiederum die Nutzung dieser Technologie beeinflusst.

Die vorliegende Studie untersucht die Beziehung zwischen ChatGPT und der aktuellen Lernmotivation von Studierenden sowie deren Akzeptanz der Nutzung von ChatGPT. Die Ergebnisse sollen wichtige Implikationen für die Nutzung von ChatGPT im Bildungsbereich aufzeigen. Es werden zwei Forschungsfragen abgeleitet, die in sieben Hypothesen münden.

1. Forschungsfrage: Führt die Nutzung von ChatGPT während der Vorbereitung auf Prüfungen, oder dem Schreiben wissenschaftlicher Arbeiten, zu einer Steigerung der aktuellen Lernmotivation bei Studierenden im Vergleich zur Nichtnutzung von ChatGPT?

Hypothese 1: Studierende, die ChatGPT nutzen, zeigen ein stärkeres Interesse an ihrer aktuellen Lernsituation im Vergleich zu denen, die ChatGPT nicht nutzen.

Hypothese 2: Studierende, die ChatGPT nutzen, glauben stärker an ihren Erfolg in der aktuellen Lernsituation im Vergleich zu denen, die ChatGPT nicht nutzen.

Hypothese 3: Studierende, die ChatGPT nutzen, stellen sich mehr den Herausforderungen ihrer aktuellen Lernsituation im Vergleich zu denen, die ChatGPT nicht nutzen.

Hypothese 4: Studierende, die ChatGPT nicht nutzen, haben eine höhere Angst vor Misserfolg in der aktuellen Lernsituation als diejenigen, die ChatGPT nutzen.

2. Forschungsfrage: Hat die aktuelle Lernmotivation der Studierenden einen Einfluss auf die Akzeptanz von ChatGPT zur Nutzung im Studium?

Hypothese 5: Die aktuelle Lernmotivation der Studierenden beeinflusst die wahrgenommene Qualität des Outputs von ChatGPT.

Hypothese 6: Die aktuelle Lernmotivation der Studierenden beeinflusst die wahrgenommene Nützlichkeit von ChatGPT.

Hypothese 7: Die aktuelle Lernmotivation der Studierenden beeinflusst die wahrgenommene Benutzerfreundlichkeit von ChatGPT.

3 Methode

3.1 Studiendesign

Es handelt sich um eine experimentelle Vignetten-Studie, deren Zielgruppe ausschließlich Studierende waren. Das Studiendesign umfasste ein Within-Subject-Design zur Messung der aktuellen Lernmotivation und ein quantitatives Querschnittsdesign zur Erfassung der technologischen Akzeptanz, welches im Rahmen einer Online-Umfrage umgesetzt wurde.

In dieser methodisch fundierten Untersuchung werden der Fragebogen zur aktuellen Motivation (FAM) von Rheinberg et al. (2001) und das Technologieakzeptanzmodell 3 (TAM 3) von Venkatesh und Bala (2008) als Instrumente zur Datenerhebung verwendet. Der FAM ermöglicht die Erfassung der aktuellen intrinsischen und extrinsischen Motivation der Studierenden, während das TAM 3 einen umfassenden Rahmen zur Bewertung der Akzeptanz neuer Technologien bereitstellt. Die Kombination von FAM und TAM 3 erlaubt die Untersuchung wesentlicher Zusammenhänge zwischen Lernmotivation und technologischer Akzeptanz.

Die Befragung enthielt insgesamt 56 Items, darunter zwei Aufgaben mit jeweils 18 identischen Fragen zur aktuellen Lernmotivation, sowie 12 Items zur Akzeptanz von ChatGPT. Die beiden Aufgaben (siehe Abb. 1) stellten zwei unterschiedliche Szenarien bzw. Vignetten dar: Eine typische Prüfungssituation aus dem Studium mit Verwendung der üblichen Hilfsmittel, einmal ohne Nutzung von ChatGPT und einmal mit Nutzung von ChatGPT. In der zweiten Aufgabe wurde ChatGPT kurz beschrieben und als Link zur Verfügung gestellt. Durch diesen direkten Vergleich sollten mögliche Unterschiede in der aktuellen Lernmotivation ermittelt werden. Die identischen Fragen in beiden Teilen des Fragebogens gewährleisteten, dass Unterschiede der aktuellen Lernmotivation in den Antworten direkt auf die Nicht-Nutzung bzw. Nutzung von ChatGPT zurückgeführt werden konnten.

Aufgabe 1	Aufgabe 2
Bitten versetzen Sie sich in folgende Situation (*ohne* ChatGPT):	Bitten versetzen Sie sich in folgende Situation (*mit* ChatGPT):
Sie sollen für eines Ihrer Studienfächer eine Facharbeit anfertigen oder sich auf eine Klausur vorbereiten. Dazu stehen Ihnen wie gewohnt alle gewohnten digitalen Medien zur Ausarbeitung oder Vorbereitung ohne Einschränkung zur Verfügung.	Sie sollen, wie schon bei der Aufgabe davor, für eines Ihrer Studienfächer eine Facharbeit anfertigen oder sich auf eine Klausur vorbereiten. Dazu stehen Ihnen, wie gewohnt, alle digitalen Medien zur Ausarbeitung oder Vorbereitung ohne Einschränkung zur Verfügung. Nur diesmal können Sie zusätzlich ChatGPT zu Hilfe nehmen, um z. B. Textbausteine zu erstellen, Zusammenfassungen anzufertigen, Inhaltsstruktur auszuarbeiten oder einfach zum Beantworten von Fragen, welche sich bei der Bearbeitung Ihrer Aufgabe ergeben.
	Kurze Beschreibung: ChatGPT ist ein Modell für maschinelles Lernen, welches auf GPT (Generative Pre-trained Transformer) basiert. Vereinfacht ausgedrückt ist es ein auf künstlicher Intelligenz basierender Chat-Bot, welcher auf Fragen bzw. Eingaben des Nutzers die natürliche Sprache versteht und darauf antwortet. Es steht nach einer Anmeldung kostenlos über https://chat.openai.com zur Verfügung.

Abb. 1: Darstellung der unterschiedlichen Szenarien im Fragebogen

3.2 Stichprobe

Die bereinigte Stichprobe bestand aus 111 Teilnehmenden (62 Frauen, 46 Männer, 3 diverse Personen), mit einem Durchschnittsalter von 29.5 Jahren (SD = 9.6). 91 % war deutscher Herkunft.

3.3 Messinstrumente

Der Fragebogen zur aktuellen Motivation (FAM) von Rheinberg et al. (2001), welcher zur Messung der Lernmotivation eingesetzt wurde, umfasst vier Dimensionen (Erfolgswahrscheinlichkeit, Herausforderung, Interesse, Misserfolgsbefürchtung) mit insgesamt 18 Items, die auf einer siebenstufigen Likert-Skala bewertet werden. Die Reliabilität der Skalen liegt zwischen Cronbachs α =.66 und α =.90. Für die Erfassung der technologischen Akzeptanz wurde der Fragebogen des Technologie-akzeptanzmodells (TAM 3) nach Venkatesh und Bala (2008) verwendet. Dieser beinhaltet 12 Items zur Qualität der Ausgabe, Nützlichkeit, Benutzerfreundlichkeit und zeitlichen Nutzung von ChatGPT im Studienkontext, mit einer Skalenreliabilität zwischen Cronbachs α =.71 und α =.98.

4 Ergebnisse

Alle Berechnungen wurden mit dem Statistikprogramm SPSS (Version 29) durchgeführt. Für die Auswertungen der ersten vier Hypothesen kamen gepaarte t-Tests, für die Hypothesen fünf bis sieben multiple lineare Regressionen zum Einsatz. Nach Bereinigung des Datensatzes um Ausreißer (n = 5) umfasste die Stichprobe N = 106 Probanden.

89 Prozent der Probanden kannten ChatGPT, und 52 Prozent hatten Erfahrung mit der Nutzung von ChatGPT im Studium. Im Durchschnitt wurde ChatGPT täglich eine Stunde und 20 Minuten genutzt.

Alle statistischen Tests wurden bei einem Signifikanzniveau von α = .05 durchgeführt. Die Mittelwertsunterschiede in den Hypothesen eins und vier wurden im t-

Test statistisch nicht signifikant. Es zeigte sich jedoch eine geringfügige Steigerung des Interesses (t(106) = 0.36, p = .64, d = 0.03) und eine geringfügige Reduktion der wahrgenommenen Herausforderung (t(106) = -1.53, p = .13, d = 0.15). zur aktuellen Lernmotivation im Vergleich der Vignette mit bzw. ohne ChatGPT Nutzung.

Tabelle 1

Skalenmittelwerte FAM

Variable		M	SD
Interesse	ohne ChatGPT	4.35	1.18
	mit ChatGPT	4.4	1.1
Erfolg	ohne ChatGPT	4.93	0.99
	mit ChatGPT	5.52	0.94
Misserfolg	ohne ChatGPT	3.85	1.34
	mit ChatGPT	3.44	1.34
Herausforderung	ohne ChatGPT	5.23	1.04
	mit ChatGPT	5.11	1.17

Die Nutzung von ChatGPT hatte einen signifikant positiven Einfluss auf die wahrgenommene Erfolgswahrscheinlichkeit ($t(106) = 4.44$, $p < .001$, $d = 0.43$) und führte zu einer signifikanten Reduktion der Misserfolgserwartung ($t(105) = -4.30$, $p < .001$, $d = 0.42$).

Die Prädiktoren Interesse, Erfolg, Misserfolg und Herausforderung sagten signifikant die wahrgenommene Qualität des Outputs von ChatGPT ($F(4,100) = 4.085$, $p = .004$), die wahrgenommene Nützlichkeit von ChatGPT ($F(4,99) = 4.089$, $p = .004$) und die wahrgenommene Benutzerfreundlichkeit von ChatGPT ($F(4,99) = 4.089$, $p < .001$) voraus. Dabei hatten Herausforderung und Misserfolg einen mittleren Einfluss auf die Qualität des Outputs ($R^2 = 0.14$), Herausforderung einen ebenfalls mittleren Einfluss auf die wahrgenommene Nützlichkeit ($R^2 = 0.14$) und Interesse und Erfolg einen mittleren Einfluss auf die wahrgenommene Benutzerfreundlichkeit ($R^2 = 0.19$).

5 Diskussion

Diese Studie untersuchte den Einfluss von ChatGPT auf verschiedene Aspekte der aktuellen Lernmotivation, insbesondere auf Interesse, Herausforderung, Erfolgswahrscheinlichkeit und Misserfolgsbefürchtung. Weiterhin wurde der Einfluss der aktuellen Lernmotivation auf die Akzeptanz dieser neuen Form von E-Learning untersucht.

Die Beantwortung der Frage, ob der Einsatz von ChatGPT während der Prüfungsvorbereitung oder beim Verfassen wissenschaftlicher Arbeiten die Lernmotivation von Studierenden erhöht, erfolgte durch die Analyse der Ergebnisse aus den ersten vier Hypothesen. Entgegen der Annahme in Hypothesen 1 und 4 zeigte sich keine signifikante Steigerung des Interesses an der Aufgabenbewältigung sowie fehlende Wahrnehmung der Aufgaben als herausfordernder durch ChatGPT. In Einklang mit Hypothese 2 und 3 wurde eine signifikante Steigerung der wahrgenommenen Erfolgswahrscheinlichkeit sowie eine signifikante Reduktion des Misserfolgsglaubens durch die Nutzung von ChatGPT festgestellt.

Es bestätigte sich im Hinblick auf Hypothese 5, dass die Furcht vor Misserfolg und die wahrgenommene Herausforderung signifikant die Wichtigkeit der Output-Qualität beeinflussen. Ebenso konnte der Einfluss der Lernmotivation auf die wahrgenommene Nützlichkeit von ChatGPT (Hypothese 6) sowie der Einfluss von Interesse und Erfolg auf die wahrgenommene Benutzerfreundlichkeit (Hypothese 7) gezeigt werden.

5.1 Interpretation der Ergebnisse

Caratiquit und Caratiquit (2023) stellten eine Erhöhung der intrinsischen Motivation nach der Nutzung von ChatGPT fest. Folglich lässt sich schlussfolgern, dass durch die Nutzung von ChatGPT die aktuelle Aufgabe als interessanter wahrgenommen wird. Fryer et al. (2019) führen diesbezüglich aus, dass die Nutzung von Chatbots Neugier fördern kann, welche eine zentrale Komponente der intrinsischen Motivation darstellt. Die Ergebnisse der vorliegenden Studie legen jedoch nahe, dass diese Neugier hier nicht ausreichte, um eine signifikante Steigerung des Interesses zu bewirken.

Die Studien von Ali et al. (2023), Caratiquit und Caratiquit (2023) sowie Zhou und Li (2023) zeigten, ebenso wie die vorliegende Studie, Verbesserungen in der schulischen Leistung sowie Stressreduktion durch die Nutzung von ChatGPT. Dieser Effekt könnte im Rahmen der Hochschulbildung genutzt werden, indem ChatGPT gezielt eingesetzt wird, um eine Steigerung der Leistung von Studierenden zu erzielen.

Die Angst vor Misserfolg stellt ein häufiges Hindernis im Lernprozess dar. Die vorliegenden Ergebnisse stimmen überein mit Zhou und Li (2023), die eine gesteigerte Zuversicht in die eigenen Fähigkeiten der Studierenden beobachteten, womit Studierende weniger Befürchtungen hatten, Misserfolg zu haben. Dieser Befund kann sich als relevant für die Verbesserung eines reibungslosen Ablaufs des Lernprozesses darstellen.

Dass Studierende, die mehr Misserfolg befürchteten oder größeren Herausforderungen gegenüberstanden, mehr Wert auf die Qualität der Antworten von ChatGPT legten, deutet darauf hin, dass Stress und Druck einen entscheidenden Einfluss auf die Wahrnehmung der (ChatGPT-)Output-Qualität haben können. Ebenso zeigte Barbetta (2023), dass in Stresssituationen die Erwartungen an die Qualität von KI-gestützten Tools steigen.

In der vorliegenden Studie wurde festgestellt, dass Studierende ChatGPT, insbesondere wenn sie Schwierigkeiten bei der Aufgabenbewältigung haben, als nützlich empfinden. Positive Erfahrungen mit ChatGPT sowie die Herausforderung beeinflussen ebenfalls die Nützlichkeit. Nach Le et al. (2024) ist die wahrgenommene Nützlichkeit, wie im TAM postuliert, ein zentraler Faktor für die Akzeptanz von ChatGPT. Ebenso entscheidend ist die Benutzerfreundlichkeit für die technologische Akzeptanz besonders im Bildungsbereich (Le et al., 2024). Studierende, die sich stärker für die Aufgabe interessierten und größeren Erfolg erwarteten, empfanden ChatGPT hier als benutzerfreundlicher. Schlussendlich kann die Verwendung von KI Tools in der Lehre zu einer Steigerung der Motivation und Leistung der Studierenden sowie zu einer Reduzierung von Misserfolgen und einer Stärkung der Zuversicht in die eigene Lernerfahrung führen.

5.2 Limitationen

Es traten Herausforderungen hinsichtlich der Datenqualität und Modellanpassung auf. Die Verwendung imaginärer Szenarien könnte die Validität beeinträchtigt und zu Schwierigkeiten bei der adäquaten Beantwortung der Fragen geführt haben. Zudem könnte der Geschlechterbias des TAM 3 die Werte zur Technikakzeptanz negativ beeinflusst haben.

5.3 Fazit

Zusammengefasst zeigte sich, dass die Nutzung von ChatGPT in hypothetischen Szenarien vor allem die extrinsische Motivation positiv beeinflusste. Studierende haben bei der Verwendung von ChatGPT mehr Vertrauen in ihren Erfolg und weniger Angst vor Misserfolg. Die Lernmotivation beeinflusste in der vorliegenden Untersuchung die technologische Akzeptanz von ChatGPT. Sowohl intrinsische als auch extrinsische Motivationsfaktoren zeigen eine Wechselwirkung mit der Akzeptanz. Diese Ergebnisse sind konsistent mit früheren Studien und betonen die Relevanz der Motivation für die Verwendung von ChatGPT im Bildungsbereich. Um die Langzeitwirkung von KI-Tools auf die Lernmotivation zu untersuchen, ist weitere Forschung notwendig. Abschließend kann festgestellt werden, dass ChatGPT im Hochschulkontext ein wertvolles Tool darstellt, vor allem hinsichtlich der Förderung der extrinsischen Lernmotivation. Für die Akzeptanz und effektive Nutzung im Studium ist sowohl die intrinsische als auch extrinsische Lernmotivation entscheidend. Ein Bewusstsein über Begrenzungen und potenzielle Verzerrungen bei der Nutzung von ChatGPT ist wesentlich, um eine ausgewogene und kritisch reflektierte Anwendung dieser Technologie im Bildungsbereich zu gewährleisten.

Literaturverzeichnis

AlBadarin, Y., Tukiainen, M., Saqr, M., & Pope, N. (2023). A systematic literature review of empirical research on ChatGPT in education. *Social Science Research Network.* https://doi.org/10.2139/ssrn.4562771

Ali, J. K. M., Shamsan, M. A. A., Hezam, T. A., & Mohammed, A. A. Q. (2023). Impact of ChatGPT on Learning Motivation: Teachers and Students' Voices. *Journal of English Studies in Arabia Felix, 2(1),* 41–49. https://doi.org/10.56540/jesaf.v2i1.51

Alshahrani, A. (2023). The impact of ChatGPT on blended learning: Current trends and future research directions. *International Journal of Data and Network Science, 7(4),* 2029–2040. https://doi.org/10.5267/j.ijdns.2023.6.010

Arif, T. B., Munaf, U., & Ul-Haque, I. (2023). The future of medical education and research: Is ChatGPT a blessing or blight in disguise? *Medical Education Online, 28*(1). https://doi.org/10.1080/10872981.2023.2181052

Barbetta, P. M. (2023). Remedial and compensatory writing technologies for middle school students with learning disabilities and their classmates in inclusive classrooms. *Preventing School Failure: Alternative Education for Children and Youth*, 1–12. https://doi.org/10.1080/1045988x.2023.2259837

Caratiquit, K., & Caratiquit, L. J. C. (2023). ChatGPT as an academic support tool on the academic performance among students: The mediating role of learning motivation. *Journal of Social, Humanity, and Education, 4*(1), 21–33. https://doi.org/10.35912/jshe.v4i1.1558

Cox, C., & Tzoc, E. (2023). ChatGPT: Implications for academic libraries. *College & Research Libraries News, 84*(3). https://doi.org/10.5860/crln.84.3.99

Dale, R. (2020). GPT-3: What's it good for? *Natural Language Engineering, 27*(1), 113–118. https://doi.org/10.1017/s1351324920000601

Davis, F. D. (1989). Perceived usefulness, perceived ease of use, and user acceptance of information technology. *Management Information Systems Quarterly, 13(*3), 319. https://doi.org/10.2307/249008

Davis, F. D. (1993). User acceptance of information technology: system characteristics, user perceptions and behavioral impacts. *International journal of machine studies, 38*(3), 475–487. https://doi.org/10.1006/imms.1993.1022

Deci, E. L., & Ryan, R. M. (1993). Die Selbstbestimmungstheorie der Motivation und ihre Bedeutung für die Pädagogik. *Zeitschrift für Pädagogik, 39*(2), 223–238. https://doi.org/10.25656/01:11173

Dweck, C. S. (1986). Motivational processes affecting learning. *American Psychologist, 41*(10), 1040–1048. https://doi.org/10.1037/0003-066x.41.10.1040

Farrokhnia, M., Banihashem, S. K., Noroozi, O., & Wals, A. (2023). A SWOT analysis of ChatGPT: Implications for educational practice and research. *Innovations in Education and Teaching International*, 1–15. https://doi.org/10.1080/14703297.2023.2195846

Fryer, L. K., & Carpenter, R. (2006). Bots as language learning tools. *Language Learning & Technology, 10*(3), 8–14. https://scholarspace.manoa.hawaii.edu/bitstream/10125/44068/1/10_03_emerging.pdf

Fryer, L. K., Nakao, K., & Thompson, A. (2019). Chatbot learning partners: Connecting learning experiences, interest and competence. *Computers in Human Behavior, 93*, 279–289. https://doi.org/10.1016/j.chb.2018.12.023

Granić, A., & Marangunić, N. (2019). Technology Acceptance Model in educational context: A systematic literature review. *British Journal of Educational Technology, 50*(5), 2572–2593. https://doi.org/10.1111/bjet.12864

Kim, K., & Frick, T. W. (2011). Changes in student motivation during online learning. *Journal of Educational Computing Research, 44*(1), 1–23. https://doi.org/10.2190/ec.44.1.a

Krapp, A. (2005). Das Konzept der grundlegenden psychologischen Bedürfnisse. Ein Erklärungsansatz für die positiven Effekte von Wohlbefinden und intrinsischer Motivation im Lehr-Lerngeschehen. *Zeitschrift für Pädagogik, 51*(5), 626–641. https://doi.org/10.25656/01:4772

Kuhail, M. A., Alturki, N., Alramlawi, S., & Alhejori, K. (2022). Interacting with educational chatbots: A systematic review. *Education and Information Technologies, 28*(1), 973–1018. https://doi.org/10.1007/s10639-022-11177-3

Lai, C. Y., Cheung, K. Y., & Seng, C. C. (2023). Exploring the role of intrinsic motivation in ChatGPT adoption to support active learning: An extension of the technology acceptance model. *Computers & Education: Artificial Intelligence, 5*, 100178. https://doi.org/10.1016/j.caeai.2023.100178

Le, T. M. D., Do, H. T. N., Tran, K. M., Dang, V. T., & Nguyen, B. K. H. (2024). Integrating TAM and UGT to explore students' motivation for using ChatGPT for learning in Vietnam. *Journal of Research in Innovative Teaching & Learning.* Advance online publication. https://doi.org/10.1108/JRIT-05-2024-0116

Lee, Y., Hwang, G., & Chen, P. (2022). Impacts of an AI-based chatbot on college students' after-class review, academic performance, self-efficacy, learning attitude, and motivation. *Educational Technology Research and Development, 70*(5), 1843–1865. https://doi.org/10.1007/s11423-022-10142-8

Limna, P., Kraiwanit, T., Jangjarat, K., Klayklung, P., & Chocksathaporn, P. (2023). The use of ChatGPT in the digital era: Perspectives on chatbot implementation. *Journal of Applied Learning and Teaching, 6*(1). https://doi.org/10.37074/jalt.2023.6.1.32

Lin, X. (2023). Exploring the role of ChatGPT as a facilitator for motivating self-directed learning among adult learners. *Adult Learning.* https://doi.org/10.1177/10451595231184928

Lo, C. K. (2023). What is the impact of ChatGPT on education? A rapid review of the literature. *Education Sciences, 13*(4), 410. https://doi.org/10.3390/educsci13040410

Lund, B., & Wang, T. (2023). Chatting about ChatGPT: How may AI and GPT impact academia and libraries? *Library Hi Tech News, 40*(3), 26–29. https://doi.org/10.1108/lhtn-01-2023-0009

Marangunić, N., & Granić, A. (2014). Technology acceptance model: A literature review from 1986 to 2013. *Universal Access in the Information Society, 14*(1), 81–95. https://doi.org/10.1007/s10209-014-0348-1

Okonkwo, C. W., & Ade-Ibijola, A. (2021). Chatbots applications in education: A systematic review. *Computers & Education: Artificial Intelligence, 2*, 100033. https://doi.org/10.1016/j.caeai.2021.100033

Rheinberg, F., & Vollmeyer, R. (2018). *Motivation.* Kohlhammer.

Rheinberg, F., Vollmeyer, R., & Burns, B. D. (2001). FAM: Ein Fragebogen zur Erfassung aktueller Motivation in Lern- und Leistungssituationen. *Diagnostica, 47*(1), 57–66. https://doi.org/10.25656/01:11173

Schiefele, U. (2008). Lernmotivation und Interesse. In W. Schneider & M. Hasselhorn (Hrsg.), *Handbuch der pädagogischen Psychologie* (1. Aufl., Bd. 10, S. 153–175). Hogrefe.

Schiefele, U., & Schaffner, E. (2014). *Pädagogische Psychologie.* Springer Nature. https://doi.org/10.1007/978-3-642-41291-2_7

Schmitt, F. J. (2024). Kann man ChatGPT aus der Nutzerinnen- und Nutzerperspektive in der physikalischen Forschung und Lehre trauen? In S. Schork (Hrsg.), *Vertrauen in Künstliche Intelligenz* (S. 210–230). Springer Vieweg. https://doi.org/10.1007/978-3-658-43816-6_10

Silvia, P. J. (2006). *Exploring the psychology of interest.* Oxford University Press.

Spinath, B. (2022). Lernmotivation. In H. Reinders, D. Bergs-Winkels, A. Prochnow & I. Post (Hrsg.), *Empirische Bildungsforschung* (S. 739–752). Springer eBooks. https://doi.org/10.1007/978-3-658-27277-7_40

Taherdoost, H. (2019). Importance of technology acceptance assessment for successful implementation and development of new technologies. *Global Journal of Engineering Sciences, 1*(3). https://doi.org/10.33552/gjes.2019.01.000511

Tlili, A., Shehata, B., Adarkwah, M. A., Bozkurt, A., Hickey, D. T., Huang, R., & Agyemang, B. (2023). What if the devil is my guardian angel: ChatGPT as a case study of using chatbots in education. *Smart Learning Environments, 10*(1). https://doi.org/10.1186/s40561-023-00237-x

Tomlinson, C. A., & Imbeau, M. B. (2023). *Leading and managing a differentiated classroom.* Arlington: ASCD.

Urdan, T., & Kaplan, A. (2020). The origins, evolution, and future directions of achievement goal theory. *Contemporary Educational Psychology, 61*, 101862. https://doi.org/10.1016/j.cedpsych.2020.101862

Venkatesh, V., & Bala, H. (2008). Technology acceptance model 3 and a research agenda on interventions. *Decision Sciences, 39*(2), 273–315. https://doi.org/10.1111/j.1540-5915.2008.00192.x

Venkatesh, V., & Davis, F. D. (2000). A theoretical extension of the technology acceptance model: Four longitudinal field studies. *Management Science, 46(*2), 186–204. https://doi.org/10.1287/mnsc.46.2.186.11926

Wu, R., & Yu, Z. (2023). Do AI chatbots improve students learning outcomes? Evidence from a meta-analysis. *British Journal of Educational Technology.* https://doi.org/10.1111/bjet.13334

Yu, Z. (2023). Learning outcomes, motivation, and satisfaction in gamified English vocabulary learning. *SAGE Open, 13*(2), 215824402311583. https://doi.org/10.1177/21582440231158332

Zhou, L., & Li, J. (2023). The impact of ChatGPT on learning motivation: A study based on self-determination theory. *Education Science and Management, 1*(1), 19–29. https://doi.org/10.56578/esm010103

Zimmerman, A. (2023). A ghostwriter for the masses: ChatGPT and the future of writing. *Annals of Surgical Oncology, 30*(6), 1–4. https://doi.org/10.1245/s10434-023-13436-0

Zimmerman, B. J. (2002). Becoming a self-regulated learner: An overview. *Theory Into Practice, 41*(2), 64–70. https://doi.org/10.1207/s15430421tip4102_2

Zou, M., & Huang, L. (2023). To use or not to use? Understanding doctoral students' acceptance of ChatGPT in writing through technology acceptance model. *Frontiers in Psychology,* 14, Article 1259531. https://doi.org/10.3389/fpsyg.2023.1259531

Nora Cechovsky[1] & Claudia Malli-Voglhuber[2]

Von der Hochschule ins Klassenzimmer: Die Rolle der KI in der Lehrer:innenbildung

Zusammenfassung

Künstliche Intelligenz (KI) bietet großes Potenzial für die Tätigkeit als Lehrkraft. Die Lehrer:innenbildung spielt eine entscheidende Rolle dabei, den sinnvollen und verantwortungsvollen Umgang mit KI zu vermitteln. Als Basis zur Weiterentwicklung der hochschulischen Lehre wurde die Sicht der Studierenden im Bereich der Berufspädagogik an einer pädagogischen Hochschule erhoben. Dazu wurde eine Fragebogenstudie bei 238 Studierenden durchgeführt. Es wurde den Fragen nachgegangen, wie die Studierenden den Einsatz von KI im Studium wahrnehmen und welche Akzeptanz jene, die bereits an Schulen tätig sind, in Bezug auf KI und Schule aufweisen. Die Studierenden zeigen hohes Interesse, aber auch Unsicherheiten im Umgang mit KI. Die Lehrkräfte stehen KI positiv gegenüber und nutzen sie vorwiegend zur Unterrichtsvorbereitung.

Schlüsselwörter

Künstliche Intelligenz, Lehrer:innenbildung, Akzeptanz von künstlicher Intelligenz, Hochschuldidaktik, Fragebogenerhebung

---

1   Corresponding author; Pädagogische Hochschule Oberösterreich; nora.cechovsky@ph-ooe.at; ORCID 0000-0001-8385-7461
2   Pädagogische Hochschule Oberösterreich; claudia.malli@ph-ooe.at; ORCID 0000-0003-4038-4101

https://doi.org/10.21240/zfhe/SH-KI-2/08

From university to classroom: The role of AI in teacher education

Abstract

Artificial intelligence (AI) offers great potential for teachers. Teacher training has an important role to play in teaching a sensible and responsible approach to AI. As a basis for the further development of university teaching, a questionnaire-based study was conducted among 238 students in the field of vocational education at a university of teacher education. The questionnaire investigated how the students perceive the use of AI in their studies and the level of acceptance among those who are already working in schools with regard to AI and teaching. The students show a high level of interest but also uncertainty in dealing with AI. Teachers have a positive attitude towards AI and mainly use it to prepare lessons.

Keywords

artificial intelligence, teacher education, AI acceptance, university didactics, questionnaire survey

1 Einleitung

Die künstliche Intelligenz revolutioniert derzeit zahlreiche Lebensbereiche, einschließlich des Bildungswesens. Ein systematischer Review von 30 Studien aus 16 Ländern zeigt, dass KI in der Lehrer:innenbildung angekommen ist, es sinnvolle Anwendungsfelder gibt, die Entwicklung jedoch langsamer vonstatten geht, als dies in anderen Bereichen der Fall ist (Salas-Pilco et al., 2022). Es ist daher Aufgabe der Universitäten und Hochschulen, Lehrkräfte auf diese Herausforderungen und Möglichkeiten vorzubereiten.

Für Lehrkräfte eröffnet KI sowohl neue Möglichkeiten als auch Herausforderungen. KI kann zur Planung des Unterrichts, wie zum Beispiel zur Verbesserung der Lehrmethoden, eingesetzt werden, sie unterstützt bei der Durchführung von Unterricht etwa bei der individuellen Förderung oder auch bei der Beurteilung der Leistungen von Schüler:innen und bietet die Möglichkeit, systematische Rückmeldungen zur eigenen Lehrtätigkeit zu generieren (Celik et al., 2022). Um diese Potenziale nutzen zu können, ist jedoch eine tiefgreifende Anpassung der Ausbildung zukünftiger Lehrkräfte notwendig. Zentral ist dabei, dass im Rahmen der Lehrer:innenbildung nicht nur technologische Kenntnisse vermittelt werden, sondern die Lehrkräfte in die Lage versetzt werden, KI auf eine ethisch verantwortungsvolle und pädagogisch sinnvolle Weise im Rahmen ihrer beruflichen Tätigkeit einzusetzen. Die Relevanz dieser Forderung unterstreicht auch ein 2024 erschienener Scoping Review zum Umfang und der Art der für die Lehrer:innenbildung relevanten Themen im Zusammenhang mit KI (Sperling et al., 2024).

Ob diese oben beschriebenen Möglichkeiten von KI tatsächlich im Schulsystem umgesetzt werden, liegt neben der technischen Ausstattung der Schulen auch an der Akzeptanz durch die Lehrkräfte. Eine offene Einstellung und die Bereitschaft, KI im Schulalltag zu nutzen, sind „die Grundlage für die Realisierung der Potentiale von KI-basierten Systemen im (inklusiven) Schulalltag" (Mesenhöller & Böhme, 2024, S. 170). Es gibt bisher nur wenige Studien, die sich mit der Akzeptanz von KI im deutschsprachigen Schulkontext auseinandersetzen (Mesenhöller & Böhme, 2024).

Aus den oben beschriebenen Gründen wurde im Rahmen dieser Erhebung der Fokus einerseits auf die Akzeptanz der als Lehrkräfte tätigen Studierenden gelegt. Andererseits erfordert eine zielgruppenadäquate Anpassung der Inhalte des Studiums eine Erhebung des IST-Zustands aus Sicht der Studierenden. Um zu verstehen, wie angehende Lehrkräfte auf die Herausforderungen, die sich durch KI ergeben, vorbereitet werden und welche Rolle KI in ihrer Ausbildung aus ihrer Sicht bereits spielt, wurden im Rahmen dieser Studie die Perspektiven der Studierenden in den Lehramtsstudien der Berufspädagogik an einer pädagogischen Hochschule untersucht. Dabei standen folgende Forschungsfragen im Mittelpunkt:

- Wie nehmen die Lehramtsstudierenden die Transparenz und den Einsatz von KI an der Hochschule wahr und welche Rückschlüsse lassen sich daraus für die Gestaltung der Ausbildungsinhalte ziehen?

- Welche Akzeptanz haben bereits unterrichtende Studierende in Bezug auf KI und Schule?

- Welche Zusammenhänge lassen sich zwischen der Wahrnehmung von KI an der Hochschule, der Einstellungs- und der Verhaltensakzeptanz der Studierenden in Bezug auf KI und Schule feststellen?

Zur Beantwortung der Forschungsfragen wurde eine Fragebogenerhebung durchgeführt. Dies ermöglichte die systematische Erhebung von Daten über alle Studiengänge und die Ableitung von konkreten Maßnahmen. Im folgenden Kapitel wird das Verständnis des Akzeptanzbegriffes aus Sicht der Literatur dargestellt und vorhandene Studien zur Akzeptanz von KI bei Lehrkräften bzw. Lehramtsstudierenden werden vorgestellt. Die Vorgehensweise bei der vorliegenden Studie wird im Methodenkapitel beschrieben. Im darauffolgenden Kapitel werden die Ergebnisse dargestellt. Basierend auf den Ergebnissen und den Erkenntnissen aus der Literatur werden im vierten Kapitel Implikationen für die Lehrer:innenbildung abgeleitet. Im abschließenden Kapitel werden die Erkenntnisse kritisch diskutiert und ein Ausblick auf weitere Forschungsfelder gegeben.

2 Akzeptanz und Wahrnehmung von KI im Lehramtsstudium

Eine einheitliche Definition von Akzeptanz fehlt. Es lassen sich jedoch Aspekte identifizieren, die im Rahmen von Akzeptanz in Bezug auf technologische Neuerungen unterschieden werden können. Diese umfassen u. a. die Akzeptanz im Sinne einer inneren Einstellung (Watanabe et al., 2023). Petermann und Scherz (2005) beschreiben einstellungsorientierte Ansätze als die Erhebung und Interpretation von Meinungen in Bezug auf Technik.

Außerdem kann Akzeptanz als beobachtbares Handeln definiert werden, das von Ablehnung bis zu aktivem Engagement reichen kann (Watanabe et al., 2023). Es wird also häufig zwischen Einstellungsakzeptanz und Handlungsakzeptanz unterschieden. Die Einstellungsakzeptanz ist nicht direkt beobachtbar und kann als subjektive Gefühlsäußerung in Bezug auf das Einstellungsobjekt gesehen werden. Die Handlungsakzeptanz ist jedoch von außen und zeigt sich in der konkreten Nutzung des Akzeptanzobjekts (Quiring, 2006). Eine in diesem Zusammenhang häufig verwendete Theorie ist jene des geplanten Verhaltens von Ajzen (1991). Ajzen (1991) geht davon aus, dass unter bestimmten Voraussetzungen Einstellungen das Verhalten beeinflussen. Signifikante Zusammenhänge zwischen der individuellen Einstellung gegenüber KI und dem Nutzungsverhalten konnte Stützer (2022) bei Studierenden in Deutschland feststellen.

Ein Überblick über vorhandene Studien zu KI und Schule im ersten Quartal 2024 von Helm et al. (2024) zeigt, dass die Meinungen zu KI in Schulen vielfältig sind. Während die Gesamtbevölkerung KI eher als Gefahr im schulischen Umfeld sieht, sehen Lehrkräfte neben den Herausforderungen auch das Potenzial von KI. Die analysierten Studien zeigen auch die Relevanz des kompetenten Umgangs mit KI durch Lehrkräfte (Helm et al., 2024).

Helm et al. (2024, S. 379) stellen fest, dass „persönliche Erfahrungen mit KI, der Schultyp und das Fachgebiet wesentliche Faktoren für die Einstellung und Nutzung von KI im Bildungsbereich sind." Dies überprüften sie anhand einer Regressionsanalyse von Daten einer Studie bei 334 Lehrkräften in Österreich. Es zeigte sich, dass insbesondere jene Lehrkräfte KI in den Schulalltag integrieren, die KI auch privat nutzen, an berufsbildenden Schulen lehren und Fremdsprachen und Mathematik unterrichten (Helm et al., 2024, S. 379).

Mesenhöller und Böhme (2024) setzten einen neu entwickelten Fragebogen zur Erhebung der wahrgenommenen Nützlichkeit, wahrgenommenen Benutzerfreundlichkeit und der Verhaltensintention in Bezug auf KI in der Schule ein. Dabei wurden unter anderem 141 Lehrkräfte der Primar- oder Sekundarstufe I in Deutschland befragt. Die Ergebnisse eines Strukturgleichungsmodells zeigen, dass die wahrgenommene Nützlichkeit die Verhaltensintentionen in Bezug auf die KI signifikant positiv beeinflusst ($\beta = 0.62$, $p < 0.001$, $R^2 = .586$). Generell zeigt sich bei den Ergebnissen eine Aufgeschlossenheit und Bereitschaft, KI-basierte Systeme zu nutzen.

Brandhofer und Tengler (2024) führten zwischen August und November 2023 eine Fragebogenerhebung zur KI-Akzeptanz bei 813 Lehramtsstudierenden, Lehrpersonen und Hochschullehrenden im Bereich Lehrer:innenbildung in Österreich durch. Die Ergebnisse zeigen auch hier, dass die beteiligten Personen KI zum Großteil als Chance sehen.

Zur Beantwortung der dritten Forschungsfrage wurden aus den oben beschriebenen empirischen Studien bzw. theoretischen Modellen (Ajzen, 1991; Helm et al., 2024; Mesenhöller & Böhme, 2024; Stützer, 2022) die folgenden zwei Hypothesen abgeleitet:

1. Es gibt eine signifikante positive Korrelation zwischen der Wahrnehmung der KI im Studium und dem Einsatz von KI im Unterricht.

2. Es gibt eine signifikante positive Korrelation zwischen der einstellungsbezogenen und der verhaltensbezogenen Akzeptanz in Bezug auf KI im Unterricht.

2 Methode

2.1 Datenerhebung und Analyse

Die Datenerhebung wurde im Januar und Februar 2024 über einen Online-Fragebogen durchgeführt. Bei der Erstellung des Erhebungsinstruments, der Durchführung der Erhebung und der Diskussion der Ergebnisse wurden Lehrende und Studierende der Hochschule eingeladen, sich zu beteiligen. Relevante Themen – die bei dieser Fragebogenerhebung im Mittelpunkt standen – sind die Wahrnehmung, die Akzeptanz von KI an Schule und Hochschule. Die Items wurden für den Erhebungszweck selbst entwickelt. Um die Qualität zu sichern, wurden Hochschullehrende und Studierende gebeten, Feedback zur Weiterentwicklung zu geben.

Tab. 1: Fragebogen

Inhalte	Items	Mittelwert (SD)	Cronbachs Alpha
Wahrnehmung von KI an der Hochschule	4 Items mit 4-stufiger Likert-Skala von stimme nicht zu (1) bis stimme voll zu (4)	2,12 (0,83)	,818
Einsatz von KI im eigenen Unterricht	5 Items mit 4-stufiger Likert-Skala von nie (1) bis immer (4)	1,57 (0,57)	,853
Einstellung zu KI und Schule*	3 Items mit 4-stufiger Likert Skala von stimme nicht zu (1) bis stimme voll zu (4)	1,41 (0,52)	,610

*Hier bedeutet ein niedriger Mittelwert eine positive Einstellung, da alle Items dieser Skala negativ formuliert waren.

In der obigen Tabelle sind die Inhaltsbereiche dargestellt, die mittels geschlossener Fragen erhoben wurden. Bei der Interpretation der Mittelwerte ist zu beachten, dass die Items zur Einstellung zu KI und Schule negativ formuliert waren, sodass ein niedriger Mittelwert eine positive Einstellung darstellt. Die Daten wurden mittels IBM SPSS Statistics analysiert. Zur Analyse von Zusammenhängen wurden aus Teilen der Items Skalen gebildet. Die Reliabilität wurde mittels Cronbachs Alpha überprüft und ist in der Tabelle 1 dargestellt. Außerdem wurden drei offene Fragen gestellt. Eine zu den erlebten KI-Tools an der Hochschule, eine zu den selbst eingesetzten KI-Tools an der Schule und eine dazu, in welchen weiteren Bereichen KI im Rahmen der Schultätigkeit eingesetzt wird. Die Antworten wurden inhaltlich geclustert und die Nennungen gezählt.

2.2 Stichprobe

Insgesamt nahmen 236 Lehramtsstudierende aus dem Bereich Berufspädagogik an der Befragung teil. Dies entspricht etwa einer Rücklaufquote von 50 %. Die Charakteristika der Stichprobe sind in der folgenden Tabelle 2 dargestellt.

Bei den Lehramtsstudierenden im Bereich der Berufspädagogik handelt es sich größtenteils um sogenannte nicht-traditionelle Studierende. Diese Gruppe weist meist eine andere schulische und berufliche Laufbahn auf als traditionelle Studierende. Außerdem sind sie häufig beruflich und familiär stärker belastet und sie wählen häufiger ein Fernstudium (Dahm, 2022). Dies lässt sich durch die Voraussetzungen bestimmter Studien erklären. So sind z. B. für das Lehramtsstudium der Berufsschullehrkräfte und Praxislehrkräfte an einer höheren technischen Lehranstalt eine facheinschlägige berufliche Ausbildung, Berufserfahrung und die Anstellung an einer Schule Voraussetzung, um mit dem Studium beginnen zu können (BMBWF, 2021).

Tab. 2: Stichprobe

Charakteristika	Kategorien	Anzahl	Prozent
	männlich	116	48,74 %
Geschlecht	weiblich	120	50,42 %
	keine Angabe	2	0,84 %
	unter 21	6	2,52 %
	21 bis 30	49	20,59 %
	31 bis 40	78	32,77 %
Alter	41 bis 50	77	32,35 %
	über 50	26	10,92 %
	keine Angabe	2	0,84 %
	Ja	171	71,85 %
Lehrtätigkeit an einer Schule	Nein	67	28,15 %
	Bachelor	211	88,66 %
Studiengang	Master	27	11,34 %

3 Ergebnisse

3.1 Wahrnehmung von KI im Lehramtsstudium

Die folgende Abbildung 1 stellt die Wahrnehmung von KI im Studium dar.

Abb. 1: Wahrnehmung von und Interesse an KI im Studium (n = 238)

Das Diagramm zeigt, dass unter den Studierenden großes Interesse am Einsatz von KI im Unterricht herrscht, so geben fast 90 % an, dass sie noch mehr dazu lernen möchten. Außerdem ist ersichtlich, dass laut der Wahrnehmung der Studierenden KI in der hochschulischen Lehre nur wenig eingesetzt wird. Was die Regeln zum Umgang mit KI an der Hochschule betrifft, zeigt sich große Unsicherheit. Dazu muss festgehalten werden, dass erst nach dieser Umfrage ein Dokument mit Empfehlungen seitens der Hochschule im Umgang mit KI in der hochschulischen Lehre veröffentlicht wurde. Es kann also angenommen werden, dass auch bei den Hochschullehrenden zu diesem Zeitpunkt noch große Unsicherheit im Umgang mit KI an der Hochschule herrschte. Auf die offenen Fragen, welche KI-Tools die Studierenden im Studium bereits erlebt haben, wurden die KI-Tools ChatGPT (78 Nennungen), Bing (7 Nennungen), Canva (6 Nennungen) und Adobe Firefly (5 Nennungen) am häufigsten genannt.

3.2 Akzeptanz von KI an der Schule

In der folgenden Abbildung 2 sind die Ergebnisse zu den Items zur einstellungsbezogenen Akzeptanz dargestellt. Hier und beim Einsatz von KI als Lehrkraft (Abb. 3) wurden jene Studierenden befragt, die schon als Lehrkräfte an Schulen tätig sind. Die Ergebnisse zeigen, dass der Großteil der Befragten KI nicht als Bedrohung sieht und sich auch nicht für ein Verbot an der Schule ausspricht.

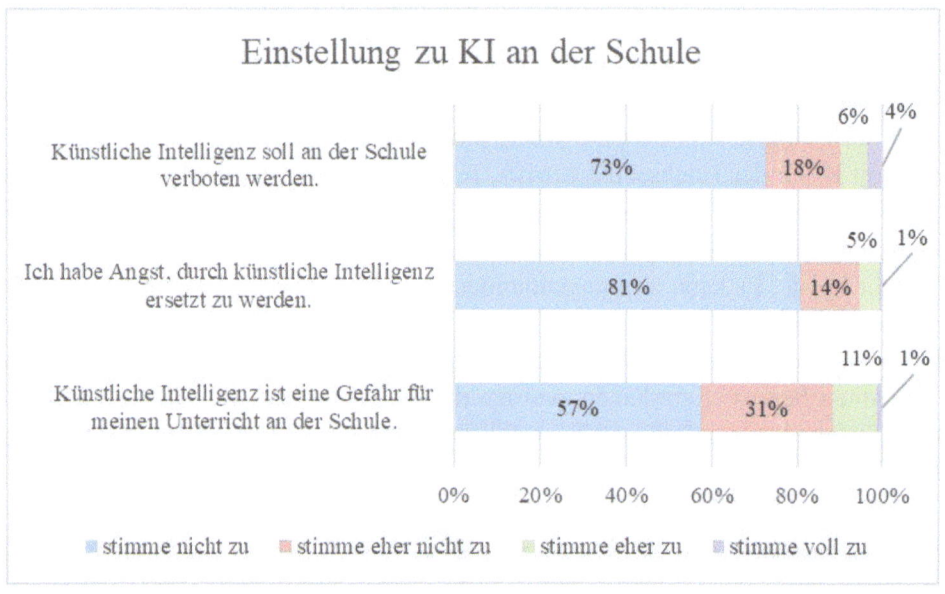

Abb. 2: KI an der Schule (n = 171)

Die Ergebnisse in der folgenden Abbildung stellen die verhaltensbezogene Akzeptanz von KI im Rahmen der Tätigkeit als Lehrkraft dar. Die Resultate machen deutlich, dass etwa ein Drittel der Befragten KI nie einsetzt. Jene, die KI einsetzen, tun dies für die Vorbereitung des Unterrichts oder zur Erstellung von Aufgaben. Auch zur Unterstützung von Erklärungen und zum leistungsdifferenzierten Unterricht wird KI von etwa einem Drittel der Befragten genutzt. Bei der Beurteilung der Schüler:innen wird KI kaum eingesetzt. Die weiteren häufigsten Einsatzgebiete, die im Rahmen einer offenen Frage genannt wurden, waren Texterstellung/Formulierungen (10 Nennungen), Recherche und Informationsbeschaffung (8 Nennungen), Materialien für den Unterricht erstellen (5 Nennungen), Bilder erstellen oder bearbeiten (5 Nennungen). Es zeigt sich auch hier, dass KI vor allem bei unterrichtsvorbereitenden

Tätigkeiten eingesetzt wird. Die im Rahmen einer weiteren offenen Frage am häufigsten eingesetzten KI-Tools sind ChatGPT (40 Nennungen), Perplexity (3 Nennungen), Microsoft Copilot (3 Nennungen) und Dall-e (3 Nennungen).

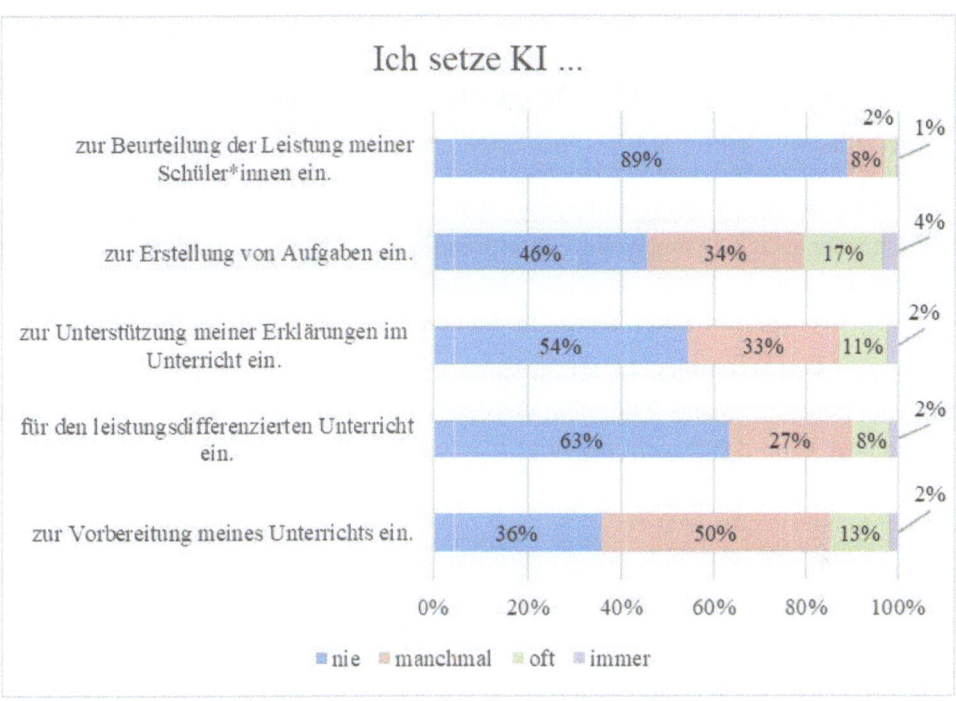

Abb. 3: Einsatz von KI als Lehrkraft (n = 171)

3.3 Zusammenhänge zwischen KI an der Hochschule und KI an der Schule

Zur Überprüfung der in Kapitel 2 aufgestellten Hypothesen wurde eine Korrelationsanalyse nach Pearson durchgeführt. Dazu wurden die in Tabelle 1 dargestellten Faktoren herangezogen. Es konnte eine signifikante Korrelation zwischen der Wahrnehmung der KI im Studium und dem Einsatz von KI im Unterricht festgestellt werden ($r = .285$; $p < 0{,}01$, $n = 171$). Die erste Hypothese konnte somit bestätigt werden. Dieses Ergebnis könnte ein Hinweis darauf sein, dass die positive und transparente Wahrnehmung von KI an der Hochschule dazu führen kann, dass die Studierenden mehr Mut haben, KI selbst im Rahmen der Tätigkeit als Lehrkraft einzusetzen. Natürlich wäre auch eine umgekehrte Interpretation möglich, jene Studierenden, die KI bereits selbst an der Schule einsetzen und daher mehr Wissen zu diesem Thema mitbringen, nehmen auch den Einsatz von KI an der Hochschule bewusster wahr.

Zwischen der Einstellung von KI im Unterricht und dem Einsatz konnte kein signifikanter Zusammenhang festgestellt werden ($r = -108$, $p = 1{,}60$, $n = 171$). Die zweite Hypothese kann daher nicht bestätigt werden. Dies kann unter anderem durch die eher konsistente und streuungsarme Beantwortung der Items zur Einstellung zur KI an der Schule erklärt werden.

4 Implikationen für die Lehrer:innenbildung

Die Ergebnisse der Umfrage liefern erste Erkenntnisse darüber, welche Aspekte der Lehrer:innenbildung angepasst werden sollten, um angehende Lehrkräfte auf den effektiven und verantwortungsvollen Einsatz von KI im Bildungsbereich vorzubereiten.

Angehende Lehrkräfte haben großes Interesse am Einsatz von KI, jedoch bestehen auch Unsicherheiten im Umgang damit. Diese Unsicherheiten verdeutlichen die Notwendigkeit, die Lehrer:innenbildung systematisch an die Anforderungen des digitalen Zeitalters anzupassen. Dies bedingt eine stärkere Integration von KI in die Curricula, um die Studierenden auf den praktischen Einsatz von KI-Tools in den eigenen Unterricht vorzubereiten. Dazu benötigen die Studierenden umfassende digitale Kompetenzen. Die Ergebnisse legen außerdem nahe, dass auch bei den Hochschullehrenden Bedarf an Weiterbildung im Bereich der KI besteht. Im Folgenden werden Implikationen für die Integration von KI in die Curricula, die Förderung der digitalen Kompetenz sowie die Unterstützung und Weiterbildung für Lehrende angedacht.

4.1 Einbindung von KI in die Curricula

Die Ergebnisse der Fragebogenstudie zeigen, dass die Studierenden hohes Interesse am Einsatz von KI im Unterricht aufweisen, es jedoch an klaren Informationen und einer systematischen Integration von KI in der Hochschullehre fehlt. Dies legt nahe, dass die Curricula angepasst werden sollen, um KI-Themen umfassender zu behandeln. Es sollten Lehrveranstaltungen entwickelt werden, die zunächst die theoretischen Grundlagen von KI im Bildungswesen vermitteln – einschließlich des didaktischen Nutzens und der Datenschutzaspekte – und darauf aufbauend die praktische Anwendung vermitteln. Dabei sollten Erfahrungen der Studierenden miteinbezogen werden, um einen direkten Bezug zur Unterrichtspraxis herzustellen (Helm et al., 2024; Salas-Pilco et al., 2022). Dies ermöglicht es den Studierenden, ein tieferes Verständnis für KI zu entwickeln und ihre Kompetenzen im Umgang damit zu stärken.

Die Berücksichtigung des AI-Acts der Europäischen Union ist hierbei unerlässlich, da er rechtliche Rahmenbedingungen für den Einsatz von KI festlegt und insbesondere den Datenschutz und ethische Standards sowie Kompetenzen zur Nutzung von KI betont (Europäisches Parlament, 2024). Die Lehrer:innenbildung muss diese Entwicklung berücksichtigen und die Studierenden auf die zukünftigen Rahmenbedingungen vorbereiten.

4.2   Förderung der digitalen Kompetenz

Neben der Einbindung von KI in die Curricula ist die Förderung der digitalen Kompetenz bei Lehramtsstudierenden von zentraler Bedeutung. Digitale Kompetenz umfasst nicht nur die Fähigkeit, mit digitalen Tools und Plattformen umzugehen, sondern auch ein kritisches Verständnis für die Auswirkungen digitaler Technologien auf das Lernen und Lehren (Maznev et al., 2024; Watanabe et al., 2023). In diesem Zusammenhang ist die Einbettung in digitale Kompetenzrahmen, wie zum Beispiel den Nationalen Referenzrahmen für digitale Kompetenzen (DigComp 2.3 AT) (Bundesminsterium für Bildung, 2024) und den European Framework for the Digital Competence of Educators (DigCompEdu), sinnvoll. Dieses Rahmenwerk definiert spezifische Kompetenzen für Lehrkräfte, einschließlich der digitalen Kompetenz beim Lehren, die für die Gestaltung effektiver Unterrichtsszenarien hilfreich sind (Redecker, 2017).

Die Umfrageergebnisse zeigen, dass die Lehrkräfte KI hauptsächlich in der Vorbereitung von Unterricht einsetzen. Weitere mögliche Einsatzbereiche von KI, wie etwa zur Unterstützung der Erklärungen im Unterricht oder für den leistungsdifferenzierten Unterricht, werden laut den Daten kaum genutzt. Um die Kompetenzen dazu zu entwickeln, sollten in der Lehrer:innenbildung praxisorientierte Ansätze verfolgt werden, bei denen Studierende KI-Tools in realen oder simulierten Unterrichtsszenarien anwenden können. Nicht nur der Einsatz im Praktikum ist hierbei wichtig, sondern auch das Lernen durch Beobachtung des KI-Einsatzes in der Hochschullehre selbst. Solche Ansätze könnten bei jenen angehenden Lehrpersonen, die noch nicht an einer Schule unterrichten, durch die Kooperation mit Schulen und die Einbindung von Praxiserfahrungen im Rahmen der pädagogisch-praktischen Studien unterstützt werden.

4.3 Unterstützung und Weiterbildung für Lehrende

Die Ergebnisse zur Wahrnehmung der KI im Studium zeigen, dass aus Sicht der Studierenden Regeln in Bezug auf KI und Hochschule nicht ausreichend klar kommuniziert werden und nur ein kleiner Anteil der Lehrenden KI-Tools in der Hochschullehre einsetzt. Basierend darauf kann abgeleitet werden, dass es auch bei den Hochschullehrenden Unsicherheiten und Potenzial zur Kompetenzentwicklung im Umgang mit KI gibt. Diese Herausforderung fassen Schleiss et al. (2023, S. 17) folgendermaßen zusammen: „Für einen reflektierten und mündigen Umgang mit KI in der institutionellen Bildung sowie allgemein im Alltag und Beruf sind grundlegende Daten- und KI-Kompetenzen erforderlich".

Da die technologischen Entwicklungen im Bereich KI rasant voranschreiten, ist eine kontinuierliche Weiterbildung für Lehrkräfte unabdingbar. Hochschulen sollten daher regelmäßig Fortbildungen und Workshops anbieten, die die Lehrenden dazu befähigen, ihre Kenntnisse im Umgang mit KI auf dem neuesten Stand zu halten (Brandhofer & Tengler, 2024).

Diese Weiterbildungsangebote sollten sowohl technische als auch didaktische Aspekte abdecken und den Lehrenden praxisnahe Lösungen für den Einsatz von KI im Unterricht bieten. Insbesondere sollten sie lernen, wie KI-gestützte Tools zur Differenzierung von Unterrichtsinhalten, zur Analyse des Lernfortschritts und zur Unterstützung individualisierter Lernprozesse eingesetzt werden können (Helm et al., 2024).

5 Diskussion und Ausblick

Die vorliegende Erhebung bei den Studierenden der Lehramtsstudien im Bereich Berufspädagogik gibt einen ersten Einblick in die Wahrnehmung, Einstellungs- und Verhaltensakzeptanz der Lehramtsstudierenden an einer pädagogischen Hochschule. Die Ergebnisse zeigen, dass unter den Studierenden großes Interesse und eine positive Einstellung in Bezug auf KI vorherrschen. Dies entspricht den Ergebnissen der Studien von Mesenhöller und Böhme (2024) sowie Brandhofer und Tengler (2024). Es zeigt sich jedoch, dass die Einstellung zu KI und Schule positiver ist als in der Studie von Helm et al. (2024). Hier muss beachtet werden, dass es sich bei den Studierenden der Berufspädagogik um eine diverse Zielgruppe, sowohl in Bezug auf die gewählten Bachelorstudien als auch auf die Vorerfahrungen, handelt. Der Großteil der befragten Bachelorstudierenden sind Studierende des Studiengangs Duale Ausbildung/Technik und Gewerbe und diese Studierenden bringen oft jahrelange Berufserfahrung aus der wirtschaftlichen Praxis mit. Außerdem sind in der Stichprobe Studierende des Bachelorstudiengangs Information und Kommunikation (Angewandte Digitalisierung), die an berufsbildenden Schulen digitale Kompetenzen vermitteln. Weiters erleben alle Studierenden virtuelle Hochschullehre im Rahmen ihres Studiums, wenngleich in unterschiedlichem Ausmaß (vgl. dazu auch Cechovsky et al., 2023). Die Erfahrungen aus der wirtschaftlichen Praxis sowie die prinzipiell positive Einstellung gegenüber digitalen Medien und die Erfahrungen damit im Rahmen des Studiums könnten zur positiven Einstellung der Zielgruppe in Bezug auf KI beitragen. Es benötigt jedoch weitere empirische Studien, um dies zu überprüfen.

Die Korrelationsanalysen zeigen signifikante Zusammenhänge zwischen der Wahrnehmung der KI im Studium und dem Einsatz an der Schule. Die erste aufgestellte Hypothese konnte anhand der Daten bestätigt werden. Auch Helm et al. (2024) stellen fest, dass die persönliche Erfahrung mit KI Einfluss darauf hat, ob diese auch an der Schule genutzt wird. Daraus könnte man ableiten, dass das Erleben eines sinnvollen und verantwortungsvollen Einsatzes an der Hochschule dazu führt, dass die Studierenden KI auch als Lehrkraft an der Schule entsprechend einsetzen.

Jedoch konnte kein signifikanter Zusammenhang zwischen der Einstellungsakzeptanz und der Verhaltensakzeptanz festgestellt werden, weshalb die zweite Hypothese nicht bestätigt werden konnte. Wie bereits oben erwähnt, könnte ein Grund die geringe Variation der Antworten bei der Einstellungsakzeptanz sein. Außerdem ist anzumerken, dass die Einstellung mit sehr generellen Aussagen zu KI und Schule gemessen wurde. Eine Formulierung von Einstellungsitems mit konkreterem Handlungsbezug wie in der Anleitung von Ajzen (2006) zur Entwicklung eines Fragebogens nach der Theorie des geplanten Verhaltens beschrieben, würde eher dazu führen, signifikante Zusammenhänge feststellen zu können. Weiters ist hier einschränkend festzuhalten, dass mit dem Fragebogen nicht das tatsächliche Verhalten gemessen werden kann und die Antworten somit Verzerrungen – wie etwa der sozialen Erwünschtheit – unterliegen können.

Tiefergehende Erkenntnisse sowie Möglichkeiten zum Vergleich der Ergebnisse mit anderen Zielgruppen könnte auch der Einsatz des kürzlich publizierten validierten Onlinefragebogens zur sozialen Akzeptanz gegenüber KI in der Schule von Mesenhöller und Böhme (2024) bieten. Außerdem würde die Integration weiterer Faktoren unabhängiger Variablen, wie etwa im Modell von Stützer und Herbst (2021), tiefere Einblicke in die KI-Akzeptanz der Lehramtsstudierenden geben. Darüber hinaus wäre auch die Sicht der Hochschullehrenden auf das Thema interessant, wie dies etwa in der Studie von Maznev et al. (2024) erhoben wurde. Eine Erhebung bei Hochschullehrenden würde es ermöglichen, konkrete Weiterbildungsbedarfe zu ermitteln, um den Einsatz von KI an der Hochschule als Methode sowie als Inhalt, im Sinne eines Werkzeugs für den Beruf als Lehrkraft, zu unterstützen. Abschließend kann festgestellt werden, dass die rasche Weiterentwicklung des Angebots an KI-gestützten Anwendungen eine wissenschaftliche Begleitung der Entwicklung im Hinblick auf die Lehrer:innenbildung sinnvoll erscheinen lässt.

Literaturverzeichnis

Ajzen, I. (1991). The theory of planned behavior. *Organizational behavior and human decision processes, 50*(2), 179–211. https://doi.org/10.1016/0749-5978(91)90020-T

Ajzen, I. (2006). *Constructing a theory of planned behavior questionnaire.* http://people.umass.edu/aizen/pdf/tpb.measurement.pdf

Brandhofer, G., & Tengler, K. (2024). Zur Akzeptanz von KI-Applikationen bei Lehrenden und Lehramtsstudierenden. *R&E-SOURCE, 11*(3), 7–25. https://doi.org/10.53349/resource.2024.i3.a1277

Bundesministerium Bildung, Wissenschaft und Forschung (BMBWF) (2021). *Berufsbildende Schulen in Österreich. Informationsbroschüre der Gruppe Berufsbildende Schulen und Erwachsenenbildung.* https://www.abc.berufsbildendeschulen.at/uploads/BBS_Broschuere_Deutsch_Jaenner_2021_ohne_61adce42df.pdf

Bundesministerium für Bildung, Wissenschaft und Forschung (BMBWF) (2024). *Nationaler Referenzrahmen für Digitale Kompetenzen.* https://www.digitalekompetenzen.gv.at/dam/jcr:6a46a507-8387-4899-adcd-fa79ab8072de/2024_Nationaler%20Referenzrahmen%20f%C3%BCr%20Digitale%20Kompetenzen.pdf

Cechovsky, N., Malli-Voglhuber, C., & Pichler, J. (2023). Förderung der sozialen Interaktion in der Distance-Hochschullehre – Ergebnisse einer Evaluationsstudie im Masterstudium Educational Media an der PH OÖ. In M. Miglbauer (Hrsg.), *Hochschullehre in großen und kleinen Gruppen. Tagungsband zur 6. Online-Tagung Hochschule digital.innovativ* (S. 170–176). PH Burgenland.

Celik, I., Dindar, M., Muukkonen, H., & Järvelä, S. (2022). The promises and challenges of artificial intelligence for teachers: A systematic review of research. *TechTrends, 66*(4), 616–630. https://doi.org/10.1007/s11528-022-00715-y

Dahm, G. (2022). Warum brechen nicht-traditionelle Studierende häufiger ihr Studium ab? Eine Dekompositionsanalyse. *Zeitschrift für Hochschulentwicklung, 17*(4), 111–132. https://doi.org/10.3217/zfhe-17-04/06

Europäisches Parlament (2024). Document 32024R1689. *Verordnung (EU) 2024/1689 des Europäischen Parlaments und des Rates vom 13. Juni 2024 zur Festlegung harmonisierter Vorschriften für künstliche Intelligenz und zur Änderung der Verordnungen (EG) Nr. 300/2008, (EU) Nr. 167/2013, (EU) Nr. 168/2013, (EU) 2018/858, (EU) 2018/1139 und*

(EU) 2019/2144 sowie der Richtlinien 2014/90/EU, (EU) 2016/797 und (EU) 2020/1828 (Verordnung über künstliche Intelligenz). http://data.europa.eu/eli/reg/2024/1689/oj

Helm, C., Grosse, C. S., & öbv (2024). Einsatz künstlicher Intelligenz im Schulalltag – eine empirische Bestandsaufnahme. *Erziehung und Unterricht, 3–4*, 360–371. https://www.oebv.at/images/product-images/Einsatz_kuenstlicher_Intelligenz_im_Schulalltag_Helm_Grosse_E-U.pdf

Maznev, P., Stützer, C., & Gaaw, S. (2024). AI in higher education: Booster or stumbling block for developing digital competence? *Zeitschrift für Hochschulentwicklung, 19*(1), 109–126. https://doi.org/10.21240/zfhe/19-01/06

Mesenhöller, J., & Böhme, K. (2024). Validierung des Onlinefragebogens zur sozialen Akzeptanz von Eltern und Lehrkräften gegenüber Künstlicher Intelligenz in der Schule (SA-ELKIS) und Überprüfung der Faktorstruktur. *Diagnostica, 70*(4), 162–173. https://doi.org/10.1026/0012-1924/a000333

Petermann, T., & Scherz, C. (2005). TA und (Technik-)Akzeptanz(-forschung). *TATuP-Journal for Technology Assessment in Theory and Practice, 14*(3), 45–53. https://doi.org/10.14512/tatup.14.3.45

Quiring, O. (2006). *Methodische Aspekte der Akzeptanzforschung bei interaktiven Medientechnologien.* Münchner Beiträge zur Kommunikationswissenschaft 6. https://doi.org/10.5282/ubm/epub.1348

Redecker, C. (2017) *European framework for the digital competence of educators: DigCompEdu.* (Y. Punie, Hrsg.; EUR 28775 EN) European Commission. Joint Research Centre. Publications Office. https://doi.org/10.2760/159770

Salas-Pilco, S. Z., Xiao, K., & Hu, X. (2022). Artificial intelligence and learning analytics in teacher education: A systematic review. *Education Sciences, 12*(8), 1–18. https://doi.org/10.3390/educsci12080569

Schleiss, J., Mah, D.-K., Böhme, K., Fischer, D., Mesenhöller, J., Paaßen, B., Schork, S., & Schrumpf, J. (2023). *Künstliche Intelligenz in der Bildung. Drei Zukunftsszenarien und fünf Handlungsfelder.* KI-Campus. https://doi.org/10.5281/zenodo.7702620

Sperling, K., Stenberg, C. J., McGrath, C., Åkerfeldt, A., Heintz, F., & Stenliden, L. (2024). In search of artificial intelligence (AI) literacy in teacher education: A scoping review. *Computers and Education Open*, 6. https://doi.org/10.1016/j.caeo.2024.100169

Stützer, C. M. (2022). *Künstliche Intelligenz in der Hochschullehre: Empirische Untersuchungen zur KI-Akzeptanz von Studierenden an (sächsischen) Hochschulen.* Technische Universität Dresden, Zentrum für Qualitätsanalyse (ZQA); Kompetenzzentrum für Bildungs- und Hochschulforschung (KfBH). https://doi.org/10.25368/2022.12

Stützer, C. M., & Herbst, S. (2021). KI-Akzeptanz in der Hochschulbildung. Zur Operationalisierung von Einflussfaktoren auf die Akzeptanz intelligenter Bildungstechnologien. In H.-W. Wollersheim, M. Karapanos & N. Pengel (Hrsg.), *Bildung in der digitalen Transformation* (Medien in der Wissenschaft, Bd. 78, S. 293–302). Waxmann. https://elibrary.utb.de/doi/epdf/10.31244/9783830994565

Watanabe, A., Schmohl, T., & Schelling, K. (2023). Akzeptanzforschung zum Einsatz Künstlicher Intelligenz in der Hochschulbildung. Eine kritische Bestandsaufnahme. In C. de Witt, C. Gloerfeld & S. E. Wrede (Hrsg.), *Künstliche Intelligenz in der Bildung* (S. 263–289). Springer Fachmedien. https://doi.org/10.1007/978-3-658-40079-8_13

Miriam Clincy[1]

Forschungsnahes Lernen zum berufsspezifischen Einsatz von generativer KI

Zusammenfassung

Generative KI stellt Hochschullehre vor Herausforderungen, die disruptiven Charakter haben: Lehrende müssen Lernende auf einen Arbeitsmarkt vorbereiten, in dem KI eine unverzichtbare Rolle spielen wird, ohne dass sie auf eigene Erfahrungen zurückgreifen können. Als methodischer Zugang bietet es sich an, den Studierenden über Elemente des forschungsnahen Lernens den Freiraum zu eröffnen, Anwendungsgebiete in einem geschützten Rahmen selbst zu explorieren, d. h. (generative) KI mit Bezug zum eigenen Berufsalltag zum Forschungsgegenstand zu machen. Beispielhaft wird eine Umsetzung aus der Technikdidaktik in der ersten Phase der Lehrkräfteausbildung beschrieben.

Schlüsselwörter

Generative Künstliche Intelligenz, Lehrkräfteausbildung, forschendes Lernen, forschungsnahes Lernen, Technikdidaktik

---

1   Hochschule Esslingen; miriam.clincy@hs-esslingen.de; ORCID 0000-0002-4847-5035

https://doi.org/10.21240/zfhe/SH-KI-2/09

Research-based learning on job-specific use of generative AI

Abstract

Generative AI is presenting new challenges for higher education due to its disruptive features. Teachers must prepare students for a job market in which AI will likely play a dominant role without having recourse to their own experiences. One possible way address this mismatch is research-based learning. This allows the students to explore applications for AI in their own domain, as AI and its bearing on the students' future occupations become the actual research topic. This paper presents an exemplary implementation in STEM teacher training.

Keywords

generative artificial intelligence, teacher training, research-based learning, STEM pedagogy

1 Einführung

Die zentrale Frage dieser Sonderausgabe lautet „Wie verändert Künstliche Intelligenz (KI) die Hochschullehre?" Dabei findet KI dort bereits seit fast zwei Jahrzehnten als Hilfsmittel, also als Lernen *mit* KI, ihren Einsatz. Nach Zawacki-Richter et al. (2019) lassen sich dabei vier Kategorien unterscheiden: (1) Adaptive Systeme und Personalisierung, (2) automatische Prüfungssysteme, (3) Profiling und Vorhersage sowie (4) intelligente Tutorensysteme. In ähnlicher Form finden sich diese Kategorisierungen auch in European Commission (2022). Das Lernen *über* KI war bisher weitgehend domänenspezifisch der Informatik vorbehalten.

Seitdem im November 2022 ChatGPT durch OpenAI für die Öffentlichkeit als kostenfreie Variante zur Verfügung gestellt wurde, ist Hochschullehre mit dem Einfluss dieser speziellen generativen KI auf Lehren, Lernen und Prüfen befasst. Von besonderer Bedeutung ist dabei, dass diese Technologie meist über Large Language Models (LLM) auch ohne dezidierte Programmierkenntnisse durch Prompts als Spracheingabe und ebenso einer Sprachausgabe vergleichsweise intuitiv zu verwenden ist.

Laut Sætra (2023) hat generative KI für die Hochschullehre das Potenzial einer disruptiven Technologie (Christensen et al., 2018), unter anderem in einer Verschiebung des hierarchischen Gefälles zwischen verschiedenen Gruppen, beispielsweise Arbeitsnehmern und Arbeitgebern. Eine solche Verschiebung des hierarchischen Gefälles findet auch zwischen Lehrenden und Lernenden statt. Insbesondere außerhalb einschlägiger Bereiche wie der Informationstechnologie haben Lehrende in der Anwendung von (generativer) KI häufig keinen klaren Wissens- und Kompetenzvorsprung mehr vor den Lernenden. Vor allem können sie selbst i. d. R. nicht auf Erfahrungen in ihrer Bildungs- oder Erwerbsbiografie zurückgreifen, um sie ihren Studierenden als Qualifikationen für eine von vermutlich von KI geprägte Arbeitswelt mitzugeben.

Hierin liegt aber auch eine Chance für die Lehrenden, eine stärker begleitende Rolle einzunehmen von „Sage on the Stage" zu „Guide on the Side" (King, 1993), d. h.

den Studierenden eine stärkere eigenverantwortliche Position im Lernprozess einzuräumen und sie damit auch als Personen mehr in den Blick zu nehmen.

Im Hinblick auf die Nutzung von (generativer) KI für das Qualifikationsprofil von Absolvent:innen werden je nach Fach und Lernvoraussetzungen die methodischen Zugänge sicherlich unterschiedlich sein. Eine Verknüpfung der Herausforderungen einer Berufsqualifizierung in einer ganzheitlichen Bildung adressiert 2022 der Wissenschaftsrat in einem Positionspapier, in dem *Persönlichkeitsbildung, Arbeitsmarktvorbereitung* und eine *forschende Haltung im Hinblick auf die Fachwissenschaft* gleichberechtigt nebeneinanderstehen (vgl. Wissenschaftsrat, 2022).

Gerade für Studierende, die bereits Praxiserfahrungen in ihrem gewählten Berufsfeld gesammelt haben (wie beispielsweise Fachhochschul- oder Lehramtsstudierende mit integrierten Praktika) legt die hier benannte forschende Haltung einen Ansatz von forschendem Lernen nahe.

Bezug genommen wird dabei hier und im Folgenden auf die Definition von Huber (2012, S. 12):

> „Forschendes Lernen zeichnet sich vor anderen Lernformen dadurch aus, dass die Lernenden den Prozess eines Forschungsvorhabens, das auf die Gewinnung von auch für Dritte interessanten Erkenntnissen gerichtet ist, in seinen wesentlichen Phasen – von der Entwicklung der Fragen und Hypothesen über die Wahl und Ausführung der Methoden bis zur Prüfung und Darstellung der Ergebnisse in selbstständiger Arbeit oder in aktiver Mitarbeit in einem übergreifenden Projekt – (mit)gestalten, erfahren und reflektieren."

Dieser Beitrag beleuchtet den Einsatz von Elementen forschenden Lernens, um domänenspezifisch Studierende höherer Semester mit ersten Praxiserfahrungen den Einsatz von generativer KI für ihr zukünftiges Berufsfeld *selbst* explorieren zu lassen. Beispielhaft wird hier ein Fachdidaktikmodul im Masterstudiengang Naturwissenschaft und Technik, einem gymnasialen Lehramtsstudiengang an der Universität Tübingen in Kooperation mit der Hochschule Esslingen vorgestellt.

2 Vorüberlegungen

2.1 Forschendes versus forschungsnahes Lernen

Das hier vorgestellte Modul Fachdidaktik 5 ist im 3. Semester des viersemestrigen Masterstudiengangs „Naturwissenschaft und Technik" verortet und mit 3 SWS veranschlagt. Zu diesem Zeitpunkt haben die Studierenden i. d. R. an Orientierungspraktika im Bachelorstudium teilgenommen sowie zu Beginn des Masterstudiums ein weiteres einsemestriges Schulpraktikum absolviert – die hier beschriebene Veranstaltung ist allerdings nicht mit der Begleitung des Schulpraktikums befasst, kann aber auf die praktischen Kenntnisse der Studierenden aufbauen. Anders als bei Huber und Reinmann (2019) oder Schiefner-Rohs et al. (2019) beschrieben, handelt es sich damit nicht um den klassischen Ansatz des forschenden Lernens in der Lehrkräfteausbildung, der üblicherweise direkt mit einem Praxiskontext verzahnt ist. Der Fokus in der ersten Phase der Lehrkräfteausbildung liegt auf theoretischen und strukturellen Aspekten der Unterrichtsplanung wie beispielsweise in Sandfuchs (2009) dargestellt, ohne zunächst eine konkrete Lerngruppe im Blick zu haben und sich dem Spannungsfeld Theorie – Praxis auszusetzen.

In der Konkretisierung wird daher für das hier vorgestellte Modul der Begriff *forschungsnahes* Lernen verwendet. In Abgrenzung zum forschenden Lernen geben Huber und Reinmann (2019, S. 3) folgende Definition:

> „Forschungsnahes Lernen umfasst über forschendes Lernen im engeren Sinne, in dem Studierende einen Forschungsprozess selbst forschend vollständig durchlaufen, hinaus alle diejenigen anderen Formen des Lehrens und Lernens, welche die Studierenden explizit an Forschung als Prozess heranführen, indem sie einen solchen nachvollziehbar vor- und zur Diskussion stellen oder die Studierenden Elemente daraus als Ausschnitte aus einem mitgedachten Forschungszusammenhang üben und erlernen lassen."

In den folgenden Abschnitten wird auf einige Elemente der Kursplanung eingegangen, zum einen auf die Veröffentlichung für Dritte als zentrales Element des forschenden Lernens: In diesem Fall sind die Zielgruppe andere Lehrkräfte im Rahmen eines Entwurfs für ein Unterrichtsmagazin. Zum anderen auf den Forschungsprozess, der darin besteht, generative KI für einen projektartigen Unterrichtseinsatz in einem technischen Fach zu explorieren. Besonderes Augenmerk wurde dabei auf die Gestaltung der Prüfungsleistung sowie die Begleitung der Studierenden gelegt, da diese neben den inhaltlichen Kompetenzzielen im Bereich der generativen KI auch die Prozesse des Gestaltens und Bewertens modellhaft im Hinblick auf Nutzbarkeit für die eigene Unterrichtspraxis reflektieren sollen.

Zur Einordnung werden zunächst kurz die Rahmenbedingungen zum Zeitpunkt der Planung für den Einsatz von KI an Schulen herausgestellt, bevor die oben genannten Aspekte weniger domänenspezifisch erläutert werden.

2.2 Künstliche Intelligenz als Herausforderung für den künftigen Berufsalltag Schule

Bisher spielt generative KI in der Schule als künftiger Arbeitsort der Lehramtsstudierenden keine offizielle Rolle, auch wenn viele Schüler:innen generative KI in Form von ChatGPT bereits kennen, wenngleich mit Fehlvorstellungen verknüpfen (vgl. Schlude et al., 2024).

In den aktuellen Bildungsplänen finden sich bereits verschiedene Anknüpfungspunkte, um sich mit den Themenfeldern Digitalisierung, Einsatz von KI und Algorithmen auseinanderzusetzen: Das Kultusministerium des Landes Baden-Württemberg nennt dabei vorrangig die Fächer Ethik und Philosophie zu Chancen und Risiken sowie das Fach Informatik für die Sekundarstufe I oder im Rahmen des Bildungsplans des Gymnasiums (Ministerium für Kultus, Jugend und Sport Baden-Württemberg, 2024).

Die Studierenden in dem hier betrachteten Modul studieren das baden-württembergspezifische Fach Naturwissenschaft und Technik (ein gymnasiales Wahlfach ab der

8. Klasse). Auch wenn Datenverarbeitung als Teilaspekt behandelt wird, gibt es noch wenig Ansätze zur Nutzung von KI im allgemeinbildenden Technikunterricht, In diesem spielt weniger das Digitale, sondern das „handelnde Erschaffen von sinnhaften Artefakten" ein definierendes Moment (vgl. T. Kirste in Geißel & Gschwendtner, 2018, S. 71). Erste Überlegungen für eine Integration generativer KI in den Technikunterricht finden sich in beispielsweise bei Nepper und Ruch (2023). Dort wird u. a. Programmiercode zum Auslesen von Sensoren und Steuerung von technischen Artefakten erzeugt. Die Anwendung liegt in einem *Auslagerungsprinzip*, bei dem algorithmische Tätigkeiten an ein Tool ausgelagert werden und die Rolle der Lernenden sich auf das Beurteilen der Ergebnisse verschiebt (vgl. Kuntze, 2024).

Der Einsatz von KI in der Schule ist ferner limitiert durch fehlende rechtliche Vorgaben, gerade im Bereich des Datenschutzes (seit der Durchführung des Moduls sind erste schultaugliche generative KI-Chatbots in der Erprobung).

Gleichzeitig werden die angehenden Lehrkräfte künftig Unterricht selbst gestalten müssen, im Laufe ihres Berufslebens auch über die aktuellen Bildungspläne hinaus; die Konzeption von Unterricht zu Fragen aktueller gesellschaftlicher und sozialer Relevanz ist also erklärtes Qualifikationsziel für Lehrkräfte.

Die Lehramtsstudierenden in Naturwissenschaft und Technik stehen damit exemplarisch für alle Studierenden, die derzeit oft heterogene Voraussetzungen im Umgang mit (generativer) KI mitbringen, aber zukünftig nicht nur passiv Technologien rezipieren, sondern diese wie auch ihren Einsatz aktiv gestalten und reflektieren sollen und müssen.

3 Methodische Gestaltung

3.1 Kompetenzziele und Prüfungsleistung

Für dieses Modul Fachdidaktik 5 sind die Kompetenzen laut Modulhandbuch (Grabmayr & Bleibel, 2021) angegeben als: „Die Studierenden beherrschen unterschiedliche Unterrichtsmethoden und deren Wechsel im Technikunterricht. Sie verstehen den Einsatz wissenschaftlicher Methoden in der Projektarbeit. Sie können Reflexion der Arbeitsmethoden vermitteln."

Im Sinne des Constructive Alignment (Biggs, 1996) ist der Kurs für die Studierenden in ihrer Doppelrolle als Lernende sowie zukünftig Lehrende daher so angelegt, dass die Studierenden zu einem vorgegebenen Thema projektartig eine schulische Projektarbeit konzipieren, bei der das Anfertigen eines physischen technischen Artefakts ein Teil der Prüfungsleistung ist.

Neben dem physischen funktionsfähigen Artefakt, das einen obligatorischen Teil der Prüfungsleistung darstellt, ist weiterhin ein Unterrichtseinsatz zu planen (als Manuskript wie im folgenden Abschnitt beschrieben) sowie eine Präsentation der zentralen Aspekte der Planung. Diese drei Elemente werden als Gruppenarbeit abgegeben, zusätzlich eine Reflexion über den Arbeitsprozess als Einzelleistung.

> „Im alltäglichen Betrieb von Forschung und wohl leider auch Lehre befassen sich die modernen Fachwissenschaften nicht mehr selbstverständlich von sich aus mit Grundfragen der Ethik oder der gesellschaftlichen Folgen oder des persönlichen Sinns ihres Treibens. Gerade die globalen Schlüsselprobleme [...] böten aber dazu reichlich Anlass" (Huber & Reinmann, 2019, S. 49).

Zentral an diesem Modul ist daher eine Aufgabenstellung, die aktuelle soziale und gesellschaftliche Herausforderungen adressiert, was laut Ropohl (2009) auch eine zentrale Dimension von Technik ist. Im Hinblick auf generative KI und das Spannungsfeld zwischen dem Digitalen und den physischen Artefakten lautete das Thema für die studentischen Projektarbeiten daher: „Zwischen Kopf- und Handarbeit: Technik im Unterricht und generative KI" mit den Learning Outcomes: „Sie können für die NwT-Kursstufe handlungsorientierten Projektunterricht planen und reflektieren, ein technisches Artefakt konstruieren und fertigen und generative KI als Unterrichtsthema aufgreifen."

3.2 Veröffentlichung für Dritte

Ein Kriterium des forschenden Lernens laut Huber und Reinmann (2019) ist die explizite Adressierung der Ergebnisse für Dritte. Als Zielgruppe sind für Unterrichtsideen andere Lehrkräfte im Fokus, das Zielformat war daher ein Artikel für ein Unterrichtsmagazin als Fachzeitschrift für praktisch einzusetzende Unterrichtsentwürfe, d. h. die originalen Autorenhinweise einer Zeitschrift wurden zur Verfügung gestellt. Einschränkend ist an dieser Stelle zu ergänzen, dass die Publikation von Ergebnissen in den vergangenen Semestern für die Lehramtsstudierenden keine hohe Priorität hatte. Trotz eines erfolgreichen Artikels (Haab et al., 2021) aus dieser Veranstaltung haben die Studierenden angegeben, dass sie einer Publikation im Sinne des Teilens von Ergebnissen und Erfahrungen als Lehrkraft keine wesentliche Rolle einräumen oder sie ihre Ergebnisse als nicht gut genug bewerten und auf entsprechende Angebote guter Entwürfe üblicherweise ablehnend reagierten. Dieser Unterschied zu Studierenden in den wissenschaftlichen Abschlüssen scheint bedeutsam zu sein, auch als Gegenstand einer weiteren Untersuchung.

Öffentlichkeit wird weiterhin hergestellt über eine fachbereichsöffentliche Präsentation der Artefakte und der Konzepte als Abschluss des Moduls.

3.3 Begleitung der Studierenden

Der Kurs startet mit einem Kickoff-Tag in Präsenz, damit sich die Teilnehmenden kennenlernen und Gruppen bilden können. Ferner werden in verschiedenen Methoden und Sozialformen fachliche und organisatorische Grundlagen gelegt sowie das zu bearbeitende Thema wie die Prüfungsleistungen vorgestellt. Hier werden auch Chancen und Risiken sowie Datenschutzbestimmungen generativer KI besprochen und mögliche Bedenken der Studierenden adressiert.

Die Studierenden haben etwa 14 Wochen Zeit für die Umsetzung: Pro Gruppe wird ferner ein finanzielles Budget festgelegt, um Materialien für das physische Artefakt in Eigeninitiative zu beschaffen. Wie im Berufsalltag gibt es für die Umsetzung eines Artefakts im Rahmen einer schulischen Projektarbeit innerhalb des oben gesetzten Themas zeitliche und finanzielle Ressourcenbeschränkungen.

Die Betreuung findet während des Semesters in halbstündigen Videokonferenzen statt. Um am Ende des Semesters eine differenzierte Bewertung vornehmen zu können sowie im Wissen um die Komplexität der verschiedenen Arbeitsprodukte, wird zur Bearbeitung eine Grobstruktur vorgegeben, innerhalb derer die Studierenden sich zu ihrem selbst gewählten Thema gruppenintern eigenständig organisieren müssen. Diese Grobstruktur orientiert sich an Scrum-ähnlichen agilen Projektplanungsmethoden im Schul- oder Hochschulbereich vgl. Luther (2018), Mittelbach (2020): Aufeinander aufbauende generalisierte Arbeitsschritte sollen in grob vorher umrissenen Abschnitten, sogenannten „Sprints", erledigt werden (z. B. die Themenfindung, die Erstellung eines Bauplans und einer Stückliste für das Artefakt etc.).

Ein Aspekt der Reflexion ist insbesondere, ob diese Form der Organisation mit einer generischen Grobstruktur für Planung und regelmäßigen Rückmeldungen sich möglicherweise auch für den eigenen schulischen Unterrichtseinsatz eignet.

4 Durchführung

Im Wintersemester 2023/24 nahmen 21 Studierende teil, davon waren 19 Studierende in der Einführungsveranstaltung und beteiligten sich an einer Umfrage zu Vorerfahrungen. Die Studierenden haben sich selbst auf sechs Gruppen à maximal vier Personen aufgeteilt. Hintergrund ist dabei, dass der Hochschulstandort Esslingen ca. eine Stunde Fahrt von der studiengangführenden Universität Tübingen entfernt ist und daher die Räumlichkeiten und Werkstätten an der Hochschule Esslingen von den Masterstudierenden selten genutzt werden (können). Für die mehrwöchige Fertigungsphase des Artefakts hat es sich daher in den vergangenen Semestern als günstig herausgestellt, die Studierenden Gruppen bilden zu lassen, die ähnliche Stundenpläne, nahegelegene Wohnorte oder als Gruppe Zugang zu Werkräumen haben.

Die Vorerfahrungen der Studierenden zu ChatGPT zu Beginn des Kurses waren heterogen, für viele Studierende war ChatGPT im Oktober 2023 bereits nahezu synonym mit Künstlicher Intelligenz. Bei der Frage „Wenn ich KI höre, denke ich an …" haben von 18 Teilnehmenden 9 „ChatGPT" angegeben", Mehrfachantworten waren möglich, die 21 verbleibenden Antworten bezogen sich sowohl auf technische Realisierungen und Einsatzmöglichkeiten wie Maschinelles Lernen, Neuronale Netze oder Big Data wie auch auf Chancen und Risiken der Technologie mit Antworten wie unspezifischer „Chancen und Risiken", aber auch fünf Antworten, die sich mit (erwarteter) Arbeitserleichterung zusammenfassen lassen.

Zur spezifischen Anwendung ChatGPT als Beispiel für generative KI gaben alle Studierenden an, davon zumindest gehört zu haben, gleichzeitig hat niemand angegeben, sich bereits gut auszukennen.

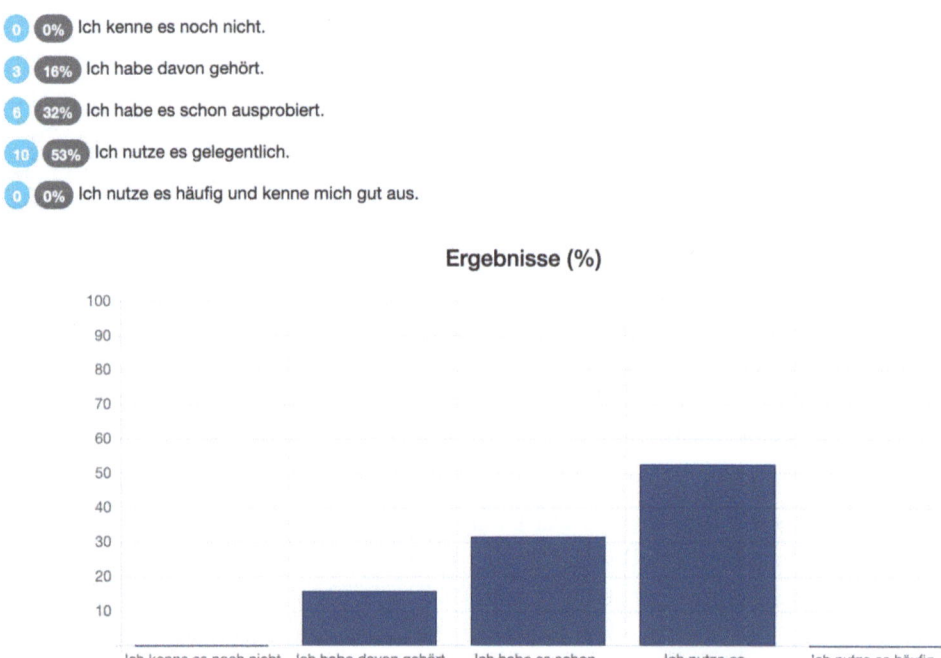

0 · 0% · Ich kenne es noch nicht.

3 · 16% · Ich habe davon gehört.

6 · 32% · Ich habe es schon ausprobiert.

10 · 53% · Ich nutze es gelegentlich.

0 · 0% · Ich nutze es häufig und kenne mich gut aus.

Ergebnisse (%)

Abb. 1: Ergebnisse der Befragung zu Vorkenntnissen zu ChatGPT

Die letzte Frage betraf die Beschäftigung mit möglichen Einsatzgebieten in der Schule als Berufsfeld. Auf die Frage „Auf einer Skala von 1–10, wie stehen Sie einem Einsatz von ChatGPT im Unterricht gegenüber (0: sehr kritisch, 10: sehr positiv)?" lag der Mittelwert bei 6,1 ± 1.6 wie in Abb. 2 dargestellt, die Grundstimmung, das Tool im Rahmen der Fachdidaktik einmal auszuprobieren, war also eher zustimmend.

Interessant war, dass alle Studierenden gegenüber der Nutzung einer individuell auswählbaren generativen KI auch nach Aufklärung über Datenschutzbestimmungen sowie Chancen und Risiken aufgeschlossen waren.

Abb. 2: Ergebnis der Umfrage „Wie stehen Sie dem Einsatz von ChatGPT im Unterricht gegenüber?"

5 Ergebnisse

5.1 Gruppenergebnisse

Die sechs Gruppen kamen zu sehr unterschiedlichen Lösungen: Eine Gruppe hatte die KI nur für sich selbst als Hilfsmittel beim Programmieren genutzt, aber keine Unterrichtsnutzung vorgesehen, drei Gruppen hatten das Programmieren der technischen Artefakte durch Prompts der Schülerinnen und Schüler (SuS) an eine generative KI vorgesehen und dieses Vorgehen in unterschiedlichem Maße im Rahmen der Entwürfe durch die SuS als eigene Lerngelegenheit *über* KI bewerten lassen; eine Gruppe hat sowohl KI selbst bewusst als Prompt-Engine genutzt, um einen Code zu erstellen, der die eigenen Programmierfähigkeiten überstieg, als auch dies für SuS vorgesehen.

Neben dieser starken Nutzung für Code-Erzeugung und dem oben beschriebenen Auslagerungsprinzip hat eine Gruppe einen interdisziplinären Ansatz gewählt, der sich mit Deutsch (ggf. in einem Deutsch-als-Fremd-oder-Zweitsprache-Kontext) einsetzen ließe: Die KI sollte nach Prompts Fantasiegeschichten zu einer festen Anzahl Stichwörter erstellen, auf deren Basis dann technische Artefakte zu erstellen waren. Um die Aufgabe nicht trivial werden zu lassen, haben die Studierenden selbst mit verschiedenen Wortarten für die Stichwörter in den Prompts experimentiert, um Geschichten zu erzeugen, die sich nicht unmittelbar aus drei eingegebenen Substantiven ergeben (womit der „Umweg" über die KI bis zur Erzeugung der Artefakte hinfällig wäre).

Damit ergab sich über diesen forschenden Ansatz ein breites Spektrum an möglichen didaktischen Anwendungsszenarien für generative KI, die über die bisher aus der Unterrichtsliteratur bekannten Beispiele hinausgingen. Wie oben bereits beschrieben, war das Interesse der Lehramtsstudierenden an einer Publikation der Manuskripte nicht sehr ausgeprägt.

5.2 Reflexionen

Ausgewertet wurden weiterhin die studentischen Reflexionen. Sie waren als Einzelleistungen einzureichen und sollten sich u. a. auf die folgenden Punkte beziehen:

- Aufgabenstellung

- Organisation des Moduls und Zusammenarbeit in der Gruppe

Darüber hinaus war keine Struktur vorgegeben, Mehrfachnennungen der aus den Texten extrahierten Aspekte waren also möglich.

5.2.1 Aufgabenstellung

Die Aufgabenstellung wurde von vielen Studierenden als spannend, aber herausfordernd beschrieben. Erwartbar hat eine positivere Einschätzung mit einer erfolgreicheren Prüfungsleistung korreliert, i. d. R. ging dies auch mit einer größeren Flexibilität bei der Bearbeitung der sehr offenen Aufgabenstellung einher, beispielsweise bei Problemen mit zeitlichen Beschränkungen oder bei der Beschaffung der Materialien.

Insgesamt haben die Studierenden das Modul und den Prozess ihrer Erkenntnisgewinnung in dem sich rasant ändernden Feld der (generativen) KI positiv gewertet. Gut die Hälfte der Studierenden (52 %) haben dabei insbesondere erwähnt, dass sie durch die Projektarbeit konkrete Ideen für den Unterrichtseinsatz dieser Technik erarbeitet hätten mit Stimmen wie:

> „Ich verband KI mit Textübersetzung und der Generierung von ‚schön formulierten' Texten. Die Aufgabe hat mir gezeigt, dass es unheimlich viele Berührpunkte geben kann, und es mit Blick auf die Entwicklungen im KI-Bereich umso wichtiger ist, diese auch den SchülerInnen zu verdeutlichen und sie reflektiert an das Themenfeld heranzuführen."

Eine Einzelstimme fand im Rückblick zum jetzigen Zeitpunkt die Beschäftigung mit generativer KI für den Unterricht verfrüht und hat dies als Grund für mangelnde Motivation für eine intensive Beschäftigung mit dem Thema angegeben.

5.2.2 Organisation des Moduls und Zusammenarbeit

Die Zusammenarbeit in der Gruppe wurde von mehr als drei Viertel der Studierenden (76 %) positiv bewertet. Eine Person hat allerdings angemerkt, dass sich Abstimmungen bei einer Gruppengröße von vier Personen als schwierig herausgestellt haben.

Mit 18 expliziten Nennungen (86 %) wurde von einer Mehrheit die Form der Begleitung ebenfalls positiv bewertet, die einen Rahmen und Raum für Rücksprachen gegeben hat, beispielsweise mit dem Kommentar:

> „Die Methodik des Moduls, besonders die regelmäßigen Besprechungen mit Ihnen nach jedem Sprint, war sehr gut gewählt und lässt sich auch gut auf spätere Projektarbeiten in der Schule übertragen. Durch die zeitlich und inhaltlich festgelegten Sprints war der grundlegende Vorgang in der Bearbeitung direkt gegeben und – in unserem Fall nicht notwendig – gruppeninterne Diskussionen darüber obsolet."

57 % der Studierenden haben Format und Bewertungsmethodik auch explizit als für den Schuleinsatz geeignet aufgegriffen mit Formulierungen wie:

> „Die Projektmanagementmethode (Edu)Scrum war mir vor dem Seminar nicht bekannt. Diese Methode gefällt mir insofern gut, dass sie einen Kompromiss zwischen Selbstorganisation und Kontrolle des bereits erreichten bildet. Ich kann mir vorstellen Scrum für zukünftige Projekte zu verwenden."

5.2.4 Weitere Aspekte

Einige Studierende haben ihre persönliche Entwicklung benannt: beispielsweise hinsichtlich ihrer Kommunikationsfähigkeiten oder des Einarbeitens in fachfremde Inhalte.

Größte Kritikpunkte an der Organisation des Moduls und der Prüfungsleistung waren die teilweise unklaren Vorgaben für das einzureichende Manuskript, die bei einer erneuten Durchführung zu überarbeiten wären (52 %), sowie der insgesamt hohe Arbeitsaufwand für das Modul (29 %).

6 Fazit

Generative Künstliche Intelligenz mit frei verfügbaren Anwendungen stellt Hochschullehre vor neue Herausforderungen, die disruptiven Charakter haben: Lehrende finden sich in der Rolle wieder, Lernende auf einen Arbeitsmarkt vorzubereiten, in dem KI künftig eine noch nicht klar absehbare, aber sicherlich unverzichtbare Rolle spielen wird, ohne dass sie selbst hier auf einen Erfahrungsschatz zurückgreifen können. Eine Möglichkeit, hier Zugänge zu eröffnen, ist den Studierenden über Elemente des forschenden oder forschungsnahen Lernens den Freiraum zu eröffnen, Anwendungsgebiete in einem geschützten Rahmen selbst zu explorieren, d. h. (generative) KI und den Bezug zum eigenen Berufsalltag selbst zum Forschungsgegenstand zu machen. Dieser Ansatz knüpft damit auch an die Forderungen der Wissenschaftskommission an, Persönlichkeitsbildung, einen forschenden Zugang zum Fachwissen sowie eine Arbeitsmarktvorbereitung zu verzahnen.

Als Anwendung eines solchen forschungsnahen Lehrformats wurde in diesem Beitrag ein Einsatz für Lehramtsstudierende für allgemeinbildenden gymnasialen Technikunterricht skizziert. Während sich forschendes Lernen gerade auch für praxisbegleitende Lehrveranstaltungen als Format anbietet, ist der Praxisbezug des Moduls keine zwingende Voraussetzung. Es ist ebenfalls möglich, sich der Fragestellung zu widmen, wie der Einsatz von KI in künftigen Berufsfeldern aussehen könnte, sofern für die Studierenden eine hinreichend klare Vorstellung ihres künftigen Aufgabengebietes vorhanden ist, beispielsweise über bereits erfolgte Praktika.

In der hier vorgestellten Umsetzung lag besonderes Augenmerk auf der Gestaltung der Prüfungsleistung, die die Präsentation der erarbeiteten Ergebnisse für Dritte inkludiert, sowie der Begleitung der Studierenden in einem kollaborativen Lern- und Forschungsprozess durch die Vorgabe struktureller Leitplanken. Gerade für das hier vorgestellte Beispiel aus der Lehrkräfteausbildung ist die doppelte Rolle der Studierenden als Lernende und auch zukünftig Lehrende und Bewertende bei der Gestaltung des Moduls mit Reflexion über auf den Unterricht übertragbare Elemente ein zentraler Bestandteil der Arbeitsmarktqualifikation.

Aus den Reflexionen und den Ergebnissen zeigt sich, dass die Studierenden dieses Lehrformat zur Exploration des didaktischen Potenzials von generativer KI als eigenständige Forschungsleistung überwiegend positiv bewerten. Dem fehlenden Kompetenzvorsprung der Lehrperson bei KI-Anwendungen, die diese konsequente Rolle der Lernbegleitung bedingt hat, hat damit innovative neue Möglichkeiten des Einsatzes eröffnet sowie den Studierenden nach eigener Einschätzung eine vertiefte Auseinandersetzung mit den Lehrinhalten ermöglicht.

Auch wenn das Modul hinsichtlich des Arbeitsaufwands und der im Detail klareren Anforderungen zu überarbeiten ist, scheint der Ansatz des forschungsnahen Lernens auch im Umgang mit generativer KI geeignet, die Ansprüche des Wissenschaftsrats an eine Verzahnung von Persönlichkeitsbildung, Arbeitsmarktorientierung sowie einer forschenden Haltung zum Fachgegenstand zu adressieren.

Literaturverzeichnis

Biggs, J. (1996). Enhancing teaching through constructive alignment. *Higher Education, 32*(3), 347–364. https://doi.org/10.1007/BF00138871

Christensen, C. M., McDonald, R., Altman, E. J., & Palmer, J. E. (2018). Disruptive Innovation: An Intellectual History and Directions for Future Research. *Journal of Management Studies, 55*(7), 1043–1078. https://doi.org/10.1111/joms.12349

European Commission (2022). *Ethical guidelines on the use of artificial intelligence (AI) and data in teaching and learning for educators.* Publications Office of the European Union. https://doi.org/doi/10.2766/153756

Geißel, B., & Gschwendtner, T. (Hrsg.). (2018). *Wirksamer Technikunterricht.* Schneider Verlag Hohengehren GmbH.

Grabmayr, P., & Bleibel, J. (2021, Juli 23). *Modulhandbuch Lehramt Naturwissenschaft und Technik (NwT): Bachelor und Master of Education, Erweiterungsfach Master of Education.* Universität Tübingen. https://uni-tuebingen.de/fakultaeten/mathematisch-naturwissenschaftliche-fakultaet/fachbereiche/physik/studium/studiengaenge/bed-naturwissenschaft-und-technik-lehramt-gymnasium/

Haab, A., Mahr, T., & Clincy, M. (2021). Regelungstechnik verstehen und erleben – Realisierung einer PID-geregelten Wippe mit Ball unter Verwendung eines Mikrocontrollers. *MNU Journal, 06.* https://www2.hs-esslingen.de/~mclincy/pub/NwT/MNU_journal_06-2021_500-507.pdf

Huber, L. (2012). Warum Forschendes Lernen nötig und möglich ist. *Methoden des Lernens in der Rechtswissenschaft, 59–89.*

Huber, L., & Reinmann, G. (2019). *Vom forschungsnahen zum forschenden Lernen an Hochschulen: Wege der Bildung durch Wissenschaft.* Springer VS.

King, A. (1993). From Sage on the Stage to Guide on the Side. *College Teaching, 41*(1), 30–35. https://doi.org/10.1080/87567555.1993.9926781

Kuntze, S. (2024). Künstliche Intelligenz und der Unterricht der MINT-Fächer. *MNU Journal, 02*(77), 91.

Luther, A. (2018). *Was ist eduScrum?* https://www.eduscrum.hs-mannheim.de/was-ist-eduscrum.html

Ministerium für Kultus, Jugend und Sport Baden-Württemberg. (2024). *Künstliche Intelligenz im Unterricht – Informationsangebote für Lehrkräfte.* https://km.baden-wuerttemberg.de/de/schule/digitalisierung/kuenstliche-intelligenz-im-unterricht

Mittelbach, T. (Hrsg.). (2020). *Scrum in die Schule! Zeit für mehr Agilität im Unterricht* (1. Auflage). Visual Ink Publishing. https://visual-books.com/scrum-in-die-schule/

Nepper, H. H., & Ruch, A. (2023). ChatGPT. Implikationen für den Technikunterricht. *technik-education (tedu). Fachzeitschrift für Unterrichtspraxis und Unterrichtsforschung im allgemeinbildenden Technikunterricht, 3*(1), 3–10. https://doi.org/10.25656/01:26811

Ropohl, G. (2009). *Allgemeine Technologie: Eine Systemtheorie der Technik* (3., überarb. Aufl.). KIT Scientific Publishing.

Sætra, H. S. (2023). Generative AI: Here to stay, but for good? *Technology in Society, 75,* 102372. https://doi.org/10.1016/j.techsoc.2023.102372

Sandfuchs, U. (2009). Grundfragen der Unterrichtsplanung. In K.-H. Arnold, U. Sandfuchs, & J. Wiechmann (Hrsg.), *Handbuch Unterricht* (2., aktualisierte Aufl., S. 512–519). Klinkhardt.

Schiefner-Rohs, M., Favella, G., & Herrmann, A.-C. (Hrsg.). (2019). *Forschungsnahes Lehren und Lernen in der Lehrer*innenbildung*. Peter Lang D. https://doi.org/10.3726/b15524

Schlude, A., Mendel, U., Stürz, R. A., & Fischer, M. (2024). Verbreitung und Akzeptanz generativer KI an Schulen und Hochschulen. In *Bidt DE*. https://www.bidt.digital/publikation/verbreitung-und-akzeptanz-generativer-ki-an-schulen-und-hochschulen/

Wissenschaftsrat (Hrsg.). (2022). *Empfehlungen für eine zukunftsfähige Ausgestaltung von Studium und Lehre*. Wissenschaftsrat. https://doi.org/10.57674/q1f4-g978

Zawacki-Richter, O., Marín, V. I., Bond, M., & Gouverneur, F. (2019). Systematic review of research on artificial intelligence applications in higher education – where are the educators? *International Journal of Educational Technology in Higher Education, 16*(1), 1–27.

Claudia Schmidt[1], Teresa Sedlmeier[2], Katrin Bauer[3], Michael Canz[4], Daniela Schlemmer[5] & Volker Sänger[6]

Förderung von KI-Kompetenz – Lernen mit und über Chatbots in einem Making-Szenario

Zusammenfassung

Künstliche Intelligenz (KI) nimmt eine immer größere Rolle im Berufs- und Alltagsleben ein. Ein bedeutendes Anwendungsgebiet von KI sind Chatbots, die Menschen als digitale Assistenten bei diversen Aufgaben unterstützen können. Der vorliegende Beitrag stellt die Umsetzung eines Moduls zum Themenbereich Chatbots vor, das konzipiert wurde, um die anwendungsbezogene KI-Kompetenz in der Hochschullehre zu fördern. Das Didaktische Design des Moduls kombiniert passgenau die Wissensvermittlung zur Funktionsweise von Chatbots mit einer praktischen Umsetzung basierend auf dem Making-Konzept.

Schlüsselwörter

Chatbots, KI-Kompetenz, Making, didaktisches Design, Hochschullehre

---

1 Corresponding author; Hochschule Offenburg; c.schmidt@hs-offenburg.de; ORCID 0009-0005-5849-4992

2 Hochschule Offenburg; teresa.sedlmeier@hs-offenburg.de; ORCID 0009-0004-7744-7979

3 Hochschule Offenburg; katrin.bauer@hs-offenburg.de; ORCID 0009-0004-0615-0146

4 Hochschule Offenburg; michael.canz@hs-offenburg.de; ORCID 0009-0008-5498-4814

5 Hochschule Offenburg; daniela.schlemmer@hs-offenburg.de

6 Hochschule Offenburg; volker.saenger@hs-offenburg.de; ORCID 0009-0008-2699-0694

https://doi.org/10.21240/zfhe/SH-KI-2/10

Promotion of AI competence – Learning with and about chatbots in a making scenario

Abstract

Artificial intelligence (AI) plays an increasingly important role in professional and everyday life. Chatbots, which can support people as digital assistants in various tasks, are an important area of AI application. This paper presents the implementation of a module on the topic of chatbots, which was designed to promote application-related AI skills in university teaching. The didactic design of the module perfectly combines the transfer of knowledge about how chatbots work with a practical implementation based on the making concept.

Keywords

making, chatbots, AI-literacy, didactical design, higher education

1 Einführung

Ein Chatbot ist eine Computersoftware, die in der Lage ist, eine Eingabe in natürlicher Sprache entgegenzunehmen und eine Ausgabe in Echtzeit zu liefern (vgl. Suta et al., 2020). Mit dem Start von ChatGPT im November 2022 (vgl. Statista, 2023) rückten Chatbots schlagartig in den Fokus von Unternehmen und der Gesellschaft. Insbesondere im Bildungsbereich sorgen Chatbots dafür, dass KI immer intensiver eingesetzt wird.

Grundsätzlich lässt sich anhand von Chatbots beispielhaft zeigen, was mit KI möglich ist, wie KI funktioniert und wo die Grenzen der Technologie liegen. Vor dem Hintergrund der beschriebenen Entwicklungen wird an der Medienfakultät der Hochschule Offenburg seit dem Sommersemester 2023 ein komplettes Modul über Chatbots angeboten. In diesem werden die technische Funktionsweise und Charakteristika von Chatbots gelernt und in einer praktischen Arbeit nach dem Making-Konzept umgesetzt. Die Lerninhalte gehen über die kritische Nutzung von bereits bestehenden Tools wie beispielsweise ChatGPT hinaus, indem von den Studierenden eigene Chatbots zu einem speziellen Wissensgebiet konzipiert und entwickelt werden. Um den Nutzen des neu konzipierten Moduls zu analysieren, wird im vorliegenden Beitrag untersucht, inwieweit dieses KI-Kompetenz fördert. Folgende These wird dabei zugrunde gelegt: *Ein Didaktisches Design, das Wissen über die Funktionsweise und das Making eines Chatbots integriert, fördert KI-Kompetenz im Anwendungsbereich von Chatbots.*

Im vorliegenden Beitrag werden zuerst Grundlagen der Chatbot-Technologie skizziert. Im Anschluss werden das Didaktische Design des Moduls beschrieben sowie eine Zusammenfassung mit ersten Erfahrungen und Ergebnisse der Evaluation vorgestellt.

2 Chatbots – Architektur und Funktionsweise

Moderne Chatbots verwenden Machine Learning in Kombination mit Natural Language Processing (NLP) und sind damit im Bereich der KI angesiedelt (vgl. Suta et al., 2020). Die NLP spielt eine entscheidende Rolle, da sie die Grundlage für das Verständnis von Eingabetexten, sowie für die Auswahl passender Antworten bildet.

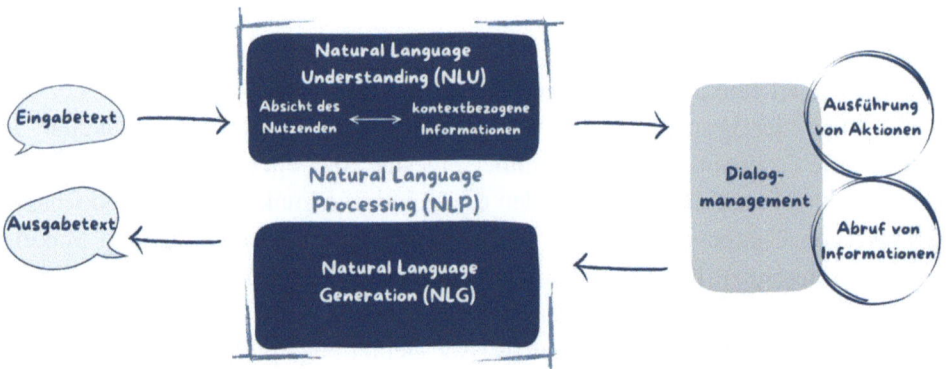

Abb. 1: Architektur von Chatbots (in Anlehnung an Adamopoulou & Moussiades, 2020, S. 380)

Abb. 1 visualisiert die grundlegende Architektur eines Chatbots, die aus drei Komponenten besteht: dem Natural Language Understanding (NLU) mit der Aufgabe, die Eingabe des Nutzenden durch die Intent-Erkennung sowie Entitäten-Extraktion zu interpretieren, dem Dialog-Management, welches den Gesprächsfluss steuert, indem es entscheidet, welche Aktion als Nächstes ausgeführt wird, und der Natural Language Generation (NLG) für die Formulierung sowie Ausgabe der vom System gewählten Antwort in natürlicher Sprache (vgl. Suta et al., 2020).

3 Das Modul Chatbots – Konzeption und Erfahrungen

Im Rahmen des Projekts „KompiLe – KI-Kompetenz fördern, individualisiertes Lernen unterstützen"[7] wurden an der Fakultät Medien der Hochschule Offenburg drei Module zur Förderung von KI-Kompetenz konzipiert. Thematisch stehen in diesen Modulen Chatbots, KI in den Medien und ethische sowie datenschutzrechtliche Aspekte von KI-Anwendungen im Mittelpunkt. Die Module werden seit dem Sommersemester 2023 angeboten.

3.1 Förderung von KI-Kompetenz

Alle drei Module haben zum Ziel, KI-Kompetenz anwendungsorientiert anhand von komplexen und authentischen Szenarien zu vermitteln und zu fördern. Um Studierende optimal auf die Chancen und Herausforderungen von KI vorzubereiten, sollten KI in die Hochschullehre integriert und grundlegende Kenntnisse über KI und ihre vielfältigen und ständig zunehmenden Anwendungen vermittelt werden (vgl. de Witt et al., 2020; Southworth et al., 2023). Zielgruppe der Module sind Studierende im Hauptstudium des Bachelorstudiengangs „Medien und Kommunikation", die in der Regel noch keine Grundlagenvorlesung zu KI besucht haben.

Kompetentes Handeln in Bezug auf KI erfordert eine Kombination aus insbesondere technischem Wissen, aber auch dem Verständnis für soziale und ethische Auswirkungen (Knoth et al., 2024). Im Projekt KompiLe werden vier Dimensionen von KI-Kompetenz unterschieden: Kontextbezogenes KI-Wissen, die praktische Nutzung von KI-Anwendungen (KI-Nutzung), die kritische Reflexion von KI-Methoden und Datennutzung (KI-Kritik) und die Entwicklung und das Training von KI-Anwendungen (KI-Entwicklung) (vgl. Schlemmer et al., 2023).

---

7   Das Projekt KompiLe wird vom BMBF und MWK Baden-Württemberg im Rahmen der Bund-Länder-Initiative Förderung der Künstlichen Intelligenz in der Hochschulbildung gefördert.

Im Modul „Chatbots" liegt der Schwerpunkt beim *KI-Wissen* zum einen auf grundsätzlichen Kenntnissen zu den KI-Methoden, die innerhalb der Chatbot-Technologie eingesetzt werden, und zum anderen auf anwendungsspezifischem Wissen über Chatbots. Bei der *KI-Nutzung* geht es um den zielgerichteten Einsatz von existierenden Chatbots, um Probleme zu lösen und Aufgaben zu bewältigen. Die kritische Auseinandersetzung mit Chatbots, ethische Anforderungen an die Algorithmen und die Rolle von Daten, mit denen Chatbots trainiert werden, sind Gegenstand der *KI-Kritik*. Möglicherweise sind Studierende nicht nur Nutzende von Chatbots, daher adressiert die *KI-Entwicklung* die Konzeption und die Umsetzung inklusive des Trainings eines eigenen Chatbots. Die Entwicklung und das Training eines Chatbots setzen Programmierkenntnisse sowie das Verständnis von Datensätzen und deren zielführende Verarbeitung voraus.

3.2 Aufbau des Moduls Chatbots

Das Modul Chatbots umfasst fünf Credits und besteht aus einem wöchentlichen Präsenzseminar mit zwei Semesterwochenstunden und zusätzlichen Laboren, die die Grundlage für eine Praktische Arbeit als Prüfungsleistung darstellen (s. Abb. 2). Der Schwerpunkt des Seminars liegt auf der Wissensvermittlung, der praktischen Nutzung von existierenden Chatbots sowie der kritischen Reflexion. In mehreren Laborveranstaltungen wird das erworbene Wissen direkt angewendet, anhand von Aufgaben eingeübt und der Umgang mit den Werkzeugen erlernt. In den Laboren und bei der Praktischen Arbeit steht insbesondere die KI-Entwicklung im Mittelpunkt, auch wenn zusätzliche praktische Kenntnisse zu den eingesetzten Werkzeugen vermittelt und die Entwicklung kritisch reflektiert werden.

Als Prüfungsleistung wurde eine Praktische Arbeit gewählt, die sich am Making-Ansatz orientiert. Dazu konzipieren und realisieren die Studierenden jeweils in Dreiergruppen einen eigenen Chatbot und präsentieren diesen im Seminar. Making betont das Lernen durch Handeln und wird im Bildungskontext auch als projektbasiertes Lernen beschrieben (vgl. Späth et al., 2019), bei dem Lernende ein (physisches) Produkt unter Verwendung neu erlernter Konzepte und Fähigkeiten erstellen (vgl.

Lin et al., 2020). Dabei eignen sie sich neues Wissen an, nutzen bestehendes Fachwissen beim Problemlösen und verinnerlichen, festigen und verbessern das Verständnis durch praktische Anwendung (vgl. Liu, 2023). Das Szenario der Praktischen Arbeit wurde mit gestalterischem und kreativem Spielraum konzipiert, wobei aufgrund der vorherrschenden Einschränkungen im Bildungskontext nicht die gleiche Offenheit wie in einem informellen Makerspace umgesetzt werden konnte (vgl. Stilz et al., 2020). Nach Kim et al. (2022) ist Making eine geeignete und effiziente Methode für den Erwerb von Kompetenzen. Handlungs- und problemorientierte Lernsettings bieten ein besonderes Potenzial für kompetenzorientierte Lehre, weil diese selbstgesteuertes, anwendungsbezogenes und sozial kommunikatives Lernen unterstützen (vgl. Klieme et al., 2008). Auch zur Förderung von KI-Kompetenz werden handlungsorientierte Ansätze empfohlen und erprobt (vgl. Burgsteiner et al., 2016).

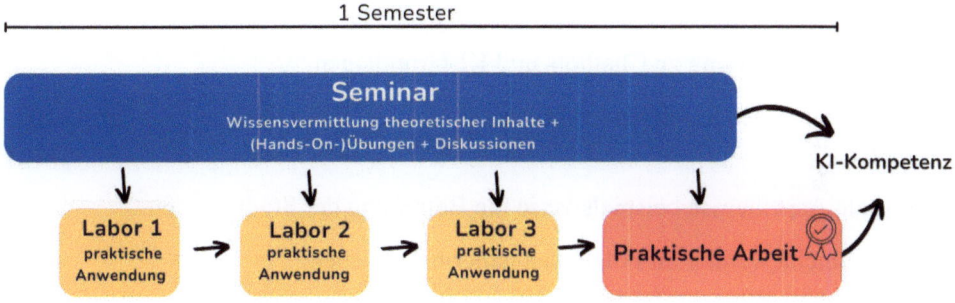

Abb. 2: Aufbau des Moduls Chatbots (eigene Darstellung)

Bei der didaktischen Gestaltung von handlungs- und problemorientierten Lernumgebungen ist zu berücksichtigen, dass ein Basiswissen zur Thematik vorhanden sein sollte. Lernende können sonst schnell überfordert werden, was sich negativ auf die Lernmotivation auswirken kann (vgl. Reinmann & Mandl, 2006). Das Modul Chatbots kombiniert deshalb passgenau die theoretische Wissensvermittlung mit einer praktischen Umsetzung. Dies hat zugleich den Vorteil, dass die Festigung des Wissens und die Reflexion durch die gleichzeitige praktische Erfahrung unterstützt werden (vgl. Pellert, 2016). Die Konfrontation mit einer komplexen und authentischen Situation, konkret die Entwicklung eines eigenen Chatbots, regt zum Nachdenken über die neuen Lerninhalte an. Studierende sammeln Erfahrungswissen, das sich an den Anforderungen der Praxis orientiert und problembasiertes Lernen ermöglicht. Ein wichtiger Aspekt des Moduls Chatbot ist somit die Betonung des praktischen, erfahrungsbasierten Lernens (vgl. Southworth et al., 2023). Deshalb sollte nicht nur das Bestehen einer Prüfung im Fokus stehen (vgl. Deuer, 2020), sondern das Gelernte in realen Situationen angewendet werden, um später in berufspraktischen Situationen angemessen, authentisch und erfolgreich handeln zu können.

3.3 Didaktisches Design

Das Didaktische Design des Moduls Chatbot gliedert sich in drei Bereiche (vgl. Reinmann, 2015):

- Wissensvermittlung zu Chatbots und KI-Grundlagen,
- Aktivierung der Studierenden zur aktiven Auseinandersetzung mit den Lerninhalten,
- soziale Aspekte wie beispielsweise die Betreuung der Studierenden.

Diese Bereiche werden im Folgenden näher beschrieben.

3.3.1 Wissensvermittlung

Ein wichtiger Aspekt des Didaktischen Designs ist die Strukturierung der Inhalte (vgl. Reinmann, 2015). Im Seminar Chatbot ist die Wissensvermittlung entlang des Entwicklungsprozesses eines Chatbots angeordnet, wobei der Fokus auf den wichtigsten Aspekten innerhalb der Analyse des Anwendungsfalls, der Planung, der Skizzierung des Chatbots und des Conversation Designs liegt (s. Abb. 3). Die für das Verständnis der Funktionsweise eines Chatbots notwendigen allgemeinen KI-Grundlagen sind thematisch passend im Curriculum platziert. Die Präsentation der

Lerninhalte wird durch praktische Übungen mit existierenden Chatbots und durch Reflexionen im Plenum ergänzt.

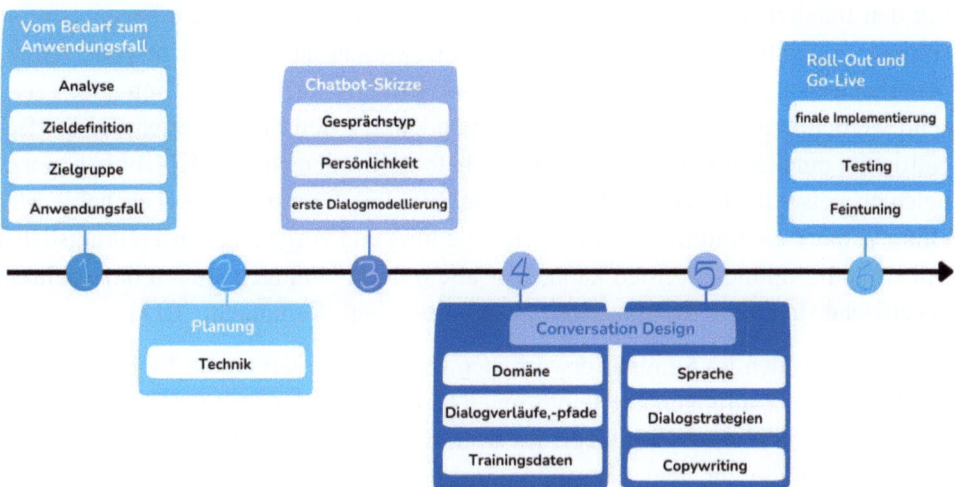

Abb. 3: Chatbot-Entwicklungsprozess (in Anlehnung an Bruns & Kowald, 2023, S. 24–27)

Das Seminar ist medial durch sprachliche, bildhafte und dynamische Lehrmaterialien aufbereitet. Die Wissensvermittlung durch die Dozierenden dient einem grundlegenden Verständnis und gibt eine Orientierung über die komplexen Themenbereiche (vgl. Reinmann, 2015). Da längere Vorträge häufig eine Herausforderung für die Konzentration und Aufmerksamkeit der Studierenden bilden (vgl. Raddatz, 2023), werden kurze Lehrvideos zur Ergänzung genutzt. Dabei hilft der Medienwechsel, die Aufmerksamkeit der Studierenden aufrechtzuerhalten und zudem komplexe Inhalte anschaulicher und kompakter zu vermitteln.

3.3.2 Aktivierung der Studierenden

Nach Reinmann (2015) kommt es darauf an, Lernende so zu aktivieren, dass sie sich mit den Inhalten aktiv auseinandersetzen. Im Seminar werden dazu beispielsweise situierte und authentische Fallbeispiele und Übungsaufgaben in Einzel- oder Gruppenarbeiten eingesetzt, um die Lernprozesse effektiv anzuregen. Thematisch passend werden existierende Chatbots eingebunden, die den Studierenden bei der Bewältigung einer Aufgabe helfen. Neben Chatbots werden weitere KI-Tools genutzt, beispielsweise die Teachable Machine zur Bildklassifizierung (vgl. Teachable Machine, n. dat.), die mithilfe einer kurzen Anleitung und vorgegebenen Trainingsdaten selbstständig trainiert werden kann. Vor allem diese Übungen sollten dazu führen, spezifische Handlungskompetenzen zu erwerben (vgl. Reinmann, 2015).

Basierend auf den im Seminar erworbenen Kenntnissen lernen die Studierenden in den Laborveranstaltungen in Kleingruppen handlungsorientiert den Umgang mit der Open Source Software Rasa (vgl. Rasa, n. dat.). Diese verfügt sowohl über eine große Community als auch eine umfangreiche Dokumentation, was das eigenständige Lösen von Problemen auch außerhalb der Lehrveranstaltung ermöglicht. Die Labore bilden den instruktionalen Aspekt des Making-Ansatzes (vgl. Schön et al., 2014) und sind eine Vorbereitung der praktischen Arbeit. Dabei wird im ersten Schritt ein einfacher Chatbot erstellt, um die Studierenden mit dem Werkzeug Rasa sowie dem Anlegen der wichtigsten Komponenten, wie z. B. der NLU, vertraut zu machen. Die Übungen in den Laboren bieten den Studierenden einen sozialen Kontext, in dem Fehler gemacht werden dürfen, ohne direkte Auswirkung auf den Leistungsnachweis. Gleichzeitig lernen sie in betreuten Kleingruppen Probleme zu lösen. In der praktischen Arbeit wird von den Studierenden ein eigener Chatbot konzipiert, realisiert und zum Semesterende im Seminar präsentiert. Dieser kollaborative, problemorientierte Lernprozess fördert eine aktive und eigenständige Arbeit, wobei die Betreuenden bei auftretenden Problemen Hilfestellungen leisten. Teil der Präsentation ist eine kritische Reflexion des Entwicklungsprozesses, der technischen Umsetzung und der Qualität des Ergebnisses. Die Aufgaben im Rahmen der praktischen Arbeit umfassen unter anderem die eigenständige Wahl eines Themengebiets (z. B.

Reisebuchung), die Planung und Strukturierung des Konversations-Designs, die Gestaltung einer Chatbot-Persönlichkeit mit passendem Avatar, die Einbindung auf einer Website und die Realisierung des Chatbots in Rasa. Die Aufgabenstellung wurde entsprechend den Gestaltungsprinzipien des problemorientierten Lernens konzipiert, welche Authentizität, multiple Kontexte und Perspektiven, einen sozialen Kontext und die instruktionale Anleitung umfassen (vgl. Reinmann & Mandl, 2006). Sie definiert lediglich die Rahmenbedingungen, die thematische und inhaltliche Umsetzung kann jedoch von den Studierenden in den Kleingruppen selbst bestimmt werden. Die Abgaben erfolgen in mehreren Etappen, damit die Studierenden die Möglichkeit haben, ihr Produkt durch regelmäßiges Feedback weiterzuentwickeln und zu verbessern.

3.3.3 Soziale Aspekte

Soziale Eingebundenheit ist aus motivationaler Sicht für das Lernen wichtig (vgl. Deci & Ryan, 1993). Lin et al. (2020) betrachten soziale Eingebundenheit auch als wichtigen Aspekt für die Umsetzung von Making. Die sozialen Interaktionen im Modul Chatbot finden sowohl in Form von Betreuung durch die Dozierenden als auch im Austausch und der gemeinsamen Arbeit der Studierenden an den Projekten statt. Im Seminar und den Laboren tauschen sich Dozierende und Studierende in Lehr-, Plenums- und Gruppendiskussionen aus. Durch Feedbackgespräche und instruktionale Unterstützung während der Labore und Übungen werden von den Dozierenden Hilfestellungen gegeben (vgl. Schön et al., 2014). Innerhalb der Kleingruppen unterstützen sich die Studierenden gegenseitig und lernen, Probleme gemeinsam zu lösen, z. B. die Suche nach Programmierfehlern.

3.4 Ergebnisse und Erfahrungen

Für einen erfolgreichen Chatbot ist ein durchdachtes Konzept mit einer klaren Vorstellung des Anwendungsfalls, der Zielsetzung, der Zielgruppe wie auch einer Chatbot-Persönlichkeit mit passendem Avatar und einer sorgfältig abgestimmten Dialogführung anhand eines Konversationsdiagramms genauso wichtig wie die Technik (vgl. Bruns & Kowald, 2023). Im Laufe des Semesters gelang es allen Gruppen, sowohl konzeptionell als auch technisch einen eigenen, funktionsfähigen Chatbot umzusetzen. Dabei sind die Themen breit gefächert und decken ein großes Spektrum an typischen Einsatzgebieten wie beispielsweise Online-Shops und Reiseveranstalter ab. Im Folgenden wird das Ergebnis einer Praktischen Arbeit vorgestellt.

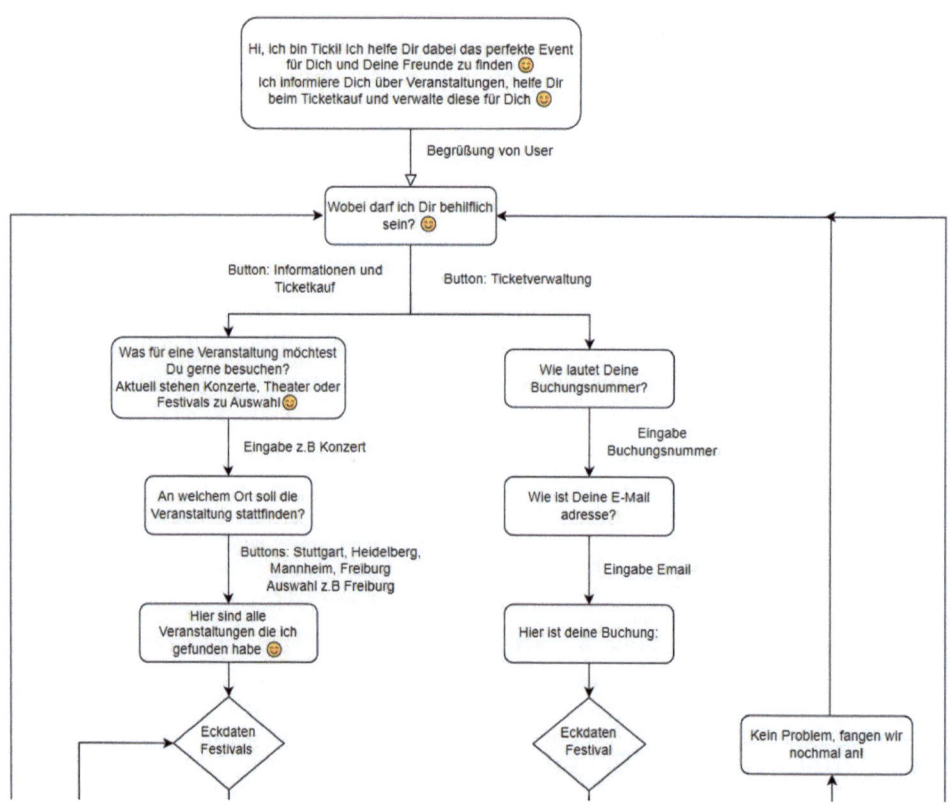

Abb. 4: Auszug des Konversationsdiagramms von „Ticki" (eigene Darstellung)

Der Chatbot „Ticki" wurde als Ticketverwaltungssystem konzipiert. Zu seinen Funktionen gehört neben der Bereitstellung von Informationen zu verschiedenen Veranstaltungen wie z. B. Konzerten auch die Buchung sowie Stornierung von Tickets. Zur Verwaltung wurden Datenbanken eingebunden, welche sowohl die Informationen zu den Veranstaltungen als auch die Informationen der Kunden (z. B. Anzahl der Tickets, Buchungsnummer, Name und E-Mail-Adresse) speichern. Abb. 5 zeigt einen Ausschnitt des Konversationsdiagramms, welches innerhalb der Konzeption entworfen wurde. Als Besonderheit sendet Ticki nach der Ticketbuchung und Stornierung eine Bestätigung an die im Chat angegebene E-Mail-Adresse.

Erste Erfahrungen zeigen, dass die Studierenden bei der praktischen Arbeit deutlich mehr instruktionale Hilfestellungen und Unterstützung benötigen, als angenommen. Darauf wurde durch das Anbieten zusätzlicher Tutorien entsprechend reagiert. Positiv sehen die Studierenden die Verzahnung von Theorie und Praxis, also dem Seminar, den Laboren und der Praktischen Arbeit, wobei eine noch engere Verzahnung gewünscht wurde.

4 Evaluation

Die Veranstaltung Chatbots wurde im Sommersemester 2024 mittels Online-Fragebogen evaluiert. An der Umfrage nahmen 17 Studierende im Bachelor-Hauptstudium teil.

4.1 Entwicklung von KI-Kompetenz

Um KI-Kompetenz zu erfassen, bedarf es eines reliablen und validen Messinstruments. Dazu wurden bereits erprobte Messinstrumente (SNAIL[8] und MAILS[9]) verwendet, welche inhaltlich an den Kontext Chatbots angepasst wurden. Die genannten

---

8   SNAIL: Scale of the assessment of non-experts AI literacy (Laupichler et al., 2023)
9   MAILS: Meta AI literacy scale (Carolus et al., 2023)

Messinstrumente lassen sich auf die Dimensionen von KI-Kompetenz (s. Kapitel 3.1) anwenden bzw. orientieren sich an ähnlichen Systematiken.

Um festzustellen, ob sich die KI-Kompetenz der Studierenden im Verlauf der Veranstaltung verbessert hat, wurde ein Pre-Posttest-Verfahren gewählt. Die Studierenden bearbeiteten den Fragebogen an einem Messzeitpunkt und schätzten ihre Kompetenz am Ende der Veranstaltung und retrospektiv zu Beginn der Veranstaltung ein. Die Einschätzung erfolgte über die Zustimmung bzw. Ablehnung einzelner Items mittels einer Rating-Skala (1 = stimme voll und ganz zu bis 6 = stimme überhaupt nicht zu).

Tab. 1: Ergebnisse zur KI-Kompetenz – Die gemessenen Werte der vier Dimensionen sind normalverteilt[10] und signifikant (t-Test positiv, Nullhypothese abgelehnt, gemäß Rasch et al. (2021))

KI-Kompetenz- dimensionen	Vorher (Mittelwert / Standardabweichung)	Nachher (Mittelwert / Standardabweichung)
KI-Wissen	4,99 / 0,77	2,57 / 0,77
KI-Kritik	3,39 / 1,0	2,04 / 0,73
KI-Nutzung	3,82 / 0,87	2,29 / 0,71
KI-Entwicklung	5,41 / 0,80	2,43 / 0,56

---

10 Erfolgte auf Basis des Kolmogorov-Smirnov-Tests, mit Ausnahme der Fragen zur Entwicklung vorher. Hier wurde zusätzlich der Shapiro-Wilk-Test durchgeführt.

Wie Tab. 1 zu entnehmen ist, sind bei allen vier Dimensionen der KI-Kompetenz die Mittelwerte der Selbsteinschätzung nach dem absolvierten Modul besser als vorher.

Insbesondere bei den Dimensionen KI-Wissen und KI-Entwicklung haben sich die Mittelwerte stärker zum Positiven verändert. Das bedeutet, dass die Studierenden bei diesen beiden Dimensionen einen größeren Kompetenzzuwachs für sich erlebten.

4.2 Bedeutung der Praktischen Arbeit für den Wissenserwerb

Abgesehen von den methodischen Schwächen von Selbstberichtskalen und des eingesetzten Pre-Posttest-Verfahrens, können durch dieses Untersuchungsdesign keinerlei Ableitungen getroffen werden, ob bestimmte Elemente der Veranstaltung (z. B. die praktische Arbeit oder das Making) zu den Ergebnissen geführt haben.

Da jedoch von Interesse ist, inwieweit die praktische Arbeit den Wissenserwerb im Bereich Chatbots unterstützt hat, wurden die Studierenden um eine Selbsteinschätzung gebeten. Die Ergebnisse zeigen, dass die Studierenden der Realisierung eines eigenen Chatbots im Rahmen der Praktischen Arbeit positive Lerneffekte hinsichtlich des Wissenserwerbs zuschreiben.

Die positiven Einschätzungen hinsichtlich der Fragen zum technischen Aufbau von Chatbots und deren Funktionsweise (s. Tab. 2) decken sich mit den Ergebnissen zur KI-Kompetenz (s. Kapitel 4.1), die einen besonders hohen subjektiven Kompetenzerwerb bei den Dimensionen KI-Wissen und KI-Entwicklung zeigen.

Tab. 2: Ergebnisse der subjektiven Einschätzung der Studierenden (1 = stimme voll und ganz zu) bis 6 (stimme überhaupt nicht zu).

Die Realisierung eines eigenen Chatbots hat mein Wissen in Bezug auf … signifikant verbessert:	
den technischen Aufbau von Chatbots mit Intents, Entitäten, Trainingsdaten usw.	1,94
die Funktionsweise von Chatbots	1,69
die Bedeutung der Persönlichkeit von Chatbots	2,19
das Verständnis von Kommunikationsabläufen	2,00
den Entwicklungsaufwand (Konzeption und Implementierung) von Chatbots	1,63

Weitere Hinweise auf die Verbesserung des KI-Wissens liefern Ergebnisse von Wissensfragen, welche die Studierenden bearbeitet haben. Die Studierenden waren dabei in der Lage, durchschnittlich 70 % der gestellten Fragen korrekt zu beantworten.

4.3 Rückmeldung der Studierenden zu weiteren didaktischen Elementen des Moduls

Neben der Bedeutung der praktischen Arbeit war von Interesse, welche Elemente die Studierenden darüber hinaus als hilfreich einstuften. Die Studierenden nahmen insbesondere die aktivierenden Elemente des Seminars als motivationsfördernd wahr. Hierzu gehören die praktische Nutzung diverser Chatbots und KI-Tools und die Diskussionen im Plenum. Als positiv wurden ebenfalls die Verwendung praxisnaher Beispiele, der Quiz-Einsatz und eine motivierende Einstellung der Dozierenden empfunden. In Bezug auf die Praktische Arbeit wurde vor allem die kollaborative Zusammenarbeit in Kleingruppen und Making-Aspekte, wie die freie Themenwahl des eigenen Chatbots, als motivierend wahrgenommen.

5 Zusammenfassung und Schlussfolgerung

Der hier exemplarisch am Modul „Chatbots" vorgestellte Ansatz beschreibt ein ganzheitliches Lern- und Lehrsetting, das verschiedene didaktische Elemente kombiniert, um die KI-Kompetenz der Studierenden zu fördern. Die Wissensvermittlung legt den Fokus auf die Erklärung der theoretischen Inhalte und ist eng mit der praktischen Anwendung verzahnt. Die verwendeten situierten Übungsaufgaben und die praxisnahe, anspruchsvolle Aufgabenstellung für die eigene praktische Arbeit sollen die Studierenden in ihrem Lernprozess aktivieren. Dabei folgt die praktische Arbeit dem Making-Ansatz, bei dem die Studierenden unter Verwendung der neu erlernten Konzepte und Fähigkeiten ein Produkt realisieren. Wie im Kapitel 4 „Evaluation" aufgezeigt, konnten die Studierenden durch dieses beschriebene Lern- und Lehrsetting KI-Kompetenz in den Bereichen KI-Wissen, KI-Nutzung, KI-Kritik sowie KI-Entwicklung erwerben. Dabei wurde innerhalb der Bereiche KI-Wissen und der KI-Entwicklung der größte Kompetenzzuwachs gemessen. Welche der didaktischen Elemente den gemessenen Kompetenzzuwachs beeinflusst haben, lässt sich leider nicht ermitteln. Erkennbar ist aber, dass das Setting als Ganzes funktioniert hat.

Dieser Beitrag beschreibt zwar den spezifischen Kontext „Chatbots". Der vorgestellte Ansatz wird aber auch in den anderen Modulen „KI in den Medien" sowie „KI-Ethik und Datenschutz" umgesetzt. In allen drei Modulen wird nach dem Design-Based-Research-Ansatz (vgl. Reinmann, 2005) in einem iterativen Prozess der Erwerb von KI-Kompetenz über mehrere Semester hinweg evaluiert. Basierend auf den Ergebnissen wird die didaktische Gestaltung schrittweise verfeinert.

Eine erste Verfeinerung wurde aufgrund der Erfahrungen im vergangenen Zyklus vorgenommen. So stand im Making-Prozess das Produkt derart im Mittelpunkt, dass die KI-Grundlagen in den Hintergrund gerieten. Deshalb soll im neuen Semester die Verbindung zwischen dem Making-Produkt und den KI-Grundlagen und -Prinzipien fokussiert werden. Zu diesem Zweck ist herauszuarbeiten, wo im eigenen Produkt KI steckt und wie sie im spezifischen Fall funktioniert.

Erwähnenswert ist, dass der Making-Ansatz in einer komplexen, thematisch vielseitigen Umgebung, wie sie Chatbots darstellen, sehr hohe Anforderungen an die Studierenden stellt. Sie benötigen große Frustrationstoleranz und müssen akribisch arbeiten, weil häufig Fehler auftreten, die nicht leicht zu finden und zu beheben sind. Eine intensive und kompetente Betreuung ist unumgänglich, um den Studierenden zum Erfolg zu verhelfen.

Eine der größten Herausforderungen für die Studierenden sind die Fehlermeldungen von Rasa bei der Programmierung der Chatbots. Um hier eine Unterstützung zu schaffen, wurde ein Chatbot entwickelt, der FAQs rund um das Thema Chatbot-Entwicklung mit Rasa beantworten kann. Dieser soll zukünftig als erster Ansprechpartner bei Problemen dienen und bietet zudem den Vorteil einer Rund-um-die-Uhr-Erreichbarkeit.

Literaturverzeichnis

Adamopoulou, E., & Moussiades, L. (2020). An Overview of Chatbot Technology. In I. Maglogiannis, L. Iliadis & E. Pimenidis (Hrsg.), *Artificial Intelligence Applications and Innovations* (S. 373–383). Springer. https://doi.org/10.1007/978-3-030-49186-4_31

Bruns, B., & Kowald, C. (2023). *Praxisleitfaden Chatbots*. Springer Fachmedien Wiesbaden. https://doi.org/10.1007/978-3-658-39645-9_1

Burgsteiner, H., Kandlhofer, M., & Steinbauer, G. (2016). Irobot: Teaching the basics of artificial intelligence in high schools. *Proceedings of the AAAI conference on artificial intelligence, 30*(1), 4126–4127. https://doi.org/10.1609/aaai.v30i1.9864

Carolus, A., Koch, M. J., Straka, S., Latoschik, M. E., & Wienrich, C. (2023). MAILS – Meta AI literacy scale: Development and testing of an AI literacy questionnaire based on well-founded competency models and psychological change- and meta-competencies. *Computers in Human Behavior: Artificial Humans, 1*(2). https://doi.org/10.1016/j.chbah.2023.100014

de Witt, C., Rampelt, F., & Pinkwart, N. (2020). *Künstliche Intelligenz in der Hochschulbildung*. Whitepaper. KI-Campus. https://doi.org/10.5281/zenodo.4063722

Deci, E., & Ryan, R. (1993). Die Selbstbestimmungstheorie der Motivation und ihre Bedeutung für die Pädagogik. *Zeitschrift für Pädagogik, 39*(2), 223–238. https://doi.org/10.25656/01:11173

Deuer, D. (2020). Theorie-Praxis-Beziehung – Erwartungen, Wahrnehmungen und Handlungsfelder. In D. Ternes & C. Schnekenburger (Hrsg.), *Theorie-Praxis-Transfer* (S. 107–118). Duale Hochschule Baden-Württemberg – Center for Advanced Studies Zentrum für Hochschuldidaktik und lebenslanges Lernen (ZHL).

Kim, J., Seo, J. S., & Kim, K. (2022). Development of novel-engineering-based maker education instructional model. *Education And Information Technologies, 27*(5), 7327–7371. https://doi.org/10.1007/s10639-021-10841-4

Klieme, E., Hartig, J., & Rauch, D. (2008). The Concept of Competence in Educational Contexts. In J. Hartig, E. Klieme & D. Leutner (Hrsg.), *Assessment of Competencies in Educational Contexts* (S. 3–22). Hogrefe Verlag.

Knoth, N., Decker, M., Laupichler, M. C., Pinski, M., Buchholtz, N., Bata, K., & Schultz, B. (2024). Developing a holistic AI literacy assessment matrix – Bridging generic, domain-specific, and ethical competencies. *Computers and Education Open, 6*. https://doi.org/10.1016/j.caeo.2024.100177

Laupichler, M. C., Aster, A., & Raupach, T. (2023). Evaluating AI Courses: A Valid and Reliable Instrument for Assessing Artificial-Intelligence Learning through Comparative Self-Assessment. *Education Science, 13*(10). https://doi.org/10.3390/educsci13100978

Lin, Q., Yin, Y., Tang, X., Hadad, R., & Zhai, X. (2020). Assessing learning in technology-rich maker activities: A systematic review of empirical research. *Computers And Education: Artificial Intelligence, 157*. https://doi.org/10.1016/j.compedu.2020.103944

Liu, Y. (2023). An innovative talent training mechanism for maker education in colleges and universities based on the IPSO-BP-enabled technique. *Journal Of Innovation & Knowledge, 8*(4). https://doi.org/10.1016/j.jik.2023.100424

Pellert, A. (2016). Theorie und Praxis verzahnen. Eine Herausforderung für Hochschulen. In E. Cendon, A. Mörth & A. Pellert (Hrsg.), *Theorie und Praxis verzahnen Lebenslanges Lernen an Hochschulen* (S. 69–85). Waxmann Verlag GmbH.

Raddatz, J. (2023, 10. August). *Konzepte: Digitale Lehre – digital-unterstützte Präsenzlehre – Baukasten Lehre*. Baukasten Lehre. https://baukastenlehre-tubs.de/konzepte-digitale-lehre-digital-unterstutzte-prasenzlehre/

Rasa (n. dat.). *Introduction to Rasa Open Source & Rasa Pro*. Rasa. https://rasa.com/docs/rasa/

Rasch, B., Friese, M., Hofmann, W., & Naumann, E. (2021). *Quantitative Methoden 1* (5. Aufl.). Springer. https://doi.org/10.1007/978-3-662-63282-6_3

Reinmann, G., & Mandl, H. (2006). Unterrichten und Lernumgebungen gestalten. In B. Weidenmann & A. Krapp (Hrsg.), *Pädagogische Psychologie* (S. 613–658). Springer Verlag.

Reinmann, G. (2005). Innovation ohne Forschung? Ein Plädoyer für den Design-Based Research-Ansatz in der Lehr-Lernforschung. *Unterrichtswissenschaft, 33*, S. 52–69.

Reinmann, G. (2015). *Studientext Didaktisches Design*. Universität Hamburg. https://gabireinmann.de/wp-content/uploads/2013/05/Studientext_DD_Sept2015.pdf

Schlemmer, D., Schmidt, C., Bauer, K., Canz, M., Sänger, V., & Sedlmeier, T. (2023). KI-Kompetenz fördern: Pädagogisches Making in der Hochschullehre. *Ludwigsburger Beiträge zur Medienpädagogik, 23*, 1–14. https://doi.org/10.21240/lbzm/23/11

Schön, S., Ebner, M., & Kumar, S. (2014). The Maker Movement Implications from modern fabrication, new digital gedgets, and hacking forcreative learning and teaching. In P.A.U Education (Hrsg.), *Transforming Education through Innovation and Technology* (S. 86–101). eLearning Papers. https://centaur.reading.ac.uk/38250/1/ELearning_2014_SpecialEdition-ImpactAndReachofMOOCs.pdf

Southworth, J., Migliaccio, K., Glover, J., Glover, J., Reed, D., McCarty, C., Brendemuhl, J., & Thomas, A. (2023). Developing a model for AI Across the curriculum: Transforming the higher education landscape via innovation in AI literacy. *Computers And Education: Artificial Intelligence, 4*. https://doi.org/10.1016/j.caeai.2023.100127

Späth, K., Seidl, T., & Heinzel, V. (2019). Verbreitung und Ausgestaltung von Makerspaces an Universitäten in Deutschland. *O-Bib. Das Offene Bibliotheksjournal Herausgeber VDB, 6*(3), 40–55. https://doi.org/10.5282/o-bib/2019H3S40-55

Statista. (2023). *Chatbot-Revolution durch ChatGPT*. Statista. https://de.statista.com/statistik/studie/id/134940/dokument/chatbot-revolution-durch-chatgpt/

Stilz, M., Ebner, M., & Schön, S. (2020). "Maker Education. Grundlagen der werkstattorientierten digitalen Bildung in der Schule und Entwicklungen zur Professionalisierung der

Lehrkräfte". In M. Rothland & S. Herrlinger (Hrsg.), *Digital?! Perspektiven der Digitalisierung für den Lehrerberuf und die Lehrerbildung, Buchreihe Beiträge zur Lehrerbildung und Bildungsforschung* (S. 143–159). Waxmann Verlag GmbH.

Suta, P., Lan, X., Wu, B., Mongkolnam, P., & Chan, J. H. (2020). An Overview of Machine Learning in Chatbots. *International Journal Of Mechanical Engineering And Robotics Research*, *9*(4), 502–510. https://doi.org/10.18178/ijmerr.9.4.502-510

Teachable Machine. (n. dat.). *Teachable Machine*. https://teachablemachine.with-google.com/train

Jörn Allmang[1] & Ulf-Daniel Ehlers[2]

KI & Challenge-Based Learning in der Lehre: Kategorisierung von Einsatzmöglichkeiten

Zusammenfassung

Der Beitrag zeigt auf, wie die Integration von Künstlicher Intelligenz (KI) die Weiterentwicklung offen strukturierter Hochschullehrveranstaltungen, die auf dem Modell des Challenge-Based Learnings (CBL) basieren, ermöglicht und untersucht den gezielten Einsatz von KI zur Unterstützung der verschiedenen CBL-Phasen. Es wird eine systematische Kategorisierung der Einsatzmöglichkeiten von KI dargestellt, gefolgt von einer kritisch-reflexiven Evaluation, um praxisnahe Handlungsempfehlungen abzuleiten. Methodisch werden die Prozessabläufe des CBL prototypisch analysiert und KI-Anwendungen den spezifischen Prozessschritten zugeordnet, um deren Wirkung auf Lernprozesse zu identifizieren.

Schlüsselwörter

Challenge-Based Learning, Hochschullehre, Kompetenzentwicklung, Künstliche Intelligenz, Prozessanalyse

---

1   Corresponding author; DHBW Karlsruhe; joern.allmang@dhbw-karlsruhe.de; ORCID 0009-0002-2029-3157
2   DHBW Karlsruhe; ulf-daniel.ehlers@dhbw-karlsruhe.de; ORCID 0000-0003-1730-0256

https://doi.org/10.21240/zfhe/SH-KI-2/11

AI & challenge-based learning in higher education: Categorising potential use cases

Abstract

This paper shows how the integration of artificial intelligence (AI) enables the further development of open-structured university courses based on the challenge-based learning (CBL) model and analyses the targeted use of AI to support the various CBL phases. A systematic categorisation of the possible uses of AI is presented, and a critical-reflective evaluation is then used to derive practical recommendations for action. Methodically, the process flows of CBL are analysed prototypically, and AI use cases are assigned to the specific process steps in order to identify their effect on learning processes.

Keywords

artificial intelligence, challenge-based learning, competence development, higher education teaching, process analysis

1 Einleitung

Angesichts dynamischer gesamtgesellschaftlicher Transformationsprozesse stehen Hochschulen vor der Herausforderung, Studierende auf zukünftige Problemstellungen vorzubereiten. Es wird zunehmend erwartet, dass ‚Employability', also die Befähigung, die eigene Berufslaufbahn aktiv zu gestalten (Kraus, 2006), sowie ‚Citizenship', die Befähigung, aktiv und verantwortungsbewusst an gesellschaftlichen Prozessen zu partizipieren (Schilly & Szczyrba, 2019), gefördert werden. Dies stellt zwingend die Frage nach Lernformaten, die Raum hierfür zulassen, und kongruiert mit der Forderung des Wissenschaftsrats, derzeit existierende Lehrmethoden an Hochschulen kritisch zu evaluieren (Wissenschaftsrat, 2022). Es bedarf einer Positionierung von Hochschulen in Richtung der Unterstützung von ‚learner agency' (Schoon, 2018) und Lernformen, die möglichst unter authentischen Bedingungen und im sozialen Austausch stattfinden, reflexive Lernimpulse bieten sowie reale Probleme unter multiplen Perspektiven thematisieren (Ehlers, 2013). Im Rahmen dieser Anforderungen eignet sich hochschuldidaktisch insbesondere der Ansatz des Challenge-Based Learning als Lernformat (Kohn Rådberg et al. 2018; van den Beemt et al., 2022). Lernende identifizieren hierbei ausgehend von einem allgemeinen Thema praxisnahe Problemstellungen und entwickeln in Gruppen Lösungsstrategien hierfür (Nichols et al., 2016).

In Zeiten ubiquitärer, generativer KI lässt es sich nicht vermeiden, den Einfluss dieser auf die Hochschullehre zu thematisieren und Chancen für die Weiterentwicklung bestehender Lernformate aufzuzeigen. Dem möchten wir uns in diesem Beitrag annehmen, der die folgenden Forschungsfragen thematisiert.

1. Wie kann eine didaktisch und konzeptionell sinnvolle Integration von generativer KI in CBL-Formate gestaltet werden? (Kap. 4)

2. Welche spezifischen Einsatzmöglichkeiten von KI lassen sich in den verschiedenen Phasen des CBL identifizieren? (Kap. 3 & 4)

3. Welche Chancen und Herausforderungen ergeben sich aus der Nutzung von KI für die kognitive Unterstützung und Interaktion im CBL-Prozess?

Der Beitrag versteht sich als konzeptioneller Entwicklungsbeitrag, der aufzeigt, wie KI als Unterstützungsinstrument in einer auf dem Modell des CBL basierenden Hochschullehrveranstaltung sowie als vorläufiger Ansatz zur Systematisierung von Lernschritten im CBL eingesetzt werden kann. Als theoretische Grundlage ziehen wir das Konzept der „Shared and Distributed Cognition" heran (Hutchins & Klausen, 1996). Ziel ist es, auf Basis einer zweisemestrigen Lehrveranstaltung (LV):

- Eine analytische Kategorisierung von KI-Einsatzmöglichkeiten vorzunehmen.

- Eine kritisch-reflexive Bewertung dieser Einsatzmöglichkeiten durchzuführen.

- Praxisnahe Handlungsempfehlungen für den Einsatz von KI im CBL abzuleiten.

Methodisch erfolgt eine Analyse der Prozessabläufe der LV, bei der die KI-Integration prototypisch erprobt wurde. Die Arbeit gliedert sich wie folgt: In **Abschnitt 2** erfolgt eine Beschreibung der LV und des CBL-Modells als didaktischer Grundlage. **Abschnitt 3** stellt eine Einführung in das Konzept der „Shared und Distributiven Kognition" als theoretischer Rahmen zur Analyse von KI-gestützten kognitiven Prozessen vor und schlägt auf Basis einer Literaturanalyse sechs verschiedene Interaktionsvarianten vor. **Abschnitt 4** ist eine detaillierte Analyse der KI-Einsatzmöglichkeiten, deren Kategorisierung und Zuordnung zu den einzelnen Phasen des CBL. In **Abschnitt 5** nehmen wir eine kritische Reflexion und Evaluation der identifizierten Einsatzmöglichkeiten auf Basis der Erfahrungen aus der LV vor. **Abschnitt 6** schließt mit einem Fazit und der Ableitung von Handlungsempfehlungen.

2 Challenge-Based Learning als Grundlage für hochschulische Lehrveranstaltungen

Der folgende Abschnitt beschreibt zunächst die LV, dann den lerntheoretischen Hintergrund des CBL, auf dem diese basiert, um abschließend den Prozessablauf der LV den einzelnen Phasen des CBL zuzuordnen.

2.1 Aufbau der Lehrveranstaltung

Studierende des Studiengangs Wirtschaftsinformatik beschäftigen sich in einer zweisemestrigen LV mit gesamtgesellschaftlichen Problemstellungen wie bspw. Sustainable Development Goals oder KI und sollen in Projektgruppen (4–5 Studierende) Lösungsszenarien für eine identifizierte Problemstellung im Rahmen des Überthemas entwickeln. Jedes Semester umfasst spezifische inhaltliche Schwerpunkte und praxisorientierte Aufgabenstellungen. Im ersten Semester liegt der Fokus auf der Entwicklung einer Forschungsfrage sowie auf der Analyse von möglichen Zukunftsszenarien, die als Grundlage für die Ausarbeitung eines Lösungsszenario-Prototyps dienen. Das zweite Semester verläuft primär in Form von ‚Werkstatt-Sitzungen‘, in denen die Studierenden eigenverantwortlich an ihren Problemstellungen aus dem vorangegangenen Semester arbeiten. In Semester zwei sollen drei multimediale Artefakte produziert werden: eine umfassende Szenariobeschreibung, ein Kurzfilmclip, der das Szenario darstellt, und ein ca. zehnminütiger Ted Talk, der im Rahmen einer öffentlichen Abschlussveranstaltung die Ergebnisse der zwei Semester präsentiert. Die Lehrpersonen fungieren primär als Coaches, die den Prozess unterstützend begleiten und iteratives Feedback zu den erarbeiteten Prototypen geben. Die Idee der Veranstaltung basiert auf dem CBL, das nachfolgend dargestellt werden soll.

2.2   Challenge-Based Learning

Es bestehen verschiedene Definitionen und Frameworks des CBL. Der vorliegende Beitrag bezieht sich auf das ursprüngliche Framework nach Nichols et al. (2016), dessen lerntheoretische Fundierung sowie einzelne Prozessschritte nachfolgend skizziert werden.

Das CBL ist ein pädagogischer Ansatz, der Studierende in Teams aktiv an der Lösung praxisnaher, realistischer, für sie persönlich bedeutender Herausforderungen beteiligt, die sie aus einem übergeordneten, gesellschaftlich relevanten Thema identifizieren und für die sie kollaborativ Lösungsstrategien entwickeln sollen (Pérez-Sánchez et al., 2023). Der Ansatz wurde ursprünglich von Apple im Jahr 2008 entwickelt, um Schüler:innen auf den zukünftigen von Digitalisierung geprägten Arbeitsmarkt vorzubereiten (Nichols et al., 2016), hat jedoch als innovatives, studierendenzentriertes Lehr-/Lernkonzept auch schnell Einzug in die Hochschullehre gefunden, um Kompetenzen wie kritisches Denken und Problemlösungsfähigkeit zu fördern (Kohn Rådberg et al., 2018). Das Konzept wird u. a. von Christersson et al. (2022) oder Kohn Rådberg et al. (2018) als sinnvoller Ansatz diskutiert, mit dem Hochschulen aktiv dazu beitragen können, Studierende zu eigenverantwortlichem Handeln für gesellschaftlichen Wandel zu befähigen und um den dynamischen Anforderungen zukünftiger Problemstellungen entgegenzuwirken.

CBL zeichnet sich durch folgende miteinander gekoppelte Komponenten aus:

- *Wissensanwendung in realen Situationen:* Es werden Ansätze des situierten Lernens (Mandl & Krause, 2001) aufgenommen, in dem Studierende ihr Wissen auf möglichst reale Probleme in authentischen Lernumgebungen anwenden und so eine intrinsisch motivierte Auseinandersetzung mit der Thematik entwickeln.

- *Reflexion konkreter und abstrakter Erfahrungen:* CBL erfordert tiefgehende, aktive Reflexion der Lernprozesse (Nichols et al., 2016) und entspricht somit den Grundbedingungen für eine aktive Kompetenzentwicklung mit kontinuierlichen Reflexionsanlässen nach dem ‚reflective practitioner'-Ansatz (Schön, 1983)

- *Lehrperson als feedbackgebender Coach:* In CBL-Konzepten fungiert der Lehrende primär als Coach, die den selbstständig arbeitenden Studierenden prozessorientiertes Feedback geben und so essenzielle Impulse für die Selbstreflexion liefern (bspw. Yan & Boud, 2022).

Das CBL-Framework nach Nichols et al. (2016) unterscheidet drei, miteinander verknüpfte Phasen *(I) Engage, (II) Investigate* und *(III) Act*, von denen jede Phase auf die jeweils nachfolgende vorbereitet.

Abb. 1: Challenge-Based-Learning-Framework (Nichols et al., 2016, S. 11)

Unterstützend erfolgt ein kontinuierlicher Prozess der reflexiven Ergebnisdokumentation, um die gewonnenen Erkenntnisse nachhaltig zu sichern. Der Gesamtprozess ist in Abbildung 1 dargestellt.

(I) In Phase 1 *(Engage)* sollen die Lernenden zunächst durch einen Prozess des gezielten Fragens von eine abstrakten, breit angelegten „Big Idea" zu einer konkreten und umsetzbaren, selbst definierten Herausforderung gelangen, die für die Gruppe relevant ist und für die sie eine Lösung entwickeln muss (vgl. Nichols et al., 2016). *(II)* Phase 2 *(Investigate)* erfordert von Lernenden, die Grundlage für mögliche Lösungsszenarien zu legen. Zunächst werden Leitfragen formuliert, die zur Entwicklung einer Lösung für die in Phase 1 definierte Herausforderung erforderlich sind und der Lernprozess durch eine Kategorisierung und Priorisierung strukturiert wird. Im Zuge der Beantwortung der Leitfragen werden sämtliche Methoden und Instrumente verwendet, die den Lernenden zur Verfügung stehen (Nichols et al., 2016). Die Analyse der gewonnenen Erkenntnisse bildet die Grundlage für die Identifizierung potenzieller Lösungen. *(III)* In Phase 3 *(Act)* werden aus den Erkenntnissen der 2. Phase Lösungskonzepte entwickelt und durch iteratives Prototyping verfeinert. Diese Konzepte werden abschließend in einer realen Umgebung vor einem Publikum umgesetzt (Nichols et al., 2016). In den Phasen des CBL wird typischerweise die Perspektive externer Stakeholder integriert, um den Lernprozess durch praxisnahe Einblicke zu bereichern. Die Entscheidung, externe Stakeholder nur in der Abschlussveranstaltung einzubeziehen und nicht während der Arbeitsphasen, zielte darauf ab, die Studierenden stärker in ihrer Eigenverantwortung im Problemlösungsprozess zu fördern.

2.3 Prozessablauf der Veranstaltung anhand des Challenge-Based Learnings

Die LV gliedert sich in folgende sieben Prozessschritte, die knapp dargestellt und anschließend den Elementen des CBL zugeordnet werden.

1. *Themenfindung:* Studierende suchen sich anhand eines Überthemas ein konkretes Thema.

2. *Problementwicklung:* Im konkreten Bereich soll eine gesellschaftlich relevante Problemstellung bearbeitet werden

3. *Entwicklung einer Forschungsfrage*

4. *Entwicklung von Lösungsszenarien:* Entwicklung von prototypischen Lösungsszenarien für einen zukünftigen Umgang mit der selbst ausgewählten Herausforderung

5. *Konstruktionsphase:* Erstellen eines konkreten Lösungsszenarios

6. *Multimediale Dokumentation:* Entwickeln einer multimedialen Dokumentation in Form eines Filmskripts, Videoclips sowie Ted-Talks

7. *Gesamtpräsentation* auf einer öffentlichen Abschlusskonferenz

Die Themenfindung und Problementwicklung der LV sind darauf ausgerichtet, authentische Herausforderungen zu identifizieren, was ein zentrales Merkmal des CBL darstellt.

Im Rahmen der LV wurden u. a. folgende Lernziele verfolgt:

1. *Einsatz von KI als Dialogpartner verstehen:* Studierende erkennen, wie KI-Systeme im CBL-Prozess als Lern- und Dialogpartner zur Unterstützung kognitiver Prozesse genutzt werden können.

2. *Distributive Kognition anwenden:* Studierende erlernen, kognitive Aufgaben sinnvoll zwischen Teammitgliedern und KI-Tools zu verteilen, um effizientere Problemlösungen zu erzielen.

3. *Forschungsfragen mit KI entwickeln:* Studierende formulieren präzise Forschungsfragen und nutzen KI-Tools zur Überprüfung und Verfeinerung dieser Fragen.

In Abbildung 2 sind die Phasen der LV den Prozessschritten des CBL zugeordnet.

Prozessschritt der Lehrveranstaltung	Phase des Challenge-Based Learnings
Schritt 1: Themenfindung	Engage
Schritt 2: Problementwicklung	Engage
Schritt 3: Entwicklung einer Forschungsfrage	Investigate
Schritt 4: Entwicklung von Lösungsszenarien	Investigate
Schritt 5: Konstruktionsphase	Investigate
Schritt 6: Multimediale Dokumentation	Act
Schritt 7: Gesamtpräsentation	Act

Abb. 2: Zuordnung der Prozessschritte der Lehrveranstaltung zu den CBL-Phasen (eigene Darstellung)

Im weiteren Verlauf des Beitrags wird zunächst auf das unseren Überlegungen zugrundeliegende Konzept der ‚Shared and Distribution Kognition' eingegangen.

3 Das Konzept der verteilten und distributiven Kognition

Zur Klärung der Forschungsfrage, inwieweit generative KI in CBL-Formaten als Lern- und Dialogpartner eingesetzt werden können, wird nachfolgend das Konzept der „Shared and Distributed Cognition" (SDC) vorgestellt. Dieses Konzept befasst sich mit der Verteilung und Teilung von Wissen sowie kognitiven Prozessen innerhalb sozialer und technologischer Systeme. Dieses theoretische Modell wurde ursprünglich von Edwin Hutchins in den 1990er-Jahren im Rahmen seiner Arbeit über kognitive Prozesse in der Navigation von Schiffen entwickelt (Hutchins & Klausen, 1996). Hutchins postulierte, dass Kognition nicht nur im Individuum stattfindet, sondern in einem Netzwerk von Interaktionen zwischen Menschen, Werkzeugen und der Umgebung verteilt ist.

Der Begriff der „Shared Kognition" („geteilte Kognition") bezeichnet die gemeinsame Nutzung von Wissen und kognitiven Aufgaben innerhalb einer Gruppe. Demgegenüber steht der Begriff der „distributiven Kognition" („verteilte Kognition"), welcher auf die Auslagerung und Verteilung kognitiver Prozesse auf verschiedene Akteure und Werkzeuge hinweist. Letzterer wird auch als „cognitive offloading" (Plass et al., 2010) bezeichnet. Dies impliziert, dass verschiedene Teammitglieder unterschiedliche Aspekte einer Aufgabe übernehmen und dabei Technologien und Werkzeuge, wie bspw. KI nutzen, um kognitive Lasten zu verteilen. Das Konzept der SDC bietet in diesem Zusammenhang eine wertvolle Orientierung, da es aufzeigt, dass KI als Lern- und Dialogpartner in einzelnen Phasen des CBL fungieren kann.

Das Konzept des SDC verdeutlicht zudem, dass Werkzeuge einerseits Zugang zu Informationen bieten, andererseits aber auch darüber hinausgehen und zu Dialogpartnern werden können, die unser Denken bereichern. KI-gestützte Anwendungen, zu denen bspw. intelligente Tutoren, Chatbots und virtuelle Assistenten zählen, bieten hochgradig personalisierte Unterstützung.

Im Kontext des CBL und des Einsatzes von KI-Tools in verschiedenen Phasen des Lernprozesses spielt das Konzept der SDC eine zentrale Rolle. KI fungiert hier als Partner im Wissenssystem, wodurch Studierende nicht nur Wissensrecherchen, sondern auch kognitive Aufgaben wie Entwicklung und Verfeinerung von Forschungsfragen oder die Generierung kreativer Ideen zielgerichtet bewältigen. Dabei erfolgt nicht nur eine Distribution des Wissens innerhalb der Gruppenmitglieder, sondern auch zwischen den Studierenden und der KI. Die KI übernimmt spezifische kognitive Aufgaben, wie das Sammeln und Aufbereiten von Informationen oder das Erstellen von Vorschlägen. Infolgedessen kann die KI als integraler Bestandteil eines verteilten kognitiven Systems betrachtet werden, welches die Lernenden bei der kollaborativen und effizienten Bewältigung komplexer Probleme unterstützt.

Die Einbindung von generativer KI in Bildungsprozesse bietet vielfältige Möglichkeiten, SDC zu fördern. Die Forschungslandschaft liefert wertvolle Ansätze, die nachfolgend in Form von sechs möglichen Interaktionsvarianten zusammengefasst sind:

1. **Co-Konstruktion von Wissen**
    KI-Systeme und Studierende arbeiten gemeinsam an der Entwicklung von Konzepten oder Problemlösungen. Die KI bringt Informationen ein, stellt Fragen und regt Reflexion an, während Studierende eigene Ideen einbringen und erweitern. Diese Interaktion teilt die Verantwortung und fördert die gemeinsame Konstruktion von Wissen (McLaren et al., 2010).

2. **Adaptive Unterstützung bei Problemlösungen**
    Das KI-System bietet individuelles Feedback, identifiziert Wissenslücken und schlägt Lösungswege vor. Dies entlastet kognitive Ressourcen der Lernenden und ermöglicht dynamische Aufgabenverteilung zwischen Mensch und Maschine (Mah et al., 2023).

3. **Dialogische Reflexion**
    Durch offene Fragen und kritische Rückmeldungen regt die KI Studierende zur Reflexion an. Dies unterstützt die Entwicklung eines tieferen Verständnisses und ermöglicht Perspektivenvielfalt (Hmelo-Silver, 2004).

4. **Koordinierte Wissensintegration**

   Die KI aggregiert und strukturiert Beiträge der Lernenden, um ein gemeinsames Verständnis zu schaffen. Dadurch wird der Wissensaufbau systematisch unterstützt, während die KI als koordinierender Partner agiert (McLaren et al., 2010).

5. **Simulation und Szenarien**

   Simulationssysteme ermöglichen es Studierenden, Parameter zu variieren und dynamische Prozesse zu analysieren. Diese explorative Interaktion erweitert die kognitiven Möglichkeiten und macht komplexe Modelle zugänglich (Pinkwart & McLaren, 2010).

6. **Kreative Ideengenerierung**

   Die KI bringt ungewöhnliche Vorschläge ein, auf denen Studierende aufbauen können. Diese Art der Interaktion verbindet menschliche Kreativität mit den datenbasierten Analysen der KI (Choi et al., 2024).

4 KI-Nutzung in verschiedenen Phasen des CBL

Die Rückmeldungen der Seminarteilnehmenden lassen erste Rückschlüsse darauf zu, dass KI in verschiedenen Schritten des CBL didaktisch sinnvoll eingesetzt werden kann. Im Folgenden werden die einzelnen Phasen der LV beschrieben, konkrete KI-Tools genannt und mögliche Vorteile sowie Nachteile aufgezählt. Die dargestellte Auswahl umfasst sowohl die von Studierenden genutzten Tools als auch Anregungen von Lehrendenseite.

Schritt 1: Themenfindung (Engage)

Didaktischer Einsatz: Critical Friend, Informationsrecherche, Co-Konstruktion von Wissen
Tool: ChatGPT, Elicit

- **Vorteile:** KI kann durch das Durchsuchen großer Datenmengen bei der Themenfindung unterstützen. Dies ermöglicht eine effizientere Identifikation relevanter und aktueller Forschungsfelder sowie eine Auseinandersetzung mit realen, authentischen Problemstellungen (Girgensohn et al., 2023).

- **Nachteile:** Eine zu starke Abhängigkeit von KI kann dazu führen, dass Studierende weniger selbständig arbeiten und möglicherweise kreative, aber weniger offensichtliche Themen übersehen (Girgensohn et al., 2023).

Schritt 2: Problemexploration (Engage)

Didaktischer Einsatz: Strukturierung von Informationsbeständen, Dialogpartner
Tool: ChatGPT, Claude

- **Vorteile:** Spezifische Problemstellungen klar definieren, indem Schlüsselbegriffe extrahiert oder thematische Zusammenhänge übersichtlich aufgezeigt werden. Durch die Auseinandersetzung mit den unterschiedlichen Ergebnissen kann die Qualität der Problementwicklung verbessert werden (Schumacher & Ifenthaler, 2018).

- **Nachteile:** Die Qualität der KI-Outputs hängt stark von den durch den Anwender eingehenden Daten ab. Fehlende oder verzerrte Daten können zu unvollständigen oder ungenauen Problembeschreibungen führen.

Schritt 3: Entwicklung einer Forschungsfrage (Investigate)

Didaktischer Einsatz: Entwicklung von Forschungsfragen, Dialogpartner
Tool: ChatGPT, Miro AI, Elicit

- **Vorteile:** KI kann durch die Analyse großer Datenmengen dazu beitragen, präzisere und fundiertere Forschungsfragen zu entwickeln. Sie bietet zudem iterative, dialogische Feedback-Schleifen zur Verfeinerung der Fragen (Wrede et al., 2023).

- **Nachteile:** KI könnte komplexe wissenschaftliche Nuancen übersehen und zu einer unkritischen Übernahme KI-generierter Fragen führen. Die Qualität der Ergebnisse hängt stark von den zugrunde liegenden Datenbanken und den Trainingsdaten des jeweiligen Sprachmodells ab.

Schritt 4: Entwicklung von Lösungsszenarien (Investigate)

Didaktischer Einsatz: Gliederung von Projektkonzepten, Dialogpartner
Tool: ChatGPT, Claude

- **Vorteile:** Unterstützung kreativer Entwicklung und Gliederung der von den Studierenden zu entwickelnden Lösungsszenarien durch Vergleich ähnlicher Problemstellungen und deren Lösungen (Choi et al., 2024) sowie durch Prozesssimulationen dieser.

- **Nachteile:** Eine zu starke Abhängigkeit von KI-Vorschlägen könnte die Originalität der Lösungsansätze einschränken, da die Vorschläge oft auf bestehenden Mustern basieren.

Schritt 5: Konstruktionsphase (Investigate)

Didaktischer Einsatz: Strukturierung und Planung,
Tool: Trello mit KI-Plugins, AutoML (z. B. Google Cloud AutoML), DALLE

- **Vorteile:** Trello und AutoML-Tools optimieren die Organisation und Umsetzung von Aufgaben und können durch Designvorschläge den Konstruktionsprozess unterstützen.

- **Nachteile:** Der Einsatz solcher Tools kann die Studierenden überfordern, wenn sie nicht ausreichend in deren Nutzung geschult sind. Zudem kann die Automatisierung zu einem Verlust an kritischem Denken führen.

Schritt 6: Multimediale Dokumentation (Act)

Didaktischer Einsatz: Portfolioarchivierung, Dokumentation, Dialogische Reflexion
Tool: Microsoft OneNote mit AI-Features, Notion AI, KI-gestützte Analysetools

- **Vorteile:** Diese Tools erleichtern die systematische Dokumentation und Archivierung multimedialer Projektergebnisse sowie studentischer Reflexionsprozesse. KI unterstützt bei der Organisation und Strukturierung der Inhalte, was die Qualität und Zugänglichkeit der Dokumentation erhöht (Girgensohn et al., 2023).

- **Nachteile:** Eine übermäßige Automatisierung kann dazu führen, dass wichtige Reflexionsprozesse bei den Studierenden verloren gehen.

Schritt 7: Gesamtpräsentation (Act)

Didaktischer Einsatz: Unterstützung bei der Visualisierung
Tool: Canva AI, PowerPoint Designer mit KI

- **Vorteile:** Diese Tools bieten KI-gestützte Vorlagen und Designvorschläge, die die ästhetische und inhaltliche Qualität der Präsentationen verbessern. Sie helfen den Studierenden, komplexe Informationen klar und visuell ansprechend zu präsentieren.

- **Nachteile:** Studierende könnten sich zu unreflektiert auf vorgefertigte Designs verlassen, was zu einem Verlust an Kreativität und Originalität führen kann.

5 Kritische Analyse des KI-Einsatzes beim Challenged-Based Learning

In diesem Kapitel wird eine kritische Analyse der im Rahmen der LV eingesetzten KI-Tools vorgenommen, um die gewonnenen Erkenntnisse in einen breiteren Kontext der Hochschullehre und Forschung einzuordnen. Neben der Reflexion über die Vor- und Nachteile des KI-Einsatzes wird diskutiert, wie die Prinzipien des CBL durch KI-Technologien ergänzt und weiterentwickelt werden können. Dabei wird das Konzept der „Shared und Distributiven Kognition" herangezogen, um die kognitive Interaktion zwischen Studierenden und KI zu beleuchten.

Vorteile des KI-Einsatzes

- **Effizienzsteigerung:** KI entlastet Lehrende und Studierende bei administrativen und analytischen Aufgaben wie der Literaturrecherche oder der Strukturierung von Inhalten.

- **Individualisierung:** Die personalisierten Rückmeldungen durch KI-Tools fördern die selbstständige Lernentwicklung und ermöglichen eine differenzierte Förderung.

- **Kognitive Unterstützung:** KI reduziert die kognitive Belastung durch Automatisierung von Routineaufgaben und schafft Raum für kreatives Denken.

Herausforderungen und Risiken

- **Abhängigkeit von KI:** Eine übermäßige Nutzung könnte die Eigenständigkeit der Studierenden beeinträchtigen.

- **Qualität der Ergebnisse:** Verzerrungen und Ungenauigkeiten in den generierten Inhalten könnten zu Fehlinformationen führen.

- **Ethische Implikationen:** Fragen zu Datenschutz, akademischer Integrität und Transparenz der Algorithmen bleiben offen.

Die Nutzung von generativer KI im CBL ermöglicht eine neue Dimension der Zusammenarbeit zwischen Menschen und Technologie. KI-Tools übernehmen kognitive Aufgaben (z. B. Datenanalysen), während Studierende die Ergebnisse kritisch reflektieren und in ihren Kontext integrieren. Dies fördert nicht nur die Verteilung von kognitiver Last, sondern auch die kooperative Problemlösung.

Mehrwert für CBL-Formate

- **Fokus auf kritisches Denken:** KI unterstützt Studierende bei der Reflexion über komplexe Problemstellungen und hilft, tiefergehende Fragen zu entwickeln.

- **Verbesserte Kollaboration:** KI erleichtert die Kommunikation und Koordination in Gruppenarbeiten, indem sie gemeinsame Wissensbasen schafft und strukturiert.

- **Erweiterung von Handlungsspielräumen:** Studierende können verschiedene Szenarien simulieren und Lösungen iterativ verbessern.

Empfehlungen für die Praxis

- **Schulung von KI-Kompetenzen:** Lehrende und Studierende benötigen Schulungen, um KI-Tools effektiv und kritisch nutzen zu können. Eine sorgfältige Integration und Reflexion der eingesetzten KI-Technologien ist somit unerlässlich.

- **Klare Ziele und Grenzen:** Der Einsatz von KI sollte an klar definierte Lernziele gebunden und nicht unreflektiert in den Lehrprozess integriert werden.

- **Forschung und Feedback:** Regelmäßige Evaluationen der KI-Nutzung helfen, Stärken und Schwächen zu identifizieren und zukünftige Anwendungen zu optimieren.

6   Fazit

In diesem Beitrag wurden die Potenziale und Herausforderungen der Integration von KI in CBL-Formaten untersucht, wobei die folgenden Forschungsfragen adressiert wurden:

Wie kann eine didaktisch und konzeptionell sinnvolle Integration von KI in CBL-Formate gestaltet werden?
Es wurde gezeigt, dass die Integration von KI als Lern- und Dialogpartner klar mit den Phasen des CBL verknüpft werden kann und spezifische Einsatzmöglichkeiten von KI-Tools beschrieben werden können.

Welche spezifischen Einsatzmöglichkeiten von KI lassen sich in den verschiedenen Phasen des CBL identifizieren?
Die Analyse ergab, dass KI in allen drei CBL-Phasen (Engage, Investigate, Act) signifikante Unterstützung bietet. In der Themenfindung und Problemanalyse hilft KI, große Datenmengen zu strukturieren und relevante Fragestellungen zu entwickeln. Während der Problemlösungsphase ermöglicht KI iteratives Prototyping und die Simulation verschiedener Szenarien. In der Dokumentations- und Präsentationsphase erleichtern KI-gestützte Tools die Gestaltung und Kommunikation der Ergebnisse.

Welche Chancen und Herausforderungen ergeben sich aus der Nutzung von KI für die kognitive Unterstützung und Interaktion im CBL-Prozess?
Die Ergebnisse zeigen, dass KI nicht nur entlastend wirkt, sondern auch als Partner im Prozess der Wissenskonstruktion fungiert. Dies fördert eine neue Form der distributiven Kognition, in der Studierende und KI gemeinsam kognitive Aufgaben bewältigen. Herausforderungen ergeben sich jedoch durch potenzielle Abhängigkeiten von KI, ethische Fragestellungen und die Notwendigkeit einer kritischen Reflexion der generierten Inhalte.

Der Beitrag hebt insgesamt hervor, dass die Verbindung von CBL und KI zahlreiche Chancen für eine innovative Hochschullehre mit Lernformen unter authentischen Bedingungen mit realen, multiperspektivischen Problemen bietet, vorausgesetzt, der Einsatz erfolgt reflektiert, kritisch und zielgerichtet. Zukünftige Forschung sollte sich auf folgende Aspekte konzentrieren: (I) Langfristige Auswirkungen des KI-Einsatzes auf die Selbstständigkeit und Reflexionsfähigkeit von Studierenden. (II) Die Entwicklung von didaktischen Modellen, die KI nachhaltig in CBL-Formate integrieren. (III) Eine detaillierte Untersuchung der Interaktionsprozesse zwischen Studierenden, KI und Lehrenden, um daraus Best Practices abzuleiten.

Literaturverzeichnis

Choi, S., Lee, H., Lee, Y., & Kim, J. (2024). VIVID: Human-AI Collaborative Authoring of Vicarious Dialogues from Lecture Videos. arXiv. https://arxiv.org/

Christersson, C. E., Melin, M., Widén, P., Ekelund, N., Christensen, J., Lundegren, N., & Staaf, P. (2022). Challenge-Based Learning in Higher Education: A Malmö University Position Paper. *International Journal of Innovative Teaching and Learning in Higher Education, 3*(1), 1–14. https://doi.org/10.4018/IJITLHE.306650

Ehlers, U.-D. (2013). *Open Learning Cultures: A Guide to Quality, Evaluation, and Assessment for Future Learning*. Springer Berlin Heidelberg. https://doi.org/10.1007/978-3-642-38174-4

Girgensohn, K., Mundorf, M., Sassan, G., Voigt, J., Fröhlich, B., Kiesel, D., Neyer, J., López García, I., Riehmann, P., Sienknecht, M., Stein, B., Wiegmann, M., & Wolska, M. A. (2023). Forschendes Lernen mit KI im Sozialwissenschaftlichen KI-Labor für Forschendes Lernen (SKILL). *Forschung zu Wissenserwerb und Lehr-/Lernprozessen, 3.* https://doi.org/10.11584/OPUS4-1326

Hmelo-Silver, C. E. (2004). Problem-Based Learning: What and How Do Students Learn? *Educational Psychology Review, 16*(3), 235–266. https://doi.org/10.1023/B:EDPR.0000034022.16470.f3

Hutchins, E., & Klausen, T. (1996). Distributed Cognition in an Airline Cockpit. In Y. Engeström & D. Middleton (Hrsg.), *Cognition and communication at work* (S. 15–34). Cambridge University Press.

Kohn Rådberg, K., Lundqvist, U., Malmqvist, J., & Hagvall Svensson, O. (2018). From CDIO to challenge-based learning experiences – expanding student learning as well as societal impact? *European Journal of Engineering Education, 45*(1), 22–37. https://doi.org/10.1080/03043797.2018.1441265

Kraus, K. (2006). *Vom Beruf zur Employability?* VS Verlag für Sozialwissenschaften. https://doi.org/10.1007/978-3-531-90299-9

Mah, D.-K., Hense, J., & Dufentester, C. (2023). Didaktische Impulse zum Lehren und Lernen mit und über Künstliche Intelligenz. In C. de Witt, C. Gloerfeld & S. E. Wrede (Hrsg.), *Künstliche Intelligenz in der Bildung* (S. 91–108). Springer. https://doi.org/10.1007/978-3-658-40079-8_5

Mandl, H., & Krause, U.-M. (2001.). *Lernkompetenz für die Wissensgesellschaft.* Ludwig-Maximilians-Universität München. https://epub.ub.uni-muenchen.de/253/1/FB_145.pdf

McLaren, B. M., Scheuer, O., & Mikšátko, J. (2010). Supporting Collaborative Learning and E-Discussions Using Artificial Intelligence Techniques. *International Journal of Artificial Intelligence in Education, 20*(1), 1–46.

Nichols, M., Cator, K., & Torres, M. (2016). *Challenge Based Learning Guide.* https://www.challengebasedlearning.org/wp-content/uploads/2019/02/CBL_Guide2016.pdf

Pérez-Sánchez, E. O., Chavarro-Miranda, F., & Riano-Cruz, J. D. (2023). Challenge-based learning: A 'entrepreneurship-oriented' teaching experience. *Management in Education, 37*(3), 119–126. https://doi.org/10.1177/0892020620969868

Pinkwart, N., & McLaren, B. M. (2010). The LASAD Project: Learning to Argue: Generalized Support Across Domains. In *Proceedings of the 10th International Conference on Intelligent Tutoring Systems* (S. 661–663). Springer.

Plass, J. L., Moreno, R., & Brünken, R. (Hrsg.). (2010). *Cognitive Load Theory* (1. Aufl.). Cambridge University Press. https://doi.org/10.1017/CBO9780511844744

Schilly, U. B., & Szczyrba, B. (2019). Bildungsziele und Kompetenzbegriffe in der Studiengangentwicklung. *Die Hochschullehre, 5*, 585–590. www.hochschullehre.org

Schön, D. A. (1983). *The reflective practitioner: How professionals think in action.* Basic Books.

Schoon, I. (2018). *Conceptualising Learner Agency: A Socio-Ecological Developmental Approach.* https://www.llakes.ac.uk/wp-content/uploads/2021/03/LLAKES-Research-Paper-64-Schoon-I.pdf

Schumacher, C., & Ifenthaler, D. (2018). The importance of students' motivational dispositions for designing learning analytics. *Journal of Computing in Higher Education, 30*(3), 599–619. https://doi.org/10.1007/s12528-018-9188-y

van den Beemt, A., van de Watering, G., & Bots, M. (2022). Conceptualising variety in challenge-based learning in higher education: the CBL-compass. *European Journal of Engineering Education, 48*(1), 24–41. https://doi.org/10.1080/03043797.2022.2078181

Wissenschaftsrat. (2022). *Empfehlungen für eine zukunftsfähige Ausgestaltung von Studium und Lehre* [Application/pdf]. 136 pages. https://doi.org/10.57674/Q1F4-G978

Wrede, S. E., Gloerfeld, C., de Witt, C., & Wang, X. (2023). Künstliche Intelligenz und forschendes Lernen – Ein ideales Paar im Hochschulstudium!? In T. Schmohl, A.Watanabe & K. Schelling (Hrsg.), *Künstliche Intelligenz in der Hochschulbildung. Chancen und Grenzen des KI-gestützten Lernens und Lehrens* (Bd. 4: Hochschulbildung: Lehre und Forschung, S. 195–212). Bielefeld. https://doi.org/10.25656/01:27838

Yan, Z., & Boud, D. (2022). Conceptualising assessment-as-learning. In Z. Yan & L. Yang (Hrsg.), *Assessment as learning: Maximising opportunities for student learning and achievement* (S. 11–24). Routledge. https://doi.org/10.4324/9781003052081-2

Daniela Feistauer[1] & Philip Kennedy[2]

AI Support in R Coding: Effects on Psychology Students' Self-Efficacy

Abstract

Students struggle with coding in R, often resulting in low R-associated self-efficacy. Given the rise of AI, we examined in five seminars whether AI boosted self-efficacy of 57 students compared to a prior session. However, we found no significant increase in R-associated self-efficacy. Of 11 exploratory analyses we found in one analysis an unexpected result that we interpreted as disappointed expectations. This result underlines the importance to effectively handle students' expectations and experiences when using AI.

Keywords

AI support in R coding, self-efficacy, higher education, psychology

[1] Corresponding author; University of Münster; feistauer@uni-muenster.de; ORCID 0000-0003-3217-581X
[2] University of Münster; skennedy@uni-muenster.de; ORCID 0009-0007-3076-8255

https://doi.org/10.21240/zfhe/SH-KI-2/12

KI-gestütztes Coden mit R: Wie verändert es das Selbstwirksamkeitserleben Psychologiestudierender?

Zusammenfassung

Psychologiestudierende finden coden in R oft schwierig. Dies kann zu einem niedrigen R-bezogenen Selbstwirksamkeitserleben führen. Wir prüften in fünf Seminaren, ob der KI-Einsatz das Selbstwirksamkeitserleben 57 Studierender in Bezug auf R im Vergleich zu einer Seminarsitzung ohne KI-Einsatz verbesserte. Wir fanden keinen signifikanten Anstieg, jedoch zeigte sich in einer von 11 explorativen Analysen ein unerwartetes Ergebnis. Dieses führten wir auf enttäuschte Erwartungen des KI-Einsatzes zurück. Damit zeigten wir die Wichtigkeit, studentische Erwartungen und ihre vorherigen Erfahrungen beim KI-Einsatz zu bedenken.

Schlagwörter

KI-gestütztes Coden in R, Selbstwirksamkeit, Hochschullehre, Psychologie

1 AI Support in R Coding: Effects on Psychology Students' Self-Efficacy

Artificial intelligence (AI) has become part of higher education, changing how students learn and conduct research. Given that 68% of students reported using AI as a learning aid in 2023 (Garrel et al., 2023), it is crucial that lecturers explore ways to implement AI in their teaching in a useful manner. We designed a study to explore AI's impact in higher education through its practical use in a research seminar. We examined how implementing AI support affected psychology students' self-efficacy in using the statistical program R for data analysis.

Given that students do not select psychology as a subject for the purpose of learning to code, a substantial part of them are surprised by the extent of statistics and R coding required in their studies. Sometimes students even opt for psychology as a subject with the aim of steering clear of mathematical and methodological topics (Macher et al., 2013). Hence, research seminars pose a huge challenge to these students. They have to learn coding while applying their theoretical understanding of statistics in practical settings. These challenges are further compounded by additional difficulties that effect students' self-efficacy.

One of the difficulties they face in coding is the need to adopt computational thinking (Wing, 2006). This type of thinking involves understanding abstract and mathematical concepts, as well as debugging (Yilmaz & Yilmaz, 2023) to identify and fix errors in code. Despite their typically impressive academic records (Bühner, 2023), psychology students often grapple with these difficulties that can erode their self-efficacy in such seminars. Therefore, our study aimed to integrate supportive AI alongside traditional instruction from lecturers and tutors, and assess its impact on students' R-related self-efficacy over several sessions.

1.1 R-associated Self-Efficacy

Mastery of data analysis depends considerably on self-efficacy (Ramalingam & Wiedenbeck, 1998). Self-efficacy can be seen as a task-specific construct (Schunk & Pajares, 2002), e.g. a task can be to employ a *t*-test. However, it can also be seen as domain-specific, such as academic self-efficacy (Elias & MacDonald, 2007). For our study, we required a construct that bridged these two extremes, encompassing more than individual tasks but less than the broader academic context with its diverse challenges. A focus on coding-associated self-efficacy, that refers to a student's effort to solve coding problems even when they are challenging (Ramalingam & Wiedenbeck, 1998), seemed appropriate.

We narrowed this focus even further to R-associated self-efficacy (RaSE). In this study, our aim was to boost students' RaSE. This aim is crucial because improved RaSE can lead students to perform better in data analysis, increase their persistence when facing coding problems, and foster greater openness to engage with complex R-based projects that are necessary throughout their studies. Moreover, as R is widely used in various fields for data science, boosting students' RaSE can enhance their academic and professional prospects.

1.2 AI Support in R Instruction

We decided to implement AI in research seminars with the aim of boosting students' RaSE. This decision was based on AI's potential to provide personalized and immediate support, which we hypothesized can positively affect students' overall RaSE.

In the context of coding in general and R instruction in particular, AI refers to advanced generative language models that can understand and generate code. Such AI tools can analyze code snippets, answer coding-related questions, suggest improvements, and even generate code based on natural language descriptions. Therefore, AI tools can act as tutoring systems, providing real-time support and personalized guidance to students.

While AI offers several benefits in a coding context, it is important to note that there are also challenges. By leveraging AI's strengths while being mindful of its limits, we aimed to create a learning environment that can boost students' self-efficacy in tackling diverse R-associated tasks.

1.2.1 Benefits

One substantial benefit of AI in R instruction is its ability to act as a personal tutor. AI can provide immediate feedback (Narciss, 2020), which we see as crucial for boosting students' self-efficacy. When students struggle with specific R tasks, AI can provide instant support for R tasks, offering explanations, syntax corrections, or alternative approaches, unlike traditional teaching methods where students have to wait for answers. Instant AI support not only helps students overcome immediate obstacles but also reinforces a belief in their ability to solve R tasks, thereby boosting their RaSE.

AI also offers a personalized, judgment-free learning environment that adapts to diverse working paces, from students needing extra time on challenging concepts to gifted students seeking advanced content. Students interact freely with AI, repeating questions or exploring alternatives without embarrassment, while AI adjusts complexity to their understanding. This flexibility enables optimal progression for all – whether delving deeper into difficult topics or rapidly advancing through familiar material – surpassing traditional classroom limitations. This personalized learning approach aligns with the self-determination theory, suggesting that autonomy is crucial for intrinsic motivation and psychological well-being (Ryan & Deci, 2000). By allowing students to progress at their own pace without fear of judgement from peers, AI can positively affect students' RaSE.

Moreover, AI extends its benefits by providing support tailored to diverse personal circumstances and needs. This is especially valuable for students facing specific challenges such as disabilities, or language difficulties. Such conditions often hinder students' ability to discuss potential solutions with peers (Yilmaz & Yilmaz, 2023) or seek support from lecturers or tutors (Nelson-Le Gall, 1985). For example, students with language barriers can benefit from AI's ability to rephrase explanations of complex statistical or coding concepts in simpler terms or even in their mother tongue.

Collectively, these benefits support our goal of enhancing learning experiences, ensuring all students receive the necessary support for academic success and thus boosting their RaSE.

1.2.2 Challenges

However, implementing AI also entails some challenges. One challenge of AI-generated responses is that they are not always wholly accurate. Therefore, it is essential for students to carefully assess the accuracy of these responses. Yet, in coding, students can instantly verify the effectiveness of solutions. Nonetheless, verifying whether a solution achieves an intended outcome can be difficult, especially with a large number of data points. Moreover, this verification process is an extra step that some students fail to undertake, relying too heavily on AI (Darvishi et al., 2024). Since the verification process requires considerable prior experience in R, we implemented AI in the final stage of the seminar.

Another challenge is that AI often generates responses that exceed students' abilities, as it does not always align with previously covered content. This is particularly evident with browser-based AI, which sometimes provides lengthy code for simple questions. Inexperienced students struggle to identify the relevant parts of the response and understand the offered R code. This mismatch can undermine students' RaSE, making them feel their skills are inadequate when confronted with advanced code. This was another reason for implementing AI late in the seminar.

1.2.3 Implementation

Still, some students already used AI unsupervised. It seemed wise to address these challenges, providing guidance on how to effectively use AI for coding. Such guidance can positively affect students' RaSE in several ways. Firstly, it empowers students to navigate complex AI-generated responses, thereby enhancing their success rate. Secondly, it allows students to overcome obstacles autonomously, without relying on human support with limited resources. This sense of autonomy, even with AI support, can significantly boost their RaSE. Students learn that they can tackle challenging code by effectively leveraging AI tools, which is a valuable skill in itself.

For all these reasons, we implemented AI (ChatGPT 3.5 from open.ai) in the last two sessions of our research seminar. With this timing, we ensured students had developed a solid foundation in R and data analysis before introducing AI, allowing them to critically evaluate AI-generated code and use it as a supportive tool rather than a crutch (Darvishi et al., 2024). Prior to implementing AI, we provided guidelines on ethical use and discussed AI's limitations, preparing students to use AI appropriately and confidently. With this approach we aimed to boost students' RaSE by empowering them to leverage AI effectively while maintaining their autonomy in problem-solving. Their realization that they will be doing things correctly can further reinforce their RaSE.

1.3 Hypothesis

Due to implementing AI late in our research seminar, we expected that RaSE at the end of the last task (Experiment 4) was higher than at the end of the previous task (Experiment 3). We assumed the boost in RaSE was mainly driven by the AI support.

2 Methods

2.1 Sample

Between October 2023 and January 2024, three lecturers taught 91 students in five seminar groups. We asked these students to participate in our study. At the relevant assessment times, 57 students (15 men, 42 women) provided data. To ensure anonymity, we categorized age: 47 students were younger than 23 years and 10 students were older than 22 years.

2.2 Procedure and Material

In the seminar, students learned how to analyze data of four psychological experiments using R. Each lecturer was supported by a student tutor for R associated tasks. All students wrote three reports about the methods and results based on their analyses.

In Experiment 1, the lecturers demonstrated the necessary R code in two sessions of 135 min each. In the Experiments 2–4, the students autonomously analyzed data under the guidance of their lecturers, with each experiment lasting three sessions (Fig. 1). The sequence of the three sessions for each experiment remained consistent: 1) General data quality control and demographic analyses, 2) Data cleaning and preparation for analyses, 3) Descriptive and inferential analyses including effect sizes, post-hoc analyses, and plots. Students were allowed to work in teams in all sessions.

1 no R	2 R Revision & ggplot2	3+4 R Demonstration Experiment 1 Anchor	5+6+7 R Experiment 2 Stroop	8+9+10 R Experiment 3 Change Blindness	11+12+13 R Experiment 4 False Friends

Fig. 1: Semester schedule. Line 1: Sessions.

In Experiments 1 and 2, the inferential analyses were a *t*-test for dependent samples. In Experiment 3 it was a two-way repeated measures Analysis of Variance. Experiment 4 was analyzed with a one-way repeated measures Analysis of Variance and planned contrasts.

In Session 12 (Experiment 4), an introduction to the potential use of ChatGPT 3.5 was demonstrated when coding in R. Next, the students corrected a R script with purposely introduced errors. This R script closely resembled the scripts of the previous experiments. Possible errors were typos, syntax errors, and incorrect use of functions (Fig. 2). For the last type of error, we also provided correct solutions in the script (Fig. 2, 382f.).

```
379 # anonymized names for subjects [Anonyme Probanden-Bezeichnung]
380 x$participant <- rep(x = 1:nSubjects, each = nRows)
381 head(x$participant, nRows + 3)
382 # expected solution [Lösung für die KI-Sitzung] 2024_01:
383 # [1] 1 1 1 1 1 1 1 1 1 1 1 1 1 1 1 1 1 1 1 1 1 1 1 1 1 1 1 1 1 1 2 2 2
```

Fig. 2: Short example of an error. In Line 380, the previously incorrect argument "times" had to be changed to "each".

Students had the option to use AI support for the next 45 min to complete the task, while also being able to seek guidance from their lecturer and tutor. In Session 13, students were assigned to develop their own R code based on the style and content of Experiment 3. They were permitted to use AI for this task and could also ask their lecturer or tutor for support. AI was chosen by 95% of the students.

2.2.1 Assessment of Self-Efficacy

Students completed online surveys at the end of each session. We compared the data from the third sessions of the Experiments 3 and 4, as, due to the curriculum, these sessions were similar. We used three versions of the Computer Self-Efficacy Measure Scale (Howard, 2014; Cronbach's α = .95). To assess general computer skills at the beginning of Session 2, we translated Howard's scale and additionally used a single item (Tab. 1). Based on Howard's scale we adapted two additional scales to the R context. The scale RaSE we used in Session 10 and 13. The scale RaSE with AI support (RaSE+AI) we used in Session 12 before the implementation of AI and at the end of Session 13. It was a shortened form: We selected only five items that were most applicable to AI.

Tab. 1: Descriptive Statistics, Pearson Correlations, and Cronbach's Alpha vs. McDonald's Omega in the diagonal

Variables	Items	M	SD	1	2	3	4	5	6
1 Computer Self-Efficacy[ax]	11	3.01	0.63	α = .87 ω = .68					
2 "I rate my general computer skills as ..."[ay]	1	2.98	0.86	.84***					
3 RaSE[bx]	11	2.64	0.63	.44***	.31*	α = .87 ω = .76			
4 RaSE[ax]	11	2.74	0.61	.54***	.41**	.71***	α = .88 ω = .79		
5 RaSE+AI[dx]	5	3.59	0.68	.41**	.36*	.17	.34*	α = .84 ω = .79	
6 RaSE+AI[cx]	5	3.37	0.77	.38**	.38**	.12	.42**	.66***	α = .96 ω = .93

Notes. Time of Assessment: [a]Beginning of Session 2, [b]End of Session 10, [c]End of Session 13, [d]Middle of Session 12.
Response options: [x]1 (*strongly disagree*) to 5 (*completely agree*); [y]1 (*very good*) to 5 (*very poor*).
Grey: Inferior model.
*p < .05, **p < .01, ***p < .001.

239

The two RaSE scales were distinguished by differences in item phrasing: "If I really make an effort, I can master difficult tasks in R, too." (without AI) and "With AI support, I can master difficult tasks in R, too." (with AI, Session 13, post-intervention). However, since students had no prior AI experience with R, pre-intervention (Session 12) phrasing had to reflect expectations, "With AI support, I think I can master difficult tasks in R, too."

Cronbach's α, based on our data, showed good to very good (retest)-reliability for all variations of the scales. For the scales computer self-efficacy and RaSE at both times of assessment, the congeneric model showed a superior fit, which led us to also calculate McDonald's Omega (Tab. 1). These values we deemed mostly acceptable. Pearson correlations, as a sign of the convergent validity, were adequate (Tab. 1).

2.3 Design

We used a one-tailed dependent samples t-test to examine the effect of implementing AI on RaSE. Exploratively, we analyzed additional aspects to explain the first result, e.g. gender or RaSE+AI. The significance level was 5%.

3 Results

We analyzed the data with R (Version 4.4.1) including only data from students with complete assessments.

3.1. Hypothesis-testing Analysis

We found with a t-test no significant difference in RaSE before and after implementing AI, $\Delta = 0.10$; $t(56) = 1.64$, $p = .054$, $d = 0.22$, 95% CI [-0.05, 0.48]. The effect size d suggests a very small positive change in RaSE over time and students. Additionally, Fig. 3 displays student's individual data progression.

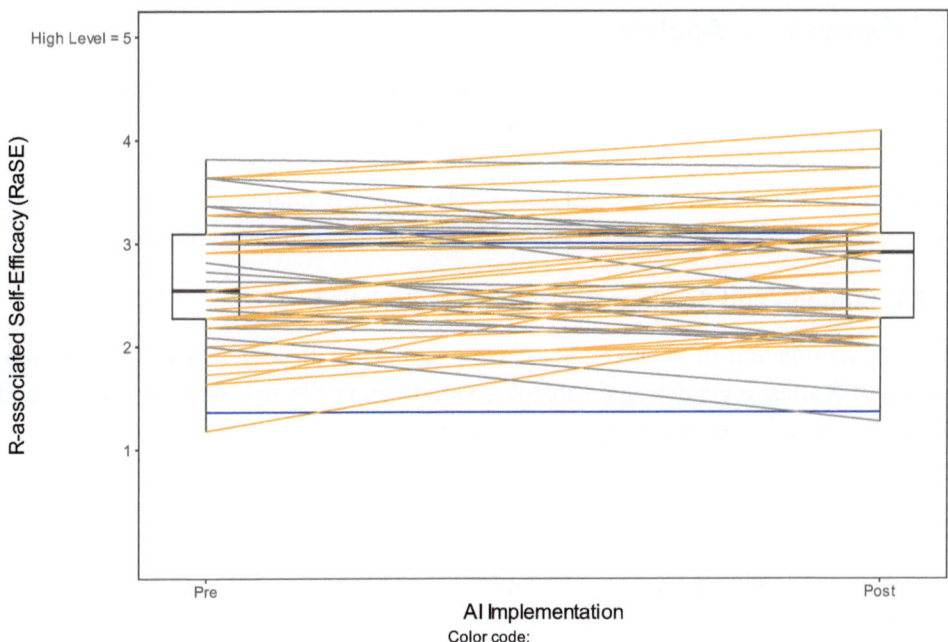

Color code:
orange = increase in RaSE following the implementation of AI - 32 students
blue = no change in RaSE following the implementation of AI - 3 students
grey = decrease in RaSE following the implementation of AI - 22 students

Fig. 3: Pre vs. Post RaSE

3.2 Explorative Analyses

To investigate this pattern, we incorporated additional variables. We conducted exploratory analyses of two sets of factors: 1) student- and seminar-related characteristics and 2) AI-related factors. These analyses were followed by two Analyses of Covariance. Finally, we examined RaSE+AI as the dependent variable. More details of these variables and analyses are provided in the supplementary material.

3.2.1 Student- and Seminar-Related Characteristics

In our investigation of characteristics, we examined with four two-way mixed Analyses of Variance gender, age category, variations in the five seminar groups, and students' self-assessed prior experience with R. These four analyses did not yield any significant results.

3.2.2 AI-related Factors

We also examined with four two-way mixed Analyses of Variance factors that could be subsumed under acceptance of AI or prior experience with AI: General prior usage of ChatGPT, prior usage of ChatGPT in R, prior usage of other AI tools, and apprehension about recent AI development. We also found no significant results.

3.2.3 Digital Literacy as Covariate

Furthermore, we examined with two Analysis of Covariances the influence of two covariates, which also proved to be non-significant: RaSE in conjunction with 1) general computer skills and 2) RaSE+AI.

3.2.4 Change of Dependent Variable

As a final option, we explored RaSE+AI as the dependent variable, leading to a significant t-test result, $\Delta = -0.24$; $t(56) = -2.97$, $p = .004$, $d = -0.39$, 95% CI [-0.66, -0.12] (Fig. 4). However, the effect size d suggests a small unexpected negative change in RaSE+AI over time and students. Given the 11 exploratory tests, a Bonferroni correction was necessary. Nonetheless, the result stayed significant.

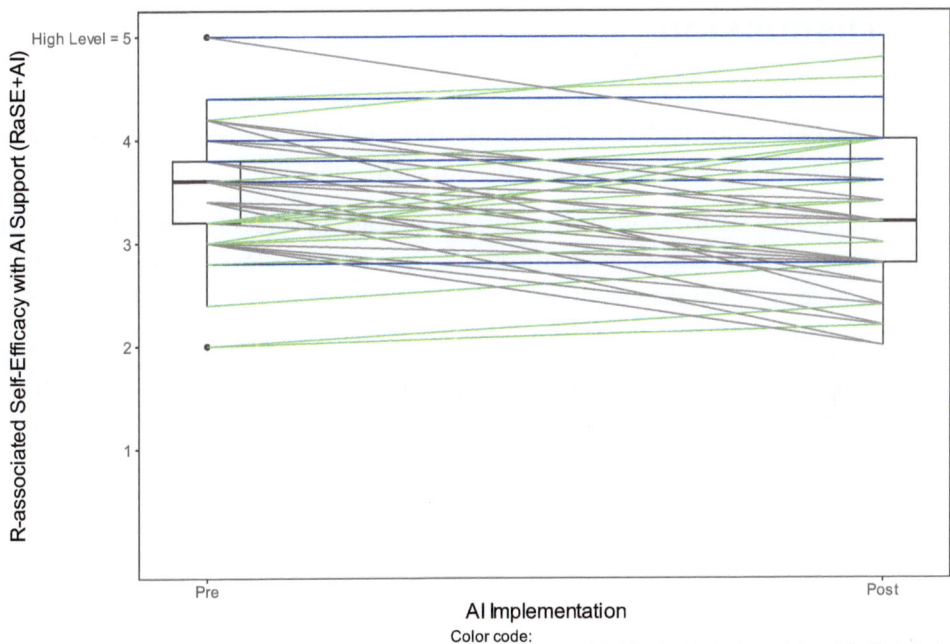

Fig. 4: Pre vs. Post RaSE+AI

4 Discussion

In this study, we examined the effect of implementing AI on psychology students' RaSE and found mostly non-significant results. Still, these results require careful interpretation due to the complex interplay of factors that influence students' RaSE.

In our main analysis we found no significant increase in students' mean RaSE after implementing AI. The lack of significant change can indicate that a semester of 13 sessions of using R for data analyses, including two sessions of AI, was insufficient to substantially alter students' RaSE.

In general, it takes time and practice to master any skill, e.g. coding (Newell & Rosenbloom, 1981). Our timeframe may have been too short to effectively implement new tools and significantly boost students' RaSE, particularly in autonomous R coding skills beyond prior levels.

However, a close examination of the individual data in Fig. 3 revealed a more nuanced picture. While 56% of the students reported at least slight improvements in RaSE, the other students reported a reduced or stable RaSE. We believe this different reaction pattern suggests that the effect of AI on RaSE can be influenced by individual or group differences.

4.1 Results of Explorative Analyses

To examine potential factors affecting this divergence, we conducted several exploratory analyses. We examined students' gender, considering the often-observed differences in STEM fields (Cheryan et al., 2017), and age categories to account for potential generational gaps in technology adoption (Prensky, 2009). While our age categories (18–22 and 23–44 years) are not traditional generational cohorts, the broader range in the older group can influence technology adoption through varied life experiences.

We also analyzed variations in seminar groups and lecturers, acknowledging the possible effect of teaching styles, group dynamics and student-lecturer relationships

(Hattie, 2008). We evaluated students' self-assessed prior experience with R and with AI to gauge the influence of existing skills (Hailikari et al., 2008). Additionally, we considered students' apprehensions about recent AI developments, recognizing that attitudes towards technology can effect engagement with it (Johnson & Verdicchio, 2017). We also included covariates such as general computer skills and RaSE+AI to control for digital competence (Sudaryanto et al., 2023).

Despite this comprehensive approach, none of these explorative analyses yielded statistically significant results. While the lack of significant findings across multiple factors suggests that the relationship between implementing AI and students' RaSE is more complex than we initially hypothesized, it also highlights some positive aspects. Notably, the absence of significant effects for gender, seminar group, and age category indicates that the effect of implementing AI in our study was relatively uniform across these characteristics. This suggests a certain level of equity in how students with different backgrounds interact with and benefit from AI tools.

It is possible that these factors interact in subtle ways not captured by our data, or that other unassessed variables play a crucial role. This lack of significant results emphasizes the need for more nuanced research approaches in future studies, while also suggesting that implementing AI in educational settings can have the potential to provide relatively equitable benefits between different students.

Building on these explorative analyses, we found an intriguing result when examining RaSE+AI as the dependent variable. This analysis yielded a significant result. However, the direction of this effect contradicted our expectation that RaSE+AI should increase after implementing AI. We ascribe this contradiction to the framing of our items across different sessions. In Session 12, items were formulated to capture students' expectations of AI support, while the items in Session 13 were designed to assess actual experiences. This shift in framing likely influenced students' assessment of their RaSE+AI. In contrast, we used in RaSE always the same items.

This result aligns with Gartner's hype cycle (1995), suggesting a phase of regret following inflated expectations, possibly triggered by media coverage. Fig. 4 reveals a slightly different pattern to Fig. 3: Only 32% of the students showed an increased

RaSE+AI after implementing AI compared to the previous 56%. We were unable to determine whether these groups resulted from individual challenges such as lack of objective skills or language difficulties (Nelson-Le Gall, 1985; Yilmaz & Yilmaz, 2023) due to the anonymous nature of the data.

4.2   Strength and Limitations

We must admit that our results were limited by the small sample size and, hence, reduced statistical power. This constraint arose from the field nature of our study and the students' voluntary partaking, factors we could not modify without compromising our study's validity. The rapid development of AI tools made it impractical to analyze data from multiple years to enhance sample size. Such a solution will likely introduce confounding variables due to the fast evolution of AI tools and changing students' prior experience with AI.

Another major limitation is the absence of a control group. However, such a control group was not feasible, as in our program all students are required to learn the same content.

Despite these limitations, we have chosen to publish this data for several reasons. First, we believe that our approach of implementing AI starting with an R script containing errors is valuable and innovative. This method provides a realistic scenario for students to engage with AI, mimicking debugging situations. Secondly, our result that two sessions are not sufficient for students to boost RaSE is a crucial information for other lecturers. This insight suggests the need for earlier and more extensive AI implementation in future curricula.

4.3   Practical Implications and Future Research

Implementing AI into R instruction presents several challenges. The multiplicity of approaches in statistics and R coding, particularly in data management, makes it difficult to develop a unified teaching approach. Furthermore, general seminar group sizes pose a substantial pedagogical challenge in providing individualized instruction whilst sustaining coherent group learning experiences.

These multi-faceted challenges underline the need for innovative pedagogical strategies to effectively implement AI into R instruction while also ensuring that students do not feel overwhelmed by AI and addressing potential negative perceptions. The decision to implement AI in our research seminar was driven by several factors, including the growing interest among students and lecturers for using AI tools in learning processes. Moreover, we respond to the increasing societal and academic pressure to engage with AI tools, recognizing that ignoring AI is no longer an option in higher education.

We implemented AI to provide students with practical experience, thereby hopefully enhancing their learning outcomes, and preparing them for the future and for autonomous coding. This approach aligns with professional demands, where AI proficiency is becoming increasingly valuable.

However, we recognize the importance of a careful approach to ensure that students do not become overly reliant on AI tools, potentially compromising valuable learning experiences (Darvishi et al., 2024). It is reassuring that our results and unsystematic observations in subsequent seminars have not yet indicated such a shortcut behavior. From the perspective of psychology as a subject, if students obtain correct solutions to problems and receive support in developing appropriate thinking strategies through AI support (Yilmaz & Yilmaz, 2023), this is not inherently problematic. Our primary objective is not to transform psychology students into professional coders but to develop their skills for addressing underlying psychological research questions. Our main goal is to ensure that students verify the correctness of AI-generated solutions.

While we examined in this study specifically R in the context of psychology, the insights gained can be used in other coding courses across various disciplines. The benefits and challenges are likely to be similar across different coding languages. Consequently, lecturers of other subjects can potentially adapt this approach to boost students' coding-related self-efficacy in their courses.

In future research, effects of implementing AI in multiple sessions or individual factors influencing students' adjustment to such AI tools can be explored. Ultimately, this study contributes to the scientific dialogue on balancing AI support with traditional teaching methods, particularly in disciplines where coding is not the focus but rather a necessary tool.

4.4 Conclusion

Whilst we did not find a significant short-term effect of implementing AI on students' RaSE in our study, we laid a useful basis for future research and practical considerations for evolving AI-supported education. Our results suggest that two AI-supported R coding sessions are insufficient to substantially alter students' self-assessment of their RaSE. This highlights the need for a more extended method to implement AI in seminar curricula.

The unexpected trend in RaSE+AI emphasizes the importance of managing students' expectations and experiences with new tools. Despite limitations, this study offers valuable insights for lecturers. Early guided AI implementation and balancing human and AI support are emphasized, especially in teaching data analysis.

In long-term studies the sustained effects of implementing AI on RaSE and actual coding proficiency can be explored. Examining individual factors influencing students' adjustment to AI tools can provide insights for personalized learning approaches. Additionally, comparative studies across different disciplines can shed light on how the effect of implementing AI varies depending on the subject context.

5   Acknowledgments

We acknowledge the use of AI tools in all stages of the preparation of this manuscript. We thank our students who participated in this study.

6   Supplementary Materials

Additional materials are available at https://osf.io/uqm89.

References

Bühner, M. (2023). Zur Lage der Psychologie [The status of psychology]. *Psychologische Rundschau, 74*(1), 1–20. doi.org/10.1026/0033-3042/a000616

Cheryan, S., Ziegler, S. A., Montoya, A. K., & Jiang, L. (2017). Why are some STEM fields more gender balanced than others? *Psychological Bulletin, 143*(1), 1–35. doi.org/10.1037/bul0000052

Darvishi, A., Khosravi, H., Sadiq, S., Gašević, D., & Siemens, G. (2024). Impact of AI assistance on student agency. *Computers & Education, 210*, Article 104967. doi.org/10.1016/j.compedu.2023.104967

Elias, S. M., & MacDonald, S. (2007). Using past performance, proxy efficacy, and academic self-efficacy to predict college performance. *Journal of Applied Social Psychology, 37*(11), 2518–2531. doi.org/10.1111/j.1559-1816.2007.00268.x

Garrel, J. von, Mayer, J., & Mühlfeld, M. (2023). *Künstliche Intelligenz im Studium: Eine quantitative Befragung von Studierenden zur Nutzung von ChatGPT & Co. [Artificial Intelligence in academia: A quantitative survey of students' use of ChatGPT & Co.].* University of Applied Sciences Darmstadt. doi.org/10.48444/H_DOCS-PUB-395

Gartner. (2021, January 4). *Magic quadrant for network firewalls.* Gartner. https://www.gartner.com/en/documents/3887767

Hailikari, T., Katajavuori, N., & Lindblom-Ylanne, S. (2008). The relevance of prior knowledge in learning and instructional design. *American Journal of Pharmaceutical Education, 72*(5), Article 113. www.ncbi.nlm.nih.gov/pmc/articles/PMC2630138

Hattie, J. (2008). *Visible learning: A synthesis of over 800 meta-analyses relating to achievement.* Routledge. doi.org/10.4324/9780203887332

Howard, M. C. (2014). Creation of a Computer Self-Efficacy Measure: Analysis of internal consistency, psychometric properties, and validity. *Cyberpsychology, Behavior, and Social Networking, 17*(10), 677–681. doi.org/10.1089/cyber.2014.0255

Johnson, D. G., & Verdicchio, M. (2017). AI anxiety. *Journal of the Association for Information Science and Technology, 68*(9), 2267–2270. doi.org/10.1002/asi.23867

Macher, D., Paechter, M., Papousek, I., Arendasy, M., Ruggeri, K., & Freudenthaler, H. (2013). Statistics anxiety, state anxiety during an examination, and academic achievement. *British Journal of Educational Psychology, 83(4), 535–549.* doi.org/10.1111/j.2044-8279.2012.02081.x

Narciss, S. (2020). Feedbackstrategien für interaktive Lernaufgaben [Feedback strategies for interactive learning tasks]. In H. Niegemann & A. Weinberger (eds.), *Handbuch Bildungstechnologie* (pp. 369–392). Springer Berlin Heidelberg. doi.org/10.1007/978-3-662-54368-9_35

Nelson-Le Gall, S. (1985). Chapter 2: Help-seeking behavior in learning. *Review of Research in Education, 12*(1), 55–90. doi.org/10.3102/0091732X012001055

Newell, A., & Rosenbloom, P. S. (1981). Mechanisms of skill acquisition and the Law of Practice. In *Cognitive skills and their acquisition* (pp. 1–55). Routledge. doi.org/10.4324/9780203728178

Prensky, M. (2009). H. sapiens digital: From digital immigrants and digital natives to digital wisdom. *Innovate: Journal of Online Education, 5*(3). Article 104264. www.learntechlib.org/p/104264

Ramalingam, V., & Wiedenbeck, S. (1998). Development and validation of scores on a Computer Programming Self-Efficacy Scale and group analyses of novice programmer self-efficacy. *Journal of Educational Computing Research, 19*(4), 367–381. doi.org/10.2190/C670-Y3C8-LTJ1-CT3P

Ryan, R. M., & Deci, E. L. (2000). Self-determination theory and the facilitation of intrinsic motivation, social development, and well-being. *American Psychologist, 55*(1), 68–78. doi.org/10.1037/0003-066X.55.1.68

Schunk, D. H., & Pajares, F. (2002). The development of academic self-efficacy. In *Development of Achievement Motivation* (pp. 15–31). Elsevier. doi.org/10.1016/B978-012750053-9/50003-6

Sudaryanto, M. R., Hendrawan, M. A., & Andrian, T. (2023). The effect of technology readiness, digital competence, perceived usefulness, and ease of use on accounting students Artificial Intelligence technology adoption. *E3S Web of Conferences, 388*, Article 04055. doi.org/10.1051/e3sconf/202338804055

Wing, J. M. (2006). Computational thinking. *Communications of the ACM, 49*(3), 33–35. doi.org/10.1145/1118178.1118215

Yilmaz, R., & Yilmaz, F. G. K. (2023). The effect of generative artificial intelligence (AI)-based tool use on students' computational thinking skills, programming self-efficacy and motivation. *Computers and Education: Artificial Intelligence, 4*, Article 100147. doi.org/10.1016/j.caeai.2023.100147

Jana von Dielingen[1], Tobias R. Rebholz[2] & Frank Papenmeier[3]

Empirical investigation of a GPT-4o mini-based tutor for the learning of R programming

Abstract

This study investigated the impact of an AI-based tutor using GPT-4o mini on R programming task outcomes and subjective evaluations among psychology students at the University of Tübingen. Students were divided into three groups: AI tutor, video tutorial, or both. Confirmatory analyses showed no significant differences in performance points and subjective evaluations across the three groups. Descriptive results and exploratory analyses suggest that our AI tutor improved subjective evaluations of the learning environment without affecting time on task or performance. We discuss the implications of our results for future research on the use of AI in higher education.

Keywords

artificial intelligence, higher education, GPT-4o mini, tutor, programming

---

1 Corresponding author; Eberhard Karls University of Tübingen, Germany; jana.von.dielingen@gmail.com; ORCID 0009-0004-2047-9423
2 Eberhard Karls University of Tübingen, Germany; tobias.rebholz@uni-tuebingen.de; ORCID 0000-0001-5436-0253
3 Eberhard Karls University of Tübingen, Germany; frank.papenmeier@uni-tuebingen.de; ORCID 0000-0001-5566-9658

https://doi.org/10.21240/zfhe/SH-KI-2/13

Empirische Untersuchung eines GPT-4o mini-basierten Tutors zum Erlenen von R Programmierung

Zusammenfassung

Diese Studie untersuchte den Einfluss eines KI-basierten Tutors unter Verwendung von GPT-4o mini auf die Lernergebnisse im R-Programmieren und die subjektive Einschätzung unter Psychologie-Studierenden an der Universität Tübingen. Die Studierenden wurden in drei Gruppen eingeteilt: KI-Tutor, Video-Tutorial oder beides. Die konfirmatorischen Analysen zeigten keine signifikanten Unterschiede in der Aufgabenleistung und den subjektiven Einschätzungen. Die deskriptiven Ergebnisse und explorativen Analysen deuten darauf hin, dass unser KI-Tutor zu verbesserten subjektiven Einschätzungen der Lernumgebung führte, ohne die Lernzeit oder Lernleistung zu beeinflussen. Wir diskutieren die Implikationen unserer Ergebnisse für zukünftige Forschung zum Einsatz von KI in der Hochschulbildung.

Schlüsselwörter

Künstliche Intelligenz, Hochschulbildung, GPT-4o mini, Tutor, Programmierung

1   Introduction

The rapid adoption of AI technologies in education is exemplified by the widespread use of ChatGPT with around 37% of university students turning to this tool for assistance with their assignments reflecting the growing reliance on AI (*4 in 10 College Students Are Using ChatGPT on Assignments*, 2024). The most recent innovation was the introduction of conversational, generative AI, which is based on Large Language Models (LLMs), such as the interactive chat interface of OpenAI's GPT-3. Digital teaching methods have been utilized and researched for a substantial period (e.g. Bilyalova et al., 2020; Paul et al., 2018). However, the introduction of LLM-based conversational AI tutors enables more personalized and scalable support, facilitating independent learning by using natural language processing and machine learning techniques to assess student responses and monitor progress through the analysis of individual learning patterns (Lin et al., 2023). Moreover, AI-driven tutoring systems play a crucial role by offering an innovative platform that enhances educational accessibility. This approach allows students to learn at their own pace and from any location, thereby increasing flexibility in the learning process. Nevertheless, there are also initial studies that highlight the risks of using AI-based tutors. For example, Bastani et al. (2024) demonstrated that a GPT-4-based tutor significantly enhanced the math performance of high school students. However, when access to the tutor was later removed, the students' performance declined to a level lower than that of those who had never used the AI tool, highlighting a risk of over-reliance on such tools.

In this evolving landscape, universities have the chance to reconsider their teaching methods and learning strategies to effectively incorporate these tools (Vargas-Murillo et al., 2023) and provide guidance for their use. Our approach is therefore to include and test an AI-based tutor based on the *GPT-4o mini* LLM in the learning of R programming, a statistics software (R Core Team, 2024), for undergraduate psychology students at the University of Tübingen. Specifically, we test whether the AI-based tutor influences the performance of students in this specific context, for which LLMs are particularly helpful and effective (e.g., Tian et al., 2023), compared to a more conventional teaching approach using video tutorials. While some studies have explored the potential of AI in education (e.g. Cowen & Tabarrok, 2023; Zografos & Moussiades, 2023), empirical evidence on the impact of GPT-based tutors on actual learning outcomes in higher education remains scarce. Frankford et al. (2024) explored a GPT-3.5-based AI tutor in Artemis, focusing on personalized interaction during a Pascal's Triangle exercise. They analyzed user experiences and identified varying user types but found the AI's feedback effective only 66.6% of the time, often being vague, incorrect, or overly solution-focused. In contrast, Baillifard et al. (2024) reported that psychology students using their GPT-3.5-based app significantly outperformed peers in a Neuroscience exam. In addition to assessing actual performance, understanding students' subjective opinions about the use of our AI tutor is crucial. The perception of AI tools can strongly influence their adoption and integration into regular study habits, predicting their continued use (Isaac et al., 2019; Shaengchart, 2023). Therefore, our study also investigated how students evaluate our AI tutor using the following scales based on the findings of Isaac et al. (2019). They demonstrated that these factors influence students' intentions to use or their actual use of AI-based tutors.

1. *System Quality* refers to how strongly users perceive the system as user-friendly and easy to connect with.

2. *Information Quality* pertains to how users assess the information provided in online learning environments in terms of its accuracy, comprehensiveness and timeliness.

3. *Compatibility* refers to how well new innovations are perceived to fit with the existing needs and values of their users.

4. *User Satisfaction* is defined as the extent to which users find systems to be useful.

5. *Task-Technology Fit* is defined as how well systems align with the tasks at hand and meet specific requirements as well as the degree to which technologies support users in completing coursework or jobs.

6. *Performance Impact* refers to how system use enhances work quality by speeding up task completion, increasing job control, improving accuracy, and boosting overall efficiency.

7. *Future Usage* is a measurement of actual intention to use the learning environment again.

To the best of our knowledge, no study has so far examined the differences in students' perceptions of AI-based teaching methods versus video-based teaching methods. However, Kim et al. (2020) demonstrated that the perceived usefulness of AI-based teaching methods is rated highly by students. Consequently, we also hypothesized that the learning environment with the AI tutor would receive higher scores in subjective evaluations, also when AI tutor and video are both available (the combination performs as well as the better individual component). The literature presents mixed findings on Information Quality, with some studies indicating that people are equally skeptical of AI- and human-generated information (e.g. Buchanan & Hickman, 2024), while others suggest that AI-generated information is trusted less (e.g. McClain, 2024). We hypothesized that, compared to the conventional teaching methods using video tutorials, participants would place less trust in an AI tutor, leading to a lower rating for Information Quality in the groups where an AI tutor was involved, including the combined tutor + video group. Figure 1 shows all assessed scales and the corresponding hypotheses regarding our three experimental groups: AI-based tutor (henceforth: "AI tutor"), video-based teaching (henceforth: "video"), and a combination of both (henceforth: "AI tutor + video").

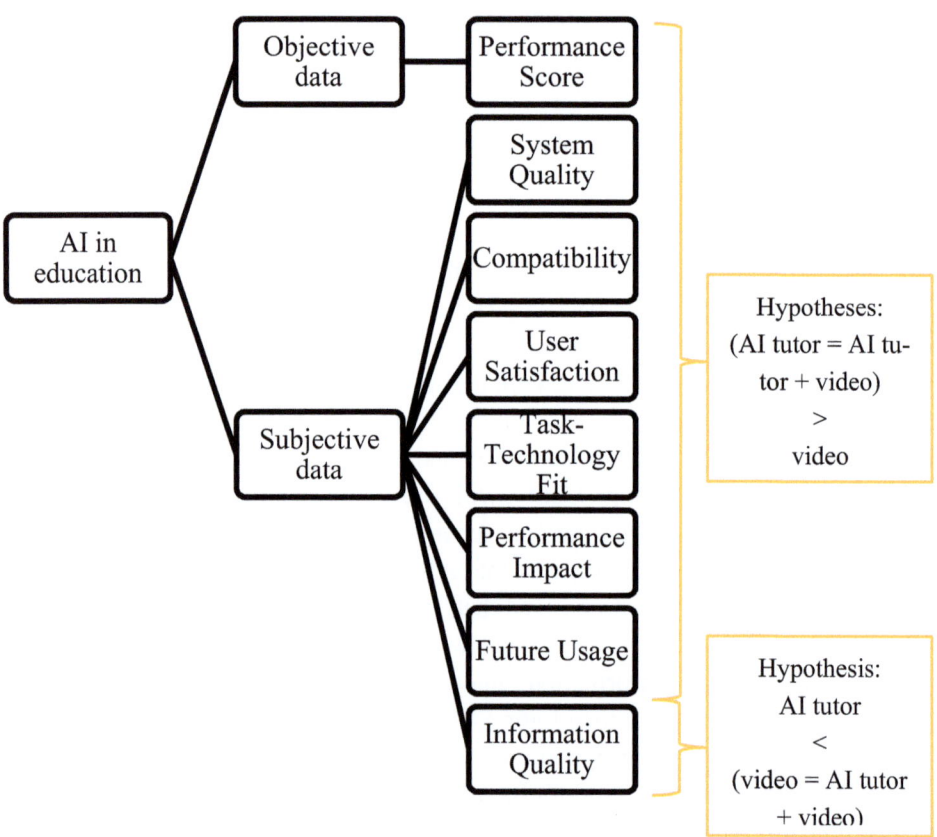

Fig. 1: Assessed scales in our study categorized according to objective and subjective data with corresponding hypotheses regarding our three experimental groups (AI-based tutor, video-based teaching, and a combination of AI tutor + video).

By examining both performance outcomes and subjective evaluations, this study aimed to provide a comprehensive evaluation of the role of a LLM-based AI tutor in higher education. Our results contribute to the ongoing debate on the efficacy and acceptance of AI-based educational tools, particularly in comparison with more traditional digital learning material such as video tutorials.

2 Methods

2.1 Study Design

This study was preregistered on Open Science Framework (OSF, see https://osf.io/6zm8r). Students were assigned to one of three groups: a *GPT-4o mini*-based AI tutor, which provided personalized guidance and answered questions (AI tutor group), a short video explaining the topic with examples (video group), and a hybrid approach combining both (AI tutor + video group). We measured the performance points in the R tasks and the subjective evaluations regarding System Quality, Information Quality, Compatibility, User Satisfaction, Task-Technology Fit, Performance Impact and Future Usage.

2.2 Participants

Participants were recruited from among Bachelor Psychology students at the University of Tübingen. The study was advertised with recruitment e-mails and messages to student groups that had already participated in a course teaching R (see Supplementary Materials E: https://osf.io/kpuqd). Thus, our participant pool was limited from the outset, and our primary objective was to recruit as many participants as possible within this small potential sample.

A total of 33 participants completed the experiment. We did not collect any demographic data such as age or gender to ensure the anonymity of our participants. We documented which university courses on R programming the participants had previously attended.

Given the restricted participant pool, we opted for performing a sensitivity analysis after data collection rather than a power analysis beforehand. The sensitivity analysis indicated that the smallest effect size detectable with 30 participants (i.e., actual-use groups sample size of analyses after exclusions, details see below) and a power of 0.80 ($1 - \beta = .80$) at a significance level of $\alpha = .05$ was $\eta^2 = .26$.

2.3 Materials

2.3.1 The AI Tutor

The AI tutor used in this study was built with a custom version of GPT, tailoring the GPT-4o mini model specifically for our educational needs with the following system prompt:

> "You are a R Tutor that focuses exclusively on R programming. You are designed to encourage self-discovery and learning through errors. When a student asks about a general R topic, you provide a short introduction to the topic along with an example. When a student inputs an incorrect answer, you give a hint about where the mistake is without providing the correct answer at all. This method helps in reinforcing learning and understanding, ensuring students engage deeply with the concepts and think critically about their approach to problem-solving in R programming. You will not respond to questions outside of R programming."

The prompt was designed to guide the AI tutor in delivering educational content, providing feedback, and responding to student inquiries in a pedagogically sound manner instead of just providing the correct solution. We left the LLM's temperature (controls randomness) and the Top P (controls diversity) parameters at their default values of 1.

To implement the AI tutor, we created a web page that interfaced with the GPT via the API and was hosted on a secure server managed by the university. A screenshot of the website is shown in Figure 2.

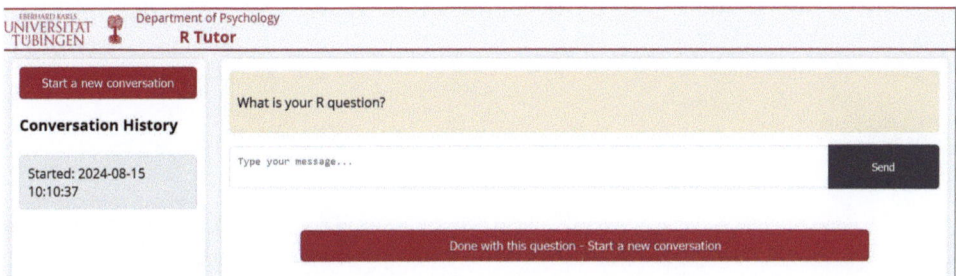

Fig. 2: Screenshot of the website that hosted the AI tutor.

2.3.2 The Video

To reflect the traditional teaching method in the R programming course of the Bachelor Psychology program at the University of Tübingen, we recorded a video that explains the basics of regular expressions in R. In this video, typical regular expression commands and metacharacters were demonstrated in R Studio using a sample data set. The video was almost 14 minutes long and was screen recorded by the adjunct lecturer of the R Programming seminar. A screenshot of the video is shown in Figure 3.

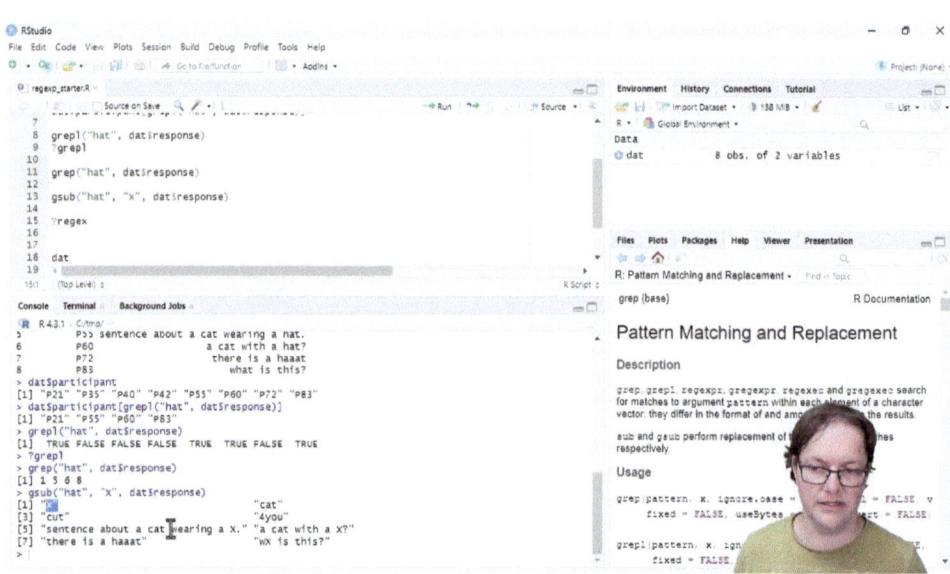

Fig. 3: Screenshot of the video tutorial explaining regular expressions in R.

2.3.3 The R Programming Performance Tasks

To measure learning outcome, we asked participants to solve six tasks with the help of regular expressions. In the recruitment email, we specified that participants should conduct the experiment on a computer with R installed. Trying out the R code on the computer to solve the tasks was voluntary, for which a code to generate the data set was provided. We provide the full task description including all regular expression tasks in Supplementary Materials A (see https://osf.io/6k7sy).

2.3.4 The Subjective Evaluations

The subjective evaluations were collected using seven scales: System Quality (three items), Information Quality (five items), Compatibility (three items), Task-Technology Fit (three items), Performance Impact (nine items), User Satisfaction (one item), and Future Usage (one item). Participants rated the statements on each scale using a

7-point Likert scale, ranging from "strongly disagree" to "strongly agree". All statements were formulated in a positive direction, meaning that higher scores indicate a more favorable evaluation, ensuring a consistent response scale. The scales and statements were adapted from Isaac et al. (2019). We made adjustments to some of the statements to better fit our experimental setting, such as omitting items that did not directly relate to the learning environment the participants used. We provide the full questionnaire that we used in Supplementary Materials B (see https://osf.io/6uzgy).

2.4 Procedure

Participants started this study on SoSci Survey. After providing informed consent, participants were given a brief textual introduction to regular expressions. They were then directed to a page presenting the task description, R code for generating the data set, and all six R programming tasks. Based on their assigned group, participants had access to either a button that opened the video, a button that launched the AI tutor in a separate window, or both buttons. Participants were free to utilize these buttons as often as they wished throughout a maximum of 45 minutes to complete all tasks. The remaining time was displayed as a timer on the screen and they received a reminder five minutes before the time was up.

Upon completing the tasks, participants proceeded to the subjective evaluations. Each scale was presented on a separate page. At the end of the experiment, participants were asked for their consent for data usage once more and could choose to enter their ID to receive course credit and/or provide their email address to receive an example solution for the R tasks via email. Personal data was saved separately from the other responses. Participants were free to drop out of the experiment at any time without giving any reason.

2.5 Data Analysis

Two independent raters scored the R tasks (condition blinded) using a predefined scoring scheme (see Supplementary Materials C: https://osf.io/h63r8). The performance points for each participant were calculated as the average of the points assigned by the two raters. In addition to performance points, we calculated the average scores for each subjective scale by transforming the Likert scales into numbers (-3 to +3) and averaging the responses to all items within a scale. Following a detailed manipulation check, we reassigned participants to different groups based on their actual behavior during the study, correcting our preregistered analysis. Three participants from the AI tutor + video group were re-assigned to the AI tutor group because they did not open the video once. One participant from the AI tutor + video group was re-assigned to the video group because of opening the AI tutor but not sending at least one prompt to the tutor. This allowed us to increase the statistical power by retaining and analyzing more of the collected data as reported in the following. To analyze the data, we performed one-way ANOVAs on the average scores and pairwise t-tests for each scale. We made our data and analysis script available as open data on OSF: https://osf.io/9387s

3   Results

3.1   Assigned Groups

For our analyses following preregistered criteria, we analyzed the data according to the groups the participants were initially assigned to and we performed the preregistered exclusions. Specifically, we excluded three participants from the AI tutor + video group because they did not open the video once, two participants because they did not use any buttons of the assigned learning environment (1 x video group, 1 x AI tutor + video group) and one participant because of responding "NO ANSWER" to every task, leading to a total sample size of $N = 27$ participants with $n = 10$ in the AI tutor group, $n = 10$ in the video group and $n = 7$ in the AI tutor + video group. We conducted the preregistered one-way ANOVAs with assigned groups. They showed no significant difference in performance points or for any of for the subjective scales among the three groups. The full details regarding data preparation and results of our preregistered analysis are provided in Supplementary Materials D (see https://osf.io/hxuce).

Given the restricted sample size, we performed the same analyses focusing on participants actual use of the learning environment, that is, actual-use groups instead of the groups they were initially and randomly assigned to (see also Methods section for details).

3.2   Actual-use Groups

The reassignment following the actual usage of learning environments led to a total sample size of $N = 30$ participants with $n = 13$ in the AI tutor used group, $n = 11$ in the video used group, and $n = 6$ in the AI tutor + video used group. Among the participants, $n = 16$ had previously completed the university course "Computergestützte Methoden", $n = 12$ had completed "R-Programmierung", and $n = 2$ had not completed either course prior to the experiment.

Cronbach's alpha (α) was calculated to assess the reliability of each scale: System Quality (α = .88), Information Quality (α = .83), Compatibility (α = .93), Performance Impact (α = .92), and Task-Technology Fit (α = .80) showed good reliability. User Satisfaction and Future Usage consisted of one item each, which is why Cronbach's alpha could not be calculated.

An Intraclass Correlation Coefficient (ICC; model: one-way, type: consistency) was calculated to assess the reliability of ratings in terms of total performance points assigned by the two raters across the 30 participants. The analysis yielded an $ICC(1)$ = .99, 95% CI [.97, .99], indicating excellent reliability.

One-way ANOVAs and pairwise t-tests were conducted for each scale (see Table 1 and Figure 4). We observed no significant effect of the used learning environment on students' performance score. Regarding the subjective scales, we observed a significant influence of the used learning environment on System Quality and Task-Technology Fit. We observed a descriptive trend with the AI tutor used group rating their experience most favorably, which was also supported by statistically significant pairwise comparisons for System Quality, Task-Technology Fit, User Satisfaction, Compatibility, and Performance Impact. For these scales, the AI tutor used group was ranked highest, and the video used group was ranked lowest. The AI tutor + video used group was in between the other two groups for Task-Technology Fit, User Satisfaction, Compatibility, and Performance Impact, and it was like the video used group for System Quality. For the remaining subjective scales – Information Quality and Future Usage – we observed no significant effects.

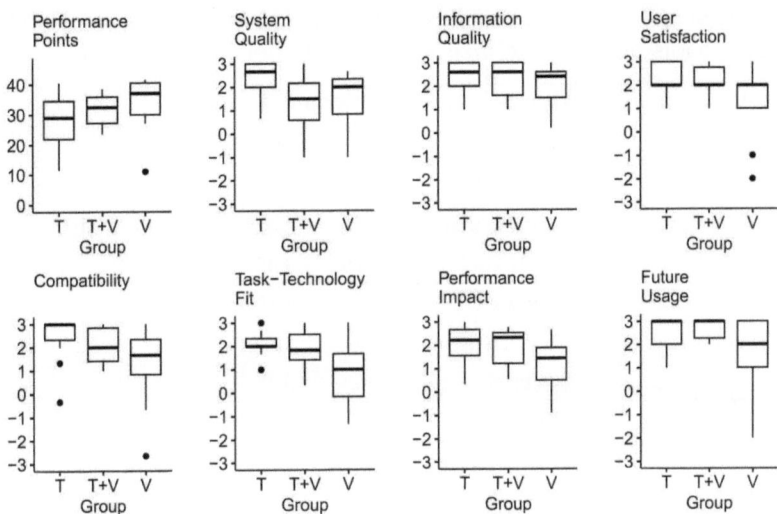

Fig. 4: Boxplots for each scale using the grouping of participants according to their actual usage behavior (N = 30; T: AI tutor used; T+V: AI tutor + video used; V: video used).

Table 1: Descriptive data and results of the ANOVAs for each scale using the grouping of participants according to their actual usage behavior ($N = 30$).

Scale	Group	Descriptives		ANOVA		
		M	SE	$F(2, 27)$	p	η^2 [95% CI]
Performance Points	AI tutor used	27.90	2.35			
	AI tutor + video used	31.54	2.42	0.71	.503	.05 [.00, .24]
	video used	32.16	3.42			
System Quality	AI tutor used	2.46[a]	0.19			
	AI tutor + video used	1.28[b]	0.59	4.04	.029	.23 [.00, .46]
	video used	1.36[b]	0.38			
Information Quality	AI tutor used	2.42	0.17			
	AI tutor + video used	2.27	0.36	0.67	.523	.05 [.00, .23]
	video used	2.05	0.26			
User Satisfaction	AI tutor used	2.38[a]	0.18			
	AI tutor + video used	2.17[a,b]	0.31	2.71	.085	.17 [.00, .40]
	video used	1.36[b]	0.47			
Compatibility	AI tutor used	2.46[a]	0.27			
	AI tutor + video used	2.06[a,b]	0.35	3.03	.065	.18 [.00, .41]
	video used	1.21[b]	0.49			
Task-Technology Fit	AI tutor used	2.08[a]	0.14			
	AI tutor + video used	1.83[a,b]	0.39	5.08	.013	.27 [.02, .50]
	video used	0.82[b]	0.42			
Performance Impact	AI tutor used	2.04[a]	0.23			
	AI tutor + video used	1.91[a,b]	0.38	2.36	.113	.15 [.00, .38]
	video used	1.22[b]	0.33			
Future Usage	AI tutor used	2.54	0.18			
	AI tutor + video used	2.67	0.21	2.11	.141	.14 [.00, .36]
	video used	1.73	0.49			

Note. Group means that differ in their superscript showed significant differences in the pairwise comparisons using *t*-tests with pooled SD.

3.3 Exploratory Analyses

We performed an exploratory one-way ANOVA to investigate whether the three groups differed in the time spent for solving the tasks. This analysis revealed no significant difference, $F(2, 27) = 0.43$, $p = .654$, $\eta^2 = .03$, 95% CI [.00, .19], in the time spent for solving the tasks across the three groups: AI tutor used group ($M = 33.40$ minutes, $SE = 2.59$), AI tutor + video used group ($M = 36.98$ minutes, $SE = 1.87$), video used group ($M = 33.29$ minutes, $SE = 2.74$).

Finally, we also conducted an exploratory analysis to examine the number of prompts used within the two groups that interacted with the AI tutor. A t-test revealed a significant difference, $t(17) = 2.61$, $p = .018$, $d = 1.29$, 95% CI [0.21, 2.33]), indicating that the AI tutor used group ($M = 10.46$, $SE = 1.28$) interacted significantly more with the tutor using prompts than the AI tutor + video used group ($M = 5.00$, $SE = 1.26$).

4 Discussion

We examined the effect of our AI tutor on students' performance and subjective experience compared to conventional digital teaching methods. Our findings using assigned groups reveal no significant differences in performance points or for any of the subjective evaluations among the three groups. We attribute these findings to the limited sensitivity of our preregistered analysis, as our sample size only allowed for the detection of very large effects.

The analyses using actual-use groups, however, revealed significantly higher scores for the AI tutor used group than video used group for some subjective scales. This suggests that participants found the learning environment consisting of the AI tutor to be easier, more flexible, and more understandable, while also meeting their expectations of technology support. These findings are consistent with those of Kim et al. (2020), who reported that the perceived usefulness of an AI tutor is rated highly by users, and, together with ease of communication, is a key predictor of the intention to actually use the AI tutor.

Our exploratory analysis also revealed that the AI tutor used group interacted significantly more with the tutor using prompts compared to the group that had both access to the AI tutor and video resources. Further, there was no significant difference in the time required to complete the tasks across the three groups. Although some literature posits an increase in efficiency by using AI tutors (e.g. Amdan et al., 2024), there is a lack of research specifically addressing time efficiency. Our results indicate that there may not be a time-saving advantage. Instead, the time needed to achieve similar performance points appears to be constant across the three groups. This raises important questions for further research, particularly regarding whether the anticipated efficiency gains from AI-assisted learning are indeed realizable in practice.

A limitation of this study is the quasi-experimental nature of the results using self-determined groups based on participants' actual use of the learning environments. This reassignment reflects a more intuitive assignment process, which deviates from a strictly randomized approach. Additionally, the necessity of reassignment could indicate that participants gravitated toward their preferred learning environment rather than engaging with both environments as intended. This preference may have influenced their subjective ratings.

Although our study was primarily limited by its sample size, it highlights promising potential for future research. Subsequent studies could explore AI tutor performance in contexts where participants have limited prior knowledge, particularly within higher education. There, the rapid advancement of knowledge is crucial to enhance educational outcomes, which might be accelerated by AI-assisted learning. Future research might also investigate less technical tasks, as these could explore differences of AI tutors in broader learning environments. This is particularly relevant as our study focused on regular expressions, a task domain in which GPT models presumably perform particularly well.

Due to the limitations of our study, we cannot rule out that students might perform differently with the varying learning environments, although our results show no difference in actual performance. Subjective evaluations suggest that learning with the AI tutor is favored by students. Some literature suggests a potentially beneficial combination of AI tutors and video resources. Immediate and individualized feedback, as provided by the AI tutor, is a crucial factor that contributes to the long-term retention of the material students are expected to learn (Srinivasan & Centea, 2019). Additionally, guidance in the form of a video that is aligned with the curriculum can maximize the effectiveness and efficiency of independent learning (Saunders & Wong, 2020). This curriculum-oriented support helps ensure that students remain focused on relevant content and objectives, thereby enhancing the learning process. Therefore, further research is needed to determine whether or not there is an advantage of combining these learning resources.

Future research could also include an analysis of the intensity of AI tutor usage and a comparison of time differences between different AI tutor implementations (e.g., chat interfaces like in our study vs. programming copilots with AI-driven autocompletion functionality) to provide a comprehensive understanding of their relative efficacy. Additionally, investigating the combination of AI tutoring systems with human tutors would provide valuable insights into how integrative educational approaches would benefit from combining the two resources' relative strengths and weaknesses. However, it is crucial to recognize that integrating AI into educational environments presents significant ethical challenges, particularly concerning data privacy. Collecting and analyzing extensive personal data – such as students' learning styles, abilities, and progress – is necessary not only for research, but also for model training to improve existing AI tutors and develop increasingly powerful and advanced LLMs. Ensuring the protection of this sensitive information is vital, as any misuse could jeopardize students' privacy (Saaida, 2023). When ethical boundaries are respected, the potential to explore and exploit the transformative impact of AI on higher education is immense.

In the words of Kamalov et al. (2023): "Ultimately, we find that the only way forward is to embrace the new technology, while implementing guardrails to prevent its abuse." (p. 1). Put differently, the only way forward necessitates further empirical investigation into the effects of AI tutors, particularly those attempting to capitalize the highly transformative potential of generative AI, such as LLMs. Our quasi-experimental results show no significant increase in efficiency regarding performance and time for AI tutor use, but they suggest that educational research should further explore the potential benefits and pitfalls of AI tutors. This is particularly relevant and promising given that our findings provide additional evidence for students' subjective preference for them.

Acknowledgements

We would like to thank Clément Préau for his help with scoring the R tasks. This research was funded by a teaching innovation grant awarded to Frank Papenmeier, Tobias Rebholz, and Tjark Müller by the University of Tübingen.

References

4 in 10 college students are using ChatGPT on assignments. (2024, February 27). Intelligent. https://www.intelligent.com/4-in-10-college-students-are-using-chatgpt-on-assignments/

Amdan, M. A. B., Janius, N., Kasdiah, M. A. H. B., Amdan, M. A. B., Janius, N., & Kasdiah, M. A. H. B. (2024). Concept paper: Efficiency of Artificial Intelligence (AI) tools for STEM education in Malaysia. *International Journal of Science and Research Archive*, *12*(2), 553–559. https://doi.org/10.30574/ijsra.2024.12.2.1273

Baillifard, A., Gabella, M., Lavenex, P., & Martarelli, C. (2024). Effective learning with a personal AI tutor: A case study. *Education and Information Technologies*, 1–16. https://doi.org/10.1007/s10639-024-12888-5

Bastani, H., Bastani, O., Sungu, A., Ge, H., Kabakcı, Ö., & Mariman, R. (2024). Generative AI can harm learning. *The Wharton School Research.* https://doi.org/10.2139/ssrn.4895486

Bilyalova, A. A., Salimova, D. A., & Zelenina, T. I. (2020). Digital transformation in education. In T. Antipova (Ed.), *Integrated Science in Digital Age* (pp. 265–276). Springer International Publishing. https://doi.org/10.1007/978-3-030-22493-6_24

Buchanan, J., & Hickman, W. (2024). Do people trust humans more than ChatGPT? *Journal of Behavioral and Experimental Economics*, *112*, 102239. https://doi.org/10.1016/j.socec.2024.102239

Cowen, T., & Tabarrok, A. T. (2023). How to learn and teach economics with Large Language Models, including GPT. *GMU Working Paper in Economics*, *23*(18). https:///dx.doi.org/10.2139/ssrn.4391863

Frankford, E., Sauerwein, C., Bassner, P., Krusche, S., & Breu, R. (2024). AI-tutoring in software engineering education. *Proceedings of the 46th International Conference on Software Engineering: Software Engineering Education and Training*, 309–319. https://doi.org/10.1145/3639474.3640061

Isaac, O., Aldholay, A., Abdullah, Z., & Ramayah, T. (2019). Online learning usage within Yemeni higher education: The role of compatibility and task-technology fit as mediating variables in the IS success model. *Computers & Education*, *136*, 113–129. https://doi.org/10.1016/j.compedu.2019.02.012

Kamalov, F., Santandreu Calonge, D., & Gurrib, I. (2023). New era of Artificial Intelligence in education: Towards a sustainable multifaceted revolution. *Sustainability*, *15*(16), 12451. https://doi.org/10.3390/su151612451

Kim, J., Merrill, K., Xu, K., & Sellnow, D. D. (2020). My teacher is a machine: Understanding students' perceptions of AI teaching assistants in online education. *International Journal of Human-Computer Interaction*, *36*(20), 1902–1911. https://doi.org/10.1080/10447318.2020.1801227

Lin, C.-C., Huang, A. Y. Q., & Lu, O. H. T. (2023). Artificial intelligence in intelligent tutoring systems toward sustainable education: A systematic review. *Smart Learning Environments*, *10*(1), 41. https://doi.org/10.1186/s40561-023-00260-y

McClain, C. (2024, March 26). Americans' use of ChatGPT is ticking up, but few trust its election information. *Pew Research Center*. https://www.pewresearch.org/short-reads/2024/03/26/americans-use-of-chatgpt-is-ticking-up-but-few-trust-its-election-information/

Paul, P., Bhimali, A., Kalishankar, T., Aithal, P. S., & Rajesh, R. (2018). Digital education and learning: The growing trend in academic and business spaces – an international overview. *International Journal on Recent Researches in Science, Engineering & Technology (IJRRSET)*, *6*(5), 11–18.

R Core Team. (2024). *R: A Language and Environment for Statistical Computing* [Computer software]. R Foundation for Statistical Computing. https://www.R-project.org/

Saaida, M. B. (2023). AI-Driven transformations in higher education: Opportunities and challenges. *International Journal of Educational Research and Studies*, *5*(1), 29–36.

Saunders, L., & Wong, M. A. (2020). *Learning theories: Understanding how people learn.* https://iopn.library.illinois.edu/pressbooks/instructioninlibraries/chapter/learning-theories-understanding-how-people-learn/

Shaengchart, Y. (2023). A conceptual review of TAM and ChatGPT usage intentions among higher education students. *Advance Knowledge for Executives*, *2*(3), 1–7. https://ssrn.com/abstract=4581231

Srinivasan, S., & Centea, D. (2019). An active learning strategy for programming courses. In M. E. Auer & T. Tsiatsos (Eds.), *Mobile Technologies and Applications for the Internet of Things* (pp. 327–336). Springer International Publishing. https://doi.org/10.1007/978-3-030-11434-3_36

Tian, H., Lu, W., Li, T. O., Tang, X., Cheung, S.-C., Klein, J., & Bissyandé, T. F. (2023). *Is ChatGPT the ultimate programming assistant – How far is it?* (No. arXiv:2304.11938). arXiv. https://doi.org/10.48550/arXiv.2304.11938

Vargas-Murillo, A. R., Pari-Bedoya, I. N. M. de la A., & Guevara-Soto, F. de J. (2023). Challenges and opportunities of AI-assisted learning: A systematic literature review on the impact of ChatGPT usage in higher education. *International Journal of Learning, Teaching and Educational Research*, *22*(7), Article 7.

Zografos, G., & Moussiades, L. (2023). A GPT-based vocabulary tutor. In C. Frasson, P. Mylonas, & C. Troussas (Eds.), *Augmented Intelligence and Intelligent Tutoring Systems* (pp. 270–280). Springer Nature Switzerland. https://doi.org/10.1007/978-3-031-32883-1_23